Exercices d'anglais

POUR LES NULS

Exercices d'anglais POUR LES NULS

Brigitte Lallement

Nathalie Pierret

FIRST Editions

Exercices d'anglais pour les Nuls

ISBN : 978-2-7540-3093-9
Dépôt légal : août 2011

Imprimé en Italie

Édition : Benjamin Ducher
Correction : Christine Cameau
Mise en page : KN Conception
Production : Emmanuelle Clément

Éditions First-Gründ
60, rue Mazarine
75006 Paris – France
Tél. : 01 45 49 60 00
Fax : 01 45 49 60 01
E-mail : firstinfo@efirst.com
Internet : www.pourlesnuls.fr

Sommaire

Introduction

Si vous avez prévu un voyage à l'étranger, si vous vous préparez à partir en voyage d'affaires ou en voyage d'étude, si vous prévoyez de recevoir des visiteurs étrangers chez vous ou dans votre entreprise, ou tout simplement si vous aimez les langues et souhaitez approfondir vos connaissances, *Exercices d'anglais pour les Nuls* est fait pour vous.

Vous avez fait un peu d'anglais il y a longtemps et vous voulez vous y remettre ? Ou peut-être souhaitez-vous tout simplement passer d'un niveau débutant à un niveau plus avancé ? De toute façon, vous voilà prêt(e) à sauter le pas. Félicitations !

Nous allons vous guider à travers les arcanes de la langue anglaise en vous en expliquant bien clairement les subtilités, puis en vous proposant de vous exercer pour tout mettre en pratique. Vous atteindrez vos objectifs sans peine et sans effort !

Exercices d'anglais pour les Nuls vous présente toute la grammaire dont vous avez besoin pour communiquer, vous donne des exemples qui illustrent clairement les points expliqués, et – c'est le plus important – vous propose des exercices pour vous entraîner, comme un sportif ! Vous trouverez à la fin de chaque chapitre toutes les corrections pour vérifier ce que vous avez fait. Si vous réussissez les exercices sans difficulté, vous savez que vous avez vraiment compris le point de langue. Certains exercices seront peut-être un peu plus compliqués et vous demanderont de la réflexion. N'hésitez pas à les refaire le lendemain ou un autre jour.

N'oubliez pas qu'avec ce livre, vous allez devenir capable de communiquer, par écrit ou à l'oral. Quand vous aurez fini ce livre, vous saurez agir en anglais.

Tout ce que vous allez pouvoir faire

- Vous allez pouvoir raconter vos expériences en décrivant vos sentiments et vos réactions.
- Vous allez pouvoir raconter une histoire, par exemple, l'intrigue d'un livre ou d'un film.
- Vous pourrez échanger, vérifier et confirmer des informations, aborder une conversation sur un sujet familier, exprimer des opinions personnelles sur la famille, les loisirs, le travail, les voyages, les faits divers, etc.
- Vous pourrez exposer et justifier vos opinions, vos projets, et réagir à des questions.
- Vous allez pouvoir faire un exposé simple sur un sujet que vous connaissez, et éventuellement gérer les questions qui suivent.

Bref, vous allez pouvoir faire face à la plupart des situations susceptibles de se produire au cours d'un voyage ou d'une rencontre avec des anglophones.

À propos de ce livre

Exercices d'anglais pour les Nuls est à la fois un cours de perfectionnement ou de révision, un ouvrage de référence, et un cahier d'entraînement destiné à tous ceux qui ont déjà quelques bases en anglais mais veulent passer au niveau supérieur.

Si vous voulez vous familiariser avec la grammaire de l'anglais pour mieux comprendre et vous exprimer, ce livre est fait pour vous.

Chacun des chapitres explore un aspect de la langue et vous prépare à vous exprimer à l'écrit ou à l'oral, en dépassant le niveau des débutants pour apporter correction et nuances à la langue que vous parlez ou que vous écrivez.

N'oubliez pas ! Ce livre est à vous, usez et abusez de votre stylo ou de votre surligneur pour bien marquer les points dont vous voulez vous souvenir. Et, pour les exercices, ne vous contentez pas de les faire dans votre tête. C'est important d'écrire pour ensuite vérifier les réponses à la fin du chapitre.

Les conventions utilisées dans ce livre

Pour faire ressortir les informations les plus importantes et faciliter votre navigation à l'intérieur de ce livre, nous avons établi un certain nombre de conventions :

- Les termes et phrases en anglais, ainsi que les terminaisons ou radicaux sur lesquels nous souhaitons mettre l'accent apparaissent en **gras**.
- Les équivalents en français, en *italique*, suivent les exemples en anglais.
- À la fin de chaque chapitre figure une section « Corrigés » qui vous donne toutes les réponses, en gras, des exercices proposés. Pour les exercices les plus difficiles, j'explique les réponses.
- Les expressions ou phrases incorrectes sont signalées par une « * ».

Nos hypothèses

En écrivant ce livre, nous avons émis quelques hypothèses à votre propos, cher lecteur.

- Vous avez une certaine expérience des bases de l'anglais. Vous cherchez une manière de réviser ce que vous avez appris – et peut-être un peu oublié – puis d'aller plus loin pour explorer de nouvelles connaissances.
- Vous parlez un peu anglais – mais vous sentez que vous n'êtes pas à l'aise et avez besoin de raffermir vos connaissances. Et, peut-être, vous aimeriez savoir écrire un peu mieux.
- Vous voulez améliorer votre anglais parce que vous avez prévu de faire un voyage à l'étranger ou bien vous voulez faire des affaires dans un pays où l'anglais est la langue officielle ou la langue véhiculaire, ou peut-être êtes-vous étudiant(e) et savez que vous aurez besoin de l'anglais un jour ou l'autre.
- Vous voulez parler un anglais simple mais à peu près correct, dans des situations de la vie de tous les jours.

- Vous voulez un livre complet – mais surtout pas trop compliqué – sans jargon inutile et qui aborde l'essentiel. Nous avons essayé de vous expliquer le fonctionnement de l'anglais de manière aussi simple que possible. Nous vous montrerons comment fonctionne la langue et ce qui est derrière les choix grammaticaux plutôt que de vous faire apprendre des règles artificielles.

Restons simple et clair. Tout ira bien pour vous et vos interlocuteurs seront reconnaissants des efforts que vous faites pour communiquer avec eux.

Comment ce livre est organisé

Nous avons divisé *Exercices d'anglais pour les Nuls* en six parties afin que vous puissiez vous y reconnaître facilement et ainsi circuler librement à l'intérieur de ces parties. Nous vous résumons ci-dessous chacune des parties, mais vous trouverez plus d'informations dans le sommaire détaillé.

Première partie : Pour commencer...

Nous commençons par bien préciser quelques notions et catégories grammaticales – peu nombreuses, mais qu'il est indispensable de connaître afin de partir avec des bases solides.

Puis nous vous donnons des conseils pour bien prononcer l'anglais... indispensable, n'est-ce pas, pour une langue dont tout le monde dit qu'elle se lit facilement mais qu'elle ne se parle pas – et surtout ne se comprend pas – si facilement à l'oral.

Et puis, nous vous aidons à tirer le meilleur parti du dictionnaire bilingue que vous avez sûrement chez vous. Que signifient les catégories, les abréviations que vous y trouvez ?

Enfin, nous vous aidons à réviser les nombres, essentiels dans tant de circonstances.

Deuxième partie : Nommons les choses et les personnes

La première chose dont on a besoin, quand on veut parler anglais, c'est de nommer les choses et les personnes. Il faut bien savoir de quoi l'on parle ! Vous avez donc besoin de savoir comment fonctionnent les noms ainsi que tous ces petits mots qui les accompagnent pour les déterminer ou les décrire.

Et puis, en anglais, ces noms peuvent se combiner entre eux de bien des manières. C'est ce que nous verrons aussi dans cette partie. Au passage, vous découvrirez que l'ordre des mots a un sens en anglais. Vous verrez, finalement, tout est simple !

Troisième partie : Que ferions-nous sans les verbes ?

Sans verbes, on est vraiment limité dans une conversation. C'est le verbe qui indique si on parle du présent, du passé ou de l'avenir – et, en anglais, les verbes permettent d'exprimer vraiment beaucoup de nuances qui vous seront détaillées dans cette partie, toujours avec des explications et des exemples bien clairs. Les exercices sont particulièrement importants pour arriver à bien maîtriser tout cela, car il n'y a pas vraiment d'équivalence entre le système verbal anglais et le système verbal français.

Et puis, il y a les modaux, si couramment utilisés en anglais qu'on a bien besoin d'eux pour s'exprimer avec précision.

Quatrième partie : Combinons les mots dans des phrases

Nous avons vu les noms et ce qui s'y rapporte dans la deuxième partie, puis les verbes dans la troisième partie. Il faut maintenant apprendre à combiner tout cela pour poser des questions et y répondre.

Nous verrons aussi ici la voix passive, car elle est très couramment utilisée en anglais – beaucoup plus fréquemment qu'en français.

Enfin, nous ferons un petit détour par les propositions relatives pour préciser ce dont on parle.

Cinquième partie : La partie des Dix

Les trois chapitres de cette partie vont vous aider à traquer les erreurs les plus courantes pour les francophones qui parlent anglais : les fautes à éviter, les faux amis à repérer, les verbes à surveiller de près car ils ne fonctionnent pas comme leurs équivalents français. Cette partie est un récapitulatif, fondé sur notre longue expérience des erreurs que les Français commettent tout le temps. C'est une sorte de check-list. Nous sommes certains qu'elle vous sera très utile.

Sixième partie : Annexes

Les verbes irréguliers, bien sûr ! On ne peut pas s'en passer, d'autant que ce sont les verbes les plus utilisés dans la langue quotidienne.

Les icônes utilisées dans ce livre

Les icônes sont ces petits dessins rigolos que vous trouvez dans la marge. Ils attirent votre attention sur les points importants, sur un fonctionnement inattendu, ou sur les exercices. Arrêtez-vous sur ces paragraphes, ils sont importants.

TRUC

Comme son nom l'indique, cette icône vous signale un truc qui vous facilitera la vie. Les choses sont souvent simples, il suffit de les regarder dans le bon sens !

Avec cette icône, nous vous signalons les dangers. C'est comme le code de la route… il vaut mieux être prévenu des choses un peu délicates pour pouvoir les négocier sans dommage.

Cette icône met en lumière les différences entre le français et l'anglais. Les paragraphes associés vous expliquent en quoi les constructions de phrases diffèrent entre les deux langues.

Tout simplement, cette icône attire votre attention sur les exercices. À quoi sert d'apprendre une théorie si on ne la met pas en pratique ? Ces exercices sont vraiment faits pour vous ; ils vous aideront à mieux comprendre et à entrer dans l'action.

Et maintenant, par où commencer ?

Comme tous les livres « Pour les Nuls », cet ouvrage est un outil à votre service. Vous n'êtes pas obligé(e) de le lire dans l'ordre ! Naviguez dans ce livre selon vos besoins ou vos envies. Si quelque chose vous semble rébarbatif (nous avons tout fait pour éviter cela !), allez au chapitre suivant – et vous y reviendrez plus tard.

Jetez-vous à l'eau. Si vous n'êtes pas sûr de vous, suivez au moins l'ordre dans la première partie. Si vous vous sentez à l'aise, allez tout de suite vers les exercices et vérifiez que vous vous en tirez sans problème. Vous pourrez toujours revenir en arrière pour bien comprendre les erreurs que vous avez peut-être faites.

Une chose importante à ne jamais oublier : vous ne faites pas la course, vous ne participez pas à un concours ! Prenez votre temps, adoptez le rythme qui vous convient. N'hésitez pas à reprendre le même chapitre plusieurs fois – ou à refaire des exercices qui vous ont semblé difficiles.

Enfin, souvenez-vous que vous allez progresser dans la maîtrise de la grammaire anglaise… Mais vous n'éviterez pas toutes les erreurs. Tout le monde fait des fautes, y compris les anglophones. Une erreur de grammaire n'est pas la fin du monde. L'essentiel est de vous lancer, de parler ou d'écrire au mieux. Si vous arrivez à mieux vous faire comprendre, vous aurez gagné votre pari.

Première partie

Pour commencer…

Dans cette partie…

Vous allez rencontrer bien des choses que vous savez déjà. Mais, avant de vous plonger dans tout ce qui touche aux noms, aux verbes et autres catégories de mots, nous vous invitons à revoir et définir quelques notions de bases, indispensables pour progresser ensuite rapidement et facilement.

Puis nous vous invitons à explorer la prononciation de l'anglais en vous donnant quelques conseils qui vous permettront de vous faire comprendre – et, sans doute surtout, de mieux comprendre les anglophones.

Nous vous aiderons aussi à tirer le meilleur parti du dictionnaire bilingue que vous avez sûrement chez vous.

Enfin, nous vous aidons à réviser les nombres, à dire la date, dire l'heure et, globalement, parler de quantités.

Chapitre 1

Rien de solide sans de bonnes bases !

Dans ce chapitre :

- Connaître quelques généralités sur la langue anglaise
- Identifier les catégories de mots
- Savoir à quoi servent les catégories de mots
- Faire la différence entre les phrases simples et les phrases complexes

Avant de vous plonger dans les règles et les nuances qui feront de vous un anglophone averti, il nous semble utile de réviser quelques définitions – que vous connaissez sûrement, mais se rafraîchir la mémoire ne fait pas de mal. Et, dans toute la suite du livre, vous saurez vraiment de quoi nous parlons.

La grammaire anglaise a la réputation d'être facile (juste le contraire de la prononciation anglaise !). C'est un peu vrai, car il n'y a pas de conjugaisons compliquées, pas de déclinaisons, et les mots grammaticaux sont en nombre relativement limité. Mais il faut bien connaître le fonctionnement de certains aspects de la langue, comme les combinaisons de noms qui sont très pratiques quand on sait les manipuler et les formes verbales qui découpent la réalité de manière assez différente de celle dont nous avons l'habitude.

Notre but, dans ce livre, est de vous guider pour que vous compreniez bien ce fonctionnement et puissiez l'intégrer en toute connaissance plutôt que de vous asséner des « règles de grammaire » à respecter.

Les éléments de la langue

La phonologie

C'est tout ce qui touche à la prononciation : comment produire les sons, comment les combiner, comment obtenir que le rythme et l'intonation soient aussi crédibles que possible.

La morphologie

C'est l'étude de la forme des mots : quelles sont leurs caractéristiques, comment une terminaison peut indiquer le pluriel des noms, ou le temps d'un verbe. Ce sont les « ingrédients ».

La syntaxe

C'est l'art de combiner les mots pour faire des phrases capables de transcrire ce que vous voulez dire ou ce que vous pensez. Avec une liste de mots et quelques gestes, on peut sans doute arriver à ne pas mourir de faim dans un pays étranger – mais dès que l'on veut vraiment communiquer, on a besoin de faire des phrases avec des nuances.

Nous n'utiliserons pas de mots compliqués, pourtant, sans vraiment vous en apercevoir, vous allez couvrir les différents aspects de la langue anglaise.

Nous consacrerons un chapitre à la phonologie (le chapitre 3), mais l'essentiel du livre vous conduira à travers les questions de morphologie et de syntaxe.

Une langue souple et foisonnante

L'anglais est une langue qui a un lexique particulièrement riche : il compte environ trois fois plus de mots que le français et quatre fois plus que l'allemand.

Ajoutons que la langue anglaise est en perpétuelle mutation et que les adoptions de mots étrangers (en particulier de mots français, d'ailleurs) continuent à s'opérer. On estime qu'environ 5 000 nouveaux mots entrent chaque année dans la langue anglaise, par emprunt, dérivation, composition – et qu'il en disparaît à peu près autant.

Les héritages de l'anglais

Des mots comme **Sunday** (*dimanche*), **Monday** (*lundi*), **Tuesday** (*mardi*), **Wednesday** (*mercredi*), **Thursday** (*jeudi*), **Friday** (*vendredi*), **Saturday** (*dimanche*) datent des premières populations celtiques.

Des mots germaniques ont été apportés par les Vikings et les Angles qui ont peuplé l'Angleterre entre le ve et le xe siècle. Ces mots sont très nombreux et touchent, le plus souvent, à la vie quotidienne. Ce sont, par exemple, **do** (*faire*), **go** (*aller*), **town** (*ville*), **find** (*trouver*), **begin** (*commencer*), etc.

Des mots d'origine latine ont été introduits par Guillaume le Conquérant à partir de 1066, lorsque le français devint la langue officielle de la Cour. Ces mots, assez faciles à reconnaître car ils ressemblent aux nôtres, sont à peu près aussi nombreux que les mots germaniques.

Les catégories de mots

Autour du nom

Les noms

Un nom est un mot qui désigne une personne, un animal, un objet, une idée ou un groupe d'éléments. Par exemple, **man** (*homme*), **dog** (*chien*), **house** (*maison*), **beauty** (*beauté*), **crowd** (*foule*), **city** (*ville*), etc. Beaucoup de noms peuvent se mettre au pluriel – mais pas tous. Nous verrons cela dans le chapitre 7.

Et puis, l'anglais dispose d'un système de combinaisons extrêmement souple qui permet souvent d'exprimer en deux mots ce que le français exprime parfois en trois à cinq mots. Nous verrons cela dans le chapitre 8.

Le nom peut être seul dans le groupe nominal, comme dans la phrase **I like tea** (*J'aime le thé*) ; il peut aussi être accompagné de divers éléments, comme dans cette phrase : **I like fresh-brewed green tea** (*J'aime le thé vert qui vient juste d'être infusé*).

Le nom peut être le sujet du verbe (celui qui agit) ou le complément du verbe (celui sur qui porte l'action du verbe). Dans la phrase suivante, **my sister** est le sujet et **the window** le complément : **My sister opened the window** (*Ma sœur a ouvert la fenêtre*).

Les déterminants

Ce sont tous les petits mots qui déterminent les noms : les articles, comme **a** / **an** ou **the** ; les démonstratifs comme **this**, **these**, **that** et **those** ; les possessifs comme **my**, **your**, **his**, **her**, etc. Nous verrons cela dans le chapitre 9.

Les adjectifs

Ils servent à décrire les noms. En anglais, ils sont invariables. Ils peuvent être épithètes ou attributs, comme dans cet exemple où **new** est épithète et **red** attribut : **My new shoes are red** (*Mes nouvelles chaussures sont rouges*).

Les adjectifs peuvent aussi servir à comparer (*plus grand que*, *le plus grand*, etc.). Nous verrons cela dans le chapitre 10.

Les pronoms

Ces mots n'accompagnent pas le nom, mais ils peuvent le remplacer – cela évite bien des répétitions, comme dans cette phrase où **I** identifie la personne qui parle et **him** remplace un nom déjà cité : **I know him** (*Je le connais*).

D'autres pronoms sont aussi bien utiles, comme les pronoms possessifs, les pronoms indéfinis, les pronoms réciproques, etc. Nous verrons tout cela dans le chapitre 6.

Les prépositions

Ce sont des petits mots qui servent à faire des connexions. Les propositions permettent d'introduire des noms ou des pronoms pour donner des indications de temps, de lieu, de cause, d'appartenance, etc. Par exemple, dans la phrase suivante, **on** indique le lieu et **of** l'appartenance : **There was a bird on the roof of the house** (*Il y avait un oiseau sur le toit de la maison*). Nous verrons les prépositions dans le chapitre 11.

Autour du verbe

Les verbes

Le verbe est l'élément central de l'énoncé. Il exprime un événement, une action ou un état. Par exemple, **arrive** (*arriver*), **run** (*courir*), **become** (*devenir*).

Le verbe peut se suffire à lui-même pour constituer un énoncé comme **Look!** (*Regarde !*). Dans cet exemple, il sert à énoncer un ordre ou une consigne, comme nous le verrons dans le chapitre 12.

Le verbe peut porter la marque du temps présent ou passé – l'anglais n'a que deux temps grammaticaux : le présent et le prétérit. Nous les explorerons dans les chapitres 13 et 14.

Il peut aussi indiquer l'aspect – une manière de voir les choses qui est sous-exploitée en français. Nous verrons tout cela en détail dans les chapitres 13 à 16.

Il peut aussi se mettre à la voix passive, un choix beaucoup plus courant en anglais qu'en français. Par exemple, **English is spoken here** (*Ici, on parle anglais*). Nous verrons le passif dans le chapitre 21.

Les auxiliaires

Le verbe a souvent besoin d'auxiliaires grammaticaux, pour marquer certains aspects et pour les formes interrogatives ou négatives, comme **do** dans la question : **Do you speak English?** (*Parlez-vous anglais ?*). Mais il peut aussi être nuancé par les auxiliaires modaux, comme **must** dans : **You must come immediately** (*Tu dois venir tout de suite*). Nous verrons cela dans les chapitres 17 et 18.

Les adverbes

Les adverbes modifient le sens d'un verbe (comme on peut le deviner en observant le mot « adverbe »). Mais ils peuvent aussi modifier un adjectif, un autre adverbe, ou même une phrase entière, comme le fait **immediately** dans cet exemple : **He started the car immediately** (*Il a démarré la voiture immédiatement*). Nous verrons cela dans le chapitre 19.

Soyez un bon détective ! Dans cette phrase extraite d'un article alarmant sur l'état de Pompéi, identifiez les mots : nom, adjectif, verbe, etc.

In early November, a building where athletes trained to fight suddenly collapsed into a pile of rubble.

1. in : ______________________

2. early : ______________________

3. November : ______________________

4. building : ______________________

5. suddenly : ______________________

6. collapsed : ______________________

7. into : ______________________

8. a : ______________________

9. pile : ______________________

10. of : ______________________

11. rubble : ______________________

Avec des mots... faisons des phrases

Nous aborderons la syntaxe dans la troisième partie.

- D'abord, comment combiner les mots pour affirmer, questionner ou nier.
- Puis, comment combiner les mots pour en faire des phrases simples.
- Enfin, comment combiner des phrases simples pour en faire des phrases complexes.

Pour affirmer, questionner ou nier

C'est l'ordre des mots qui régit la différence entre les énoncés dits affirmatifs, interrogatifs ou négatifs.

Puisque je vous le dis !

Une règle générale, facile à retenir : pour affirmer quelque chose, on adopte l'ordre sujet + verbe :

- **Sheila goes to the cinema every week.**

  Sheila va au cinéma toutes les semaines.

Mais non, mais non !

Pour nier, on ajoute un mot négatif, le plus souvent **not** – mais il y en a d'autres. Sauf pour le verbe **be**, cette négation exige un auxiliaire :

- **Sheila does not like science-fiction movies.**

  Sheila n'aime pas les films de science-fiction.

Est-ce que... ?

La marque du questionnement, c'est l'inversion de l'ordre de l'énoncé affirmatif : on doit avoir l'ordre verbe + sujet. Sauf pour le verbe **be**, cet ordre exige que le verbe soit remplacé par un auxiliaire :

- **Does Sheila read a lot?**

  Est-ce Sheila lit beaucoup ?

Nous verrons tout cela au chapitre 20.

Phrases simples et phrases complexes

On appelle phrase simple une phrase dans laquelle il y a un seul verbe, ou bien, si elle a plusieurs verbes, dans laquelle les verbes ne dépendent pas l'un de l'autre.

Propositions indépendantes et subordonnées

- Une proposition est indépendante quand, à elle seule, elle a du sens. Par exemple, **I love ice cream** (*J'aime la crème glacée*).

- Une proposition est subordonnée quand elle n'a pas de sens toute seule. Par exemple, ... **when it's chocolate ice cream** (... *quand elle est au chocolat*). Cette proposition n'a de sens que si elle est précédée de quelque chose – en l'occurrence, de la phrase du paragraphe précédent.

On appelle phrase complexe une phrase dans laquelle plusieurs propositions s'imbriquent pour apporter des informations supplémentaires. Nous verrons en particulier les propositions relatives et autres subordonnées dans le chapitre 22.

Dans la phrase ci-dessous, la proposition relative est soulignée.

- **The man who is sitting at the back of the room is my boss.**

  L'homme qui est assis au fond de la pièce est mon patron.

Dans la phrase ci-dessous, la proposition subordonnée circonstancielle est soulignée.

- **I'll be at the airport when you arrive.**

  Je serai à l'aéroport quand tu arriveras.

Enfin, dans le chapitre 21, nous verrons ces constructions typiquement anglaises que sont les propositions infinitives ou les constructions à deux verbes.

Dans la phrase ci-dessous, la proposition infinitive est soulignée.

- **My boss wants me to go to London for a seminar.**

  Mon patron veut que j'aille à Londres pour un séminaire.

Trions un peu tout cela. Soulignez les propositions principales puis identifiez la subordonnée : relative, circonstancielle, conjonctive.

12. Grandpa, who worked as a bus driver, lived in Chapelhouse.

La proposition subordonnée est une ______________________________

13. Rebecca was the daughter of Dan Salmon who owned the baker's shop on the corner of Brick Lane.

La proposition subordonnée est une ______________________________

14. I quickly discovered that he was widely respected in the city.

La proposition subordonnée est une ______________________________

15. You won't be an airline pilot if you don't speak English.

La proposition subordonnée est une ______________________________

16. The Chinese restaurant where Jimmy took us for dinner that night was just over the line in Maryland.

La proposition subordonnée est une ______________________________

Corrigés

1. **in :** préposition

2. **early :** adjectif

3. **November :** nom

4. **building :** nom

5. **suddenly :** adverbe

6. **collapsed :** verbe

7. **into :** préposition

8. **a** : article

9. **pile :** nom

10. **of :** préposition

11. **rubble :** nom

12. Grandpa, who worked as a bus driver, lived in Chapelhouse.

    La proposition subordonnée est une relative.

13. Rebecca was the daughter of Dan Salmon who owned the baker's shop on the corner of Brick Lane.

    La proposition subordonnée est une relative.

14. I quickly discovered that he was widely respected in the city.

    La proposition subordonnée est une conjonctive.

15. You won't be an airline pilot if you don't speak English.

    La proposition subordonnée est une proposition circonstancielle de condition.

16. The Chinese restaurant where Jimmy took us for dinner that night was just over the line in Maryland.

    La proposition subordonnée est une relative.

Chapitre 2

Pourquoi ne prononcent-ils pas comme nous ?

Dans ce chapitre :

- Prononcer les voyelles brèves
- Prononcer les voyelles longues
- Prononcer les diphtongues
- Prononcer les consonnes
- Accentuer la bonne syllabe dans un mot
- Accentuer le bon mot dans une phrase
- Choisir la bonne intonation

Quelle panique ! Pourquoi les Anglais ne prononcent-ils pas comme nous? Pourquoi ne prononcent-ils pas comme ils écrivent ? Tous les Français qui apprennent l'anglais se posent un jour ou l'autre ces questions, pris de panique devant quelqu'un qui parle une langue dans laquelle ils ne reconnaissent même pas les mots qu'ils sauraient pourtant lire sans difficulté.

Les Français ont bien des excuses ! Disons, au moins trois :

- Les Anglais ont un système d'accentuation très fort – accent de mot et accent de phrase – qui n'a pas d'équivalent en français. On n'entend pas toutes les syllabes en anglais… c'est normal puisque les Anglais ne prononcent pas toutes les syllabes !
- Ils parlent vite, entend-on. Cela n'est pas forcément vrai, mais c'est l'impression que nous avons. D'ailleurs, ils disent la même chose des Français.
- Et puis, l'anglais possède vingt-deux sons vocaliques (deux fois plus que le français !) alors que l'alphabet latin que nous partageons ne comporte que six lettres dites « voyelles ».

Pourquoi se donner du mal ? Pour apprendre à mieux comprendre l'anglais oral, la meilleure solution est d'apprendre à imiter leur accent. Quand on sait produire un son, on le reconnaît. Quand on sait jouer avec l'intonation et l'accentuation, on en comprend les mécanismes, et donc on reconnaît les mots et les phrases et on arrive à leur faire prendre sens.

Si nous vous invitons à mieux prononcer l'anglais, c'est surtout pour vous aider à mieux le comprendre – et aussi, bien sûr, pour mieux vous faire comprendre.

Pour commencer, livrons-nous à un petit jeu : lisons ce début de chapitre avec un fort accent anglais – comme pour se moquer d'eux – et observons comment nous nous y prenons.

Nous allons vous expliquer, dans ce chapitre, comment imiter le rythme de l'anglais – avec ses temps forts et ses temps faibles. Puis nous vous indiquerons comment produire tous ces sons qui n'existent pas dans notre langue.

Nous espérons bien que, quand vous aurez fini ce chapitre, vous aurez fait des progrès, aussi bien dans votre pratique que dans votre compréhension de l'anglais.

Les sons de l'anglais

Commençons par nous concentrer sur les différences entre les sons de l'anglais et les sons du français.

C'est dans le domaine des voyelles que les différences sont les plus importantes. Les voyelles anglaises présentent toutes des différences plus ou moins marquées avec les voyelles françaises qui leur sont proches – et l'orthographe des mots vous aide peut-être un tout petit peu, mais pas tant que ça.

Dites-vous – pour vous consoler – que les Anglais sont aussi ahuris que vous quand ils apprennent que *beau*, *coteau*, *cause* et *tôle* contiennent le même son tandis que *code*, *sol* ou *tome* ont un autre son.

Heureusement, les consonnes posent moins de difficultés, à part quelques-unes que nous examinerons.

Quand on désire savoir comment prononcer un mot, le dictionnaire peut être une aide efficace – à condition de connaître les signes qui symbolisent les sons.

Les voyelles simples

Les voyelles se répartissent en deux groupes : les voyelles dites « longues » ou « tendues », que l'on reconnaît par le signe [:] qui suit leur symbole dans les dictionnaires et les voyelles dites « brèves » ou « non tendues » qui n'ont pas ce signe.

Les voyelles brèves

- **Le son de *sit***

Le son anglais de **sit** est plus à l'avant que le son français de *site*. Il est plus court et moins tendu, et se rapproche du [è]. Les lèvres s'entrouvrent à peine.

Exerçons-nous à comparer **tick** (on prononce presque comme le bois de *teck*) et *tique*. Prononçons cette courte phrase : **Click or tick a bit** (*Cliquez ou cochez un peu*).

- **Le son de *vet***

Relativement proche du son français de *bête* ou *belle* ; mais un peu plus bref.

Exerçons-nous à faire la différence entre *bête* et **bet**. Et prononçons cette courte phrase : **I met the vet at Ben's** (*J'ai rencontré le véto chez Ben*).

- **Le son de *cat***

Situé entre le [a] et le [è] du français – mais plus près du [è]. Prononcez [a] en pensant à [è] – un peu comme quand on est vraiment dégoûté !

Exerçons-nous à prononcer **I'm bad at maths!** (*Je suis mauvais en math !*)

- **Le son de *bull***

Beaucoup moins tendu, plus en avant et plus bref que le son français de *boule*.

Exerçons-nous à faire la différence entre *bouc* et **book**. Et prononçons cette courte phrase : **I took a book** (*J'ai pris un livre*).

- **Le son de *pot***

Court, très détendu, très ouvert, un peu comme quand on dit *un pote* ou quand on prononce *bof*.

Exerçons-nous à prononcer cette courte phrase : **Have a pot of hot coffee** (*Prenez un pot de café chaud*).

- **Le son de *cut***

Celui-ci ne ressemble pas vraiment aux sons français. Il est beaucoup moins tendu que le [u] français de *rue*, entre **kit** et **pot**. Il se produit en plein milieu de la bouche.

Exerçons-nous à faire la différence entre *but* et **but** ou entre *culte* et **cult**. Prononçons cette courte phrase : **The sun was dull** (*Le soleil était terne*).

- **Le son de *again***

Voici une voyelle que nous n'avons pas en français. En plus, par définition, on ne l'entend presque pas !

Cette voyelle neutre n'existe que dans les syllabes inaccentuées des mots de plusieurs syllabes. Elle n'existe pas dans les mots d'une syllabe. Elle est très fréquente pour la forme faible des mots grammaticaux – ceux qu'on doit deviner puisqu'on ne les entend pas vraiment.

Prononçons **again** presque comme nous dirions *gaine*.

Exerçons-nous à prononcer **tradition**, **attention**. On ne dit presque pas les premières syllabes dans ces mots (donc le [a] devient [e]) et on accentue fortement les secondes.

Les voyelles longues

Le point commun à toutes les voyelles que nous allons examiner maintenant, c'est qu'elles sont beaucoup plus longues que les voyelles françaises qui leur ressemblent. Pour les réaliser, il faut tenir une certaine tension. C'est pourquoi on les appelle aussi « les voyelles tendues ». Et puis – à l'exception du son de **bird** – elles se situent soit très en avant dans la bouche par rapport aux voyelles françaises qui leur sont proches, soit très en arrière.

- **Le son de *tea***

Il est plus long et plus tendu que le son français de *type*. Les lèvres fournissent un effort et s'étirent vers les oreilles. C'est pour cela que l'on vous recommande de prononcer le mot **cheese** (*fromage*) pour avoir un joli sourire lorsque l'on vous prend en photo.

Exerçons-nous à comparer aussi **mean** et *mine* ou **bean** et *bine*. Prononçons cette courte phrase : **I mean he's leaving this week** (*Je veux dire qu'il part cette semaine*).

Le son de *bar*

Très en arrière, dans le fond de la gorge. Entre le *ah !* et le *oh !* que l'on prononce quand on est choqué.

Exerçons-nous à faire la différence entre *barre* et **bar** ou entre *quart* et **car** (*voiture*). Prononçons cette courte phrase : **This is Barbara's car** (*C'est la voiture de Barbara*).

Le son de *moon*

Très en arrière, ce son ressemble à celui que nous avons lorsque les lettres **ou** sont suivies d'un **r**. Les lèvres se tirent en avant comme dans un moment de surprise amusée.

Exerçons-nous à faire la différence entre *coule* et **cool** (*frais*) – presque comme une tourterelle qui roucoule. Prononçons cette courte phrase **: The moon was blue** (*La lune était bleue*).

Le son de *door*

Très en arrière, très profond dans la gorge, un peu comme on prononce *oh !* quand on est vraiment choqué.

Exerçons-nous à faire la différence entre *dort* et **door** (*porte*) ou *porc* et **pour** (*verser*). Prononçons cette courte phrase : **There are four doors** (*Il y a quatre portes*).

Le son de *bird*

Très ouvert, beaucoup moins tendu que le français du mot *nœud*, plus proche du mot *cœur*. Les lèvres restent relâchées.

Exerçons-nous à faire la différence entre *terme* et **term** (*trimestre*). Prononçons cette courte phrase : **Turn around, sir** (*Retournez-vous, monsieur*).

On glisse sur les diphtongues

Comme leur nom l'indique, les *diphtongues* sont composées de deux sons vocaliques. Le français a aussi des diphtongues, comme dans les mots *veille* ou *maille*, mais la différence est qu'en anglais, on accentue très fortement la première voyelle et on glisse sur la seconde – tandis qu'en français, les deux sons vocaliques sont plutôt équivalents. Exerçons-nous à comparer **my** et *maille*.

Le son de *by*

Cette diphtongue combine un **a** et un **i**. Le mot **by** ressemble un peu au mot français *bail*, mais on glisse sur la seconde voyelle (**i**).

Prononçons aussi : **lie** (*être allongé*) – **my** (*mon, ma, mes*) – **die** (*mourir*) – **buy** (*acheter*).

Le son de *mail*

Cette diphtongue combine un **é** et un **i**. Le mot **mail** (*courrier*) ressemble un peu à celui que nous employons désormais en français quand nous disons : « *Je t'enverrai un mail* », mais on glisse sur la seconde voyelle (**i**).

Prononçons aussi : **lane** (*allée*) – **came** (*vint*) – **tale** (*histoire*) – **tame** (*dompter*).

- **Le son de *cow***

Cette diphtongue combine un **a** et un **ou**. Le mot **cow** (*vache*) ressemble un peu au mot français *cahot*, mais on glisse sur la seconde voyelle (**o**). Faites bien la différence entre le mot anglais **clown**, qu'on prononce « cla-oun », et le mot français équivalent.

Prononçons aussi : **town** (*ville*) – **down** (*en bas*) – **round** (*rond*) – **bound** (*rebondir*).

- **Le son de *boy***

Cette diphtongue combine un **o** et un **i**. Le mot **boy** (*garçon*) ressemble un peu au mot que nous utilisons parfois en français, mais on glisse sur la seconde voyelle (**i**).

Prononçons aussi : **toy** (*jouet*) – **coin** (*pièce de monnaie*) – **soy** (*soja*) – **boycott** (*boycotter*).

- **Le son de *cold***

Cette diphtongue combine un **e** et un **o**. Nous n'avons pas de diphtongue proche en français. On accentue la première voyelle (**e**) et on glisse sur la seconde (**o**).

Prononçons : **sold** (*vendais*) – **so** (*ainsi*) – **blow** (*souffler*) – **bow** (*se courber*) – **cone** (*cône*) – **window** (*fenêtre*).

- **Le son de *beer***

Cette diphtongue combine un **i** et un **e**. Le mot **beer** ressemble un peu au mot français *bière*, mais on accentue fortement le **i** et on glisse sur la seconde voyelle (**e**). On la trouve surtout suivie de la lettre **r**.

Prononçons : **clear** (*clair*) – **dear** (*cher*) – **tear** (*larme*) – **weary** (*las*).

- **Le son de *pair***

Cette diphtongue combine un **è** et un **e**. Nous n'avons pas de diphtongue équivalente en français. La première voyelle ressemble au son du mot français *baie*, puis on glisse sur la seconde voyelle (**e**).

Prononçons : **care** (*prendre soin de*) – **rare** (*rare*) – **bare** (*dénudé*) – **tear** (*déchirer*).

- **Le son de *poor***

Cette diphtongue combine un **ou** et un **e**. Nous n'avons pas de diphtongue équivalente en français. La première voyelle ressemble au son du mot français *boue*, puis on glisse sur la seconde voyelle (**e**).

Prononçons : **tour** (*excursion*) – **tourist** (*touriste*) – **lure** (*attirer*).

Quelques casse-tête...

Plusieurs prononciations pour une même écriture

Une même voyelle peut se prononcer de façons différentes :

- La lettre **a**, qui se prononce différemment dans ces quatre exemples : **about**, **cat**, **ball**, **late**.
- La lettre **e**, qui est un son long dans **Pete**, mais bref dans **pet**.
- La lettre **i**, qui se prononce différemment dans **live** (*vivre*) et **life** (*vie*).

- La lettre **o**, qui se prononce différemment dans **sorry**, dans **code**, dans **word**, dans **go** ou dans **do**.
- La lettre **u**, qui peut être une voyelle brève dans **put**, ou **but**, mais aussi une voyelle longue, dans **rude**.

Des associations de lettres pas très fiables

On ne peut pas se fier non plus aux associations de lettres :

- Les lettres **ie** : **die** (comme **by**), **friend** (comme **vet**), **believe** (comme **tea**).
- Les lettres **ei** : **rein** (comme **mail**), **height** (comme **by**), **receive** (comme **tea**).
- Les lettres **ea** : **eat** (comme **tea**), **head** (comme **vet**), **great** (comme **mail**).
- Les lettres **ou : our** (comme **cow**), **couple** (comme **cut**), **soup** (comme **moon**).
- Les lettres **oo** : **cool** (comme **moon**), **blood** (comme **cut**).
- Les lettres **au** : **cause** (comme **door**), **laugh** (comme **cut**).

Moins de problèmes avec les consonnes

Il y a moins de problèmes dans le domaine des consonnes, car, même si vous les estropiez un peu, vous avez de bonnes chances d'être compris(e) – et il y a même des Anglais pour trouver adorable d'entendre « Ze dort » au lieu de **The door**...

Quand même, quelques consonnes difficiles à prononcer pour les Français méritent toute votre attention.

Le th

Cette consonne typiquement anglaise – et très courante – n'a pas d'équivalent en français. Elle ne ressemble surtout pas au **z** ou au **s** mais se situe plutôt vers le **f** ou le **v**. Pour la prononcer correctement, vous devez avoir l'impression d'avoir un cheveu sur la langue : insérez la langue entre les dents pour empêcher l'air de passer.

Cette consonne correspond à deux sons :

- le son dit sourd : **third** (*troisième*) – **think** (*penser*) – **through** (*à travers*) ;
- le son dit sonore : **there** (*là*) – **this** (*ceci*) – **then** (*alors*) – **they** (*ils*).

Le r

Quand nous voyons un **r**, nous le prononçons... Logique, non ? Pas pour les Anglais. En anglais, il ne se prononce que lorsqu'il est devant une voyelle, comme dans **rose** (*rose*), **red** (*rouge*), **rain** (*pluie*), **Harry**, etc.

Le **r** anglais ne ressemble pas du tout au **r** français, mais il se rapproche un peu de la prononciation française du **w**. Le son ne se situe pas dans la gorge mais plus en avant de la bouche. Il faut arrondir les lèvres et retrousser le bout de la langue.

Comparons le mot français *rate* au mot anglais **rat**. Prononçons **rhum** à l'anglaise en évitant soigneusement le **r** typiquement français. Prononçons cette courte phrase : **There's a red rose** (*Il y a une rose rouge*).

Devant une consonne, il ne se prononce pas et a pour seul effet d'indiquer que la voyelle qui est devant est allongée – comme dans les mots **car** (*voiture*), **port** (*port*), **dirty** (*sale*), **fern** (*fougère*), etc.

Le h expiré

Voilà une consonne difficile : les Français ont une fâcheuse tendance à l'oublier quand elle existe et à en mettre là où il n'en faut pas !

Vous avez remarqué que nous ne disons pas le « h aspiré » mais « expiré ». Mais oui ! Il faut expirer. Placez la main devant la bouche, vous devez sentir l'air – ou, mieux, utilisez un miroir et vérifiez qu'il s'embue.

Exerçons-nous à prononcer **hot and high** (*chaud et haut*) ou **a heavy head** (*une tête lourde*) ou **a horrible hotel** (*un hôtel horrible*).

Le ch et le sh

Tandis que les lettres **sh** correspondent exactement au **ch** français, les lettres **ch** en anglais se prononcent comme dans *atchoum*. Il faut bien respecter cette règle pour ne pas confondre certains mots.

Il ne faut pas confondre **sheep** (*mouton*) et **cheap** (*bon marché*) ou **ship** (*bateau*) et **chip** (*frite*), ou encore **shop** (*magasin*) et **chop** (*côtelette*).

Le rythme de l'anglais

On croit parfois qu'il suffit de bien préciser la valeur des sons pour bien parler anglais… Mais cela ne suffit pas !

Pour vous rapprocher de l'authentique et, par la même occasion, mieux reconnaître les mots à l'oral, il faut aussi vous entraîner à intégrer correctement ces sons dans les mots ou dans les phrases.

Le français ne comporte ni accent de mot – on prononce toutes les syllabes avec une intensité relativement identique – ni accent de phrase, sauf dans les cas où on exprime la surprise, l'insistance, l'interrogation, etc. Un léger accent porte naturellement sur la fin de la phrase.

En anglais, en revanche, on accentue très fortement certaines parties des mots ou des phrases et très faiblement d'autres parties. C'est cette alternance de temps forts et de temps faibles qui donne à l'anglais son rythme si particulier.

L'accent de mot

Tous les mots – dès qu'ils comportent plus d'une syllabe – ont une syllabe nettement accentuée. Vous trouverez la place de cet accent dans les dictionnaires : la syllabe accentuée est marquée soit par un petit accent placé devant cette syllabe, soit par du gras.

Le déplacement de l'accent de mot peut vous rendre tout simplement incompréhensible pour un anglophone. Être conscient de cet accent de mot est particulièrement important pour bien comprendre ce que l'on vous dit. Prenons un exemple : le mot **essential**, qui ressemble tellement au français à l'écrit : à l'oral, vous entendrez des sons que l'on peut représenter ainsi : *eSSENtial*.

Quelques pistes

Les noms de deux syllabes

On ne peut pas vraiment tout prévoir – mais si vous rencontrez un nom sans suffixe de deux ou trois syllabes, tentez toujours de l'accentuer sur la première. Vous aurez bien plus de chances de tomber juste.

Exerçons-nous à prononcer les mots suivants en accentuant fortement les premières syllabes : **bis**cuit (*biscuit*) – **yo**gurt (*yaourt*) – **tur**key (*dinde*) – **chi**cken (*poulet*) – **ve**getable (*légume*) – **cul**ture (*culture*) – **in**fluence (*influence*) – **ins**trument (*instrument*) – **vi**olence (*violence*).

Les suffixes

Les nombreux mots qui se terminent par les suffixes **-ic** et **-tion**, **-cian** sont accentués sur l'avant-dernière syllabe.

Exerçons-nous à prononcer les mots transparents suivants en accentuant fortement les syllabes signalées en gras : gene**ra**tion – tra**di**tion – revo**lu**tion – contra**dic**tion – scien**ti**fic – materia**lis**tic – ele**c**tric – elec**tri**cian.

Quelques familles de mots

À l'intérieur d'une même famille de mots, la place de l'accent change selon la nature grammaticale du mot. Observons ces mots qui sont tous transparents à l'écrit :

- **po**litics – po**li**tical – poli**ti**cian
- **de**mocrat de**mo**cracy – demo**cra**tic
- **per**son – per**so**nify – perso**na**lity
- **pho**tograph – pho**to**grapher – photo**gra**phical
- **in**tellect – in**te**lligence – intel**lec**tual
- **di**plomat – di**plo**macy – diplo**ma**tic

Les couples nom /verbe

Un certain nombre de mots de deux syllabes d'origine latine – donc qui ressemblent beaucoup au français – peuvent être soit des noms, soit des verbes.

En règle générale, ils sont accentués sur la première syllabe quand ils sont des noms et sur la seconde quand ils sont des verbes :

Noun – Verb	**Nom – Verbe**
conflict – con**flict**	*conflit – être en conflit*
contract – con**tract**	*contrat – contracter*
discount – dis**count**	*réduction – réduire*
transport – trans**port**	*transport – transporter*

transfer – trans**fer**	*transfert – transférer*
increase – in**crease**	*augmentation – augmenter*
record – re**cord**	*disque – enregistrer*
produce – pro**duce**	*produit – produire*
protest – pro**test**	*protestation – protester*
insult – in**sult**	*insulte – insulter*
exploit – ex**ploit**	*exploit – exploiter*
survey – sur**vey**	*enquête – enquêter sur*

Les mots composés

En règle générale, les mots composés sont accentués sur le premier mot.

Voici quelques exemples de mots composés. Entraînez-vous à les prononcer en accentuant uniquement la syllabe accentuée marquée en gras :

com**pu**ter case	*mallette pour ordinateur*
fishing boat	*bateau de pêche*
football field	*terrain de football*
po**li**ce station	*commissariat de police*
sailing boat	*bateau à voile*
sports ground	*terrain de sport*
tennis racket	*raquette de tennis*
ice cream	*crème glacée*
sun glasses	*lunettes de soleil*

L'accent de phrase

Le rythme spécifique de l'anglais vient de la succession de mots accentués – auxquels on accorde du temps et, surtout, de l'énergie – et des mots inaccentués sur lesquels on « glisse », au point qu'on les devine plus qu'on ne les entend.

On a souvent l'impression que les anglophones parlent vite. C'est en partie vrai – mais en partie seulement. On dit de l'anglais qu'il est **a stress-timed language**.

Ce qui donne cette impression de vitesse, c'est que le rythme est donné par l'alternance des accents. S'il n'y a qu'une ou deux syllabes entre deux accents, on a l'impression que la personne parle lentement – mais s'il y a plusieurs mots, elle parle nettement plus vite.

Les mots accentués

À l'intérieur d'une phrase, le ou les mots importants sont beaucoup plus accentués que les autres.

Par exemple, en l'absence de mise en valeur particulière, un seul mot porte l'accent principal dans cette phrase : **This is even <u>be</u>tter than I thought**.

Devinez quels sont les deux mots accentués dans cette question : **Are you still at school or are you going to university?** (*Êtes-vous encore à l'école ou bien allez-vous à l'université ?*) Bien sûr, ce sont les mots **school** et **university** – puisque nous sommes devant un choix entre deux réponses possibles. Entraînez-vous à prononcer cette question en accentuant uniquement ces deux mots.

Les mots grammaticaux

Les mots grammaticaux sont normalement inaccentués. Ceci concerne les auxiliaires – ils ont ce que l'on appelle une « forme faible » – les prépositions, les articles, les pronoms, les adjectifs possessifs, etc.

Prononçons ces phrases en accentuant uniquement les syllabes en gras.

- He's **been** with us for **ten years**.

  Il est chez nous depuis dix ans.
- He **took** us into the **free**zing **gar**den to see the **beau**ty of the **night**.

  Il nous a emmenés dans le jardin glacé pour voir la beauté de la nuit.

Récapitulons !

On accentue généralement :

- les adjectifs ;
- les adverbes ;
- les verbes ;
- les noms ;
- les négations.

On n'accentue pas :

- les articles ;
- les auxiliaires ;
- les conjonctions ;
- les prépositions ;
- les pronoms ;
- le verbe **be** (*être*).

Cas particuliers

Comme en français, on peut agir sur la place de l'accent selon ce que l'on veut dire :

<u>She</u> did it.

C'est elle qui l'a fait.

<u>He</u> wants me to stay.

C'est lui qui veut que je reste.

She <u>did</u> it!

Elle a réussi à le faire !

He wants <u>me</u> to stay.

Il veut que ce soit moi qui reste.

Entraînez-vous à lire à haute voix les phrases suivantes en essayant de garder le rythme.

1. A boy plays in the street.
2. A little boy plays in the street.
3. A hungry little boy plays in the street.
4. A hungry little boy with a runny nose plays in the street.
5. A hungry little boy with a runny nose plays in the street as the wind blows.
6. A hungry little boy with a runny nose plays in the street as the cold wind blows.

L'intonation

Le français a une intonation relativement plate – avec, généralement, un léger mouvement vers le haut en fin de phrase.

L'intonation descendante

L'intonation normale de l'anglais est descendante. Elle n'est pas toujours facile à reproduire, car elle implique que l'on s'affirme, ce qui est parfois difficile dans une langue que l'on ne possède pas complètement.

Exerçons-nous à répéter n'importe quelle phrase en prenant soin de baisser la voix à la fin.

- **I'll call Jennifer tomorrow.**

  J'appellerai Jennifer demain.
- **I'm going to get my hair cut.**

  Je veux me faire couper les cheveux.

L'intonation montante

Elle invite votre interlocuteur à réagir par une réponse ou une confirmation.

Dans la phrase suivante, la voix baisse jusque **in(teresting)**, puis remonte nettement sur les autres syllabes de **interesting** :

- **Are you sure it's interesting?**

  Êtes-vous sûr que c'est intéressant ?
- **Do you mind if I open the window?**

  Cela ne vous dérange pas si j'ouvre la fenêtre ?

Chapitre 3

Utiliser le dictionnaire

Dans ce chapitre :

- Comprendre les abréviations
- Trouver de l'aide pour la prononciation
- Choisir la bonne catégorie grammaticale
- Se repérer dans les rubriques
- Savoir où chercher certains mots

Le dictionnaire est une mine de renseignements ! Mais il faut apprendre à s'en servir, sinon on perd du temps et on n'en tire pas le meilleur profit.

Lorsque vous rencontrez un mot inconnu, commencez toujours par essayer d'en deviner le sens avant d'avoir recours à votre dictionnaire. Mais on ne peut pas toujours deviner – et puis, si vous voulez parler anglais, il faudra bien que vous trouviez le mot que vous cherchez. Vous aurez alors recours à un dictionnaire bilingue. C'est un outil indispensable quand on veut progresser dans une langue étrangère.

Comment s'en servir ? Simple, direz-vous : il y a deux parties, une partie anglais-français et une partie français-anglais et tous les mots sont rangés par ordre alphabétique !

Simple, oui, mais il y a quand même quelques trucs et finesses à acquérir pour en tirer le meilleur parti. C'est ce que nous allons explorer dans ce chapitre.

Pour trouver facilement ce que vous cherchez, il faut lire les articles avec attention, connaître la nature des mots que vous cherchez et vérifier vos trouvailles.

Les abréviations

Au début du dictionnaire, il y a toujours une page qu'on a tendance à sauter joyeusement et qui est pourtant indispensable. C'est la liste des abréviations et codes – qui peuvent changer d'un dictionnaire à l'autre.

Cette liste est très utile, surtout pour repérer la nature du mot que vous recherchez : nom, verbe, adjectif, adverbe, etc.

TRUC

Nous vous donnons ci-dessous la liste des abréviations et codes les plus souvent employés.

abbr.	**abbreviation**	*abréviation*
adj	**adjective**	*adjectif*

adv	**adverb**	*adverbe*
C	**countable**	*comptable*
¢	**non countable**	*non comptable*
conj.	**conjunction**	*conjonction*
GB	**Great Britain**	*britannique* (orthographe / prononciation)
i.e. id est	**for example**	*par exemple*
irr	**irregular**	*irrégulier*
n	**noun**	*nom*
npl	**plural noun**	*nom pluriel*
neg	**negative**	*négatif*
pp	**past participle**	*participe passé*
pref	**prefix**	*préfixe*
prep	**preposition**	*préposition*
pres p	**present participle**	*participe présent*
s.o.	**someone**	*quelqu'un*
sth	**something**	*quelque chose*
US	**United States**	*américaine* (orthographe / prononciation)
v /vb	**verb**	*verbe*
vi	**intransitive verb**	*verbe intransitif*
vtr	**transitive verb**	*verbe transitif*

La phonétique

C'est la première indication que vous donne le dictionnaire. Les signes phonétiques internationaux vous sembleront peut-être un peu cabalistiques... Concentrez-vous uniquement sur les voyelles, ce sont les plus utiles.

Une autre indication – encore plus utile – est la place de l'accent dans les mots de plusieurs syllabes. Elle est généralement signalée par un accent placé juste devant la syllabe qui doit être accentuée en **gras**.

Par exemple, vous trouverez facilement que le mot **tradition** est accentué sur la deuxième syllabe : tra-'di-tion ou tra-**di**-tion.

Les catégories grammaticales

Repérez bien les abréviations qui vous précisent si le mot est un nom, un verbe, un adjectif, un adverbe, etc.

Attention, beaucoup de mots peuvent avoir plusieurs natures différentes.

Prenons un exemple. Que trouvons-nous à l'entrée **well** ?

well

- adj *bien, en bonne santé*
- adv *bien*
- excl *Tant pis ! Bon ! D'accord !*
- n *puits*
- v (well up) *monter*

EXERCICE

Donnez la bonne traduction en fonction du contexte de la phrase.

1. Well! Too bad. I'll go by myself.

____

2. She felt tears well up in her eyes.

____

3. There's always a well in the middle of the village.

____

4. He did a good job. He works really well.

____

5. She does not look at all well.

____

La conclusion : demandez-vous toujours à quelle catégorie grammaticale appartient le mot que vous cherchez : verbe, nom, adjectif, etc. Observez sa place dans la phrase et son contexte pour choisir plus efficacement parmi les catégories que le dictionnaire vous propose.

Ne vous privez pas de ces indications « techniques »

Le dictionnaire vous dit, par exemple que le mot **people** peut être un nom (n) – dont le sens est *peuple, nation*, un nom pluriel (npl) dont le sens est *gens, personnes*, ou un verbe (v) dont le sens est *peupler*. Vous savez donc que, pour dire *les gens*, vous ne devez pas mettre de **s** à **people** et que vous devez cependant accorder **people** avec un verbe au pluriel.

Le dictionnaire vous alerte sur la catégorie comptable (C) ou non comptable (¢) des noms. Si vous cherchez le mot **advice** (*conseils*), vous verrez qu'il est non comptable, donc vous savez que vous ne pouvez pas le mettre au pluriel.

Le dictionnaire vous donne la forme du prétérit des verbes : forme irrégulière ou modification orthographique. Vous trouverez, par exemple, que le prétérit de **stop** (*arrêter*) est **stopped** ; et que le prétérit de **know** (*savoir*) est **knew**.

Le dictionnaire vous indique si le verbe est transitif (vtr) ou intransitif (vi). Vous remarquerez que beaucoup de verbes sont transitifs dans certains emplois et intransitifs dans d'autres.

Les différentes rubriques

- **Les différents sens** sont généralement numérotés. Par exemple, si vous cherchez le mot **pick**, n, vous trouverez *pioche*, *choix*, *meilleur*. Pour **pick**, v, vous trouverez *choisir*, *cueillir*, *gratter*. Il vous reste à choisir le bon en fonction du contexte. Attention, les sens sont parfois nombreux et divers ; il faut choisir le bon ! Fiez-vous à votre bon sens (c'est le meilleur !)
- **Le domaine d'emploi** est souvent précisé. Prenons l'exemple du mot **dish** (*plat*). Vous trouverez : « Culin » = culinaire.
- **Les exemples** vous permettent de préciser l'emploi du mot, de voir avec quels autres mots il est le plus souvent employé, et de connaître sa construction propre : est-il suivi d'une préposition ? etc.
- **Le niveau de langue est** souvent précisé : **informal** (*informel*), **formal** (*formel*), ou **slang** (*argot*), parfois par un symbole.
- **Britannique ou américain ?** On vous précise aussi si un emploi – ou une orthographe – est spécifique de l'anglais américain (US) ou britannique (GB).
- **Les expressions idiomatiques** (**idioms**) sont précisées, souvent à la fin. Sous l'entrée **cat** (*chat*), vous trouverez **Its' raining cats and dogs** (*Il pleut des cordes*).
- **Les verbes à particule** (**phrasal verbs**) peuvent prendre un sens tout à fait différent de leur sens premier s'ils sont accompagnés d'une particule adverbiale. Par exemple, **go** signifie *aller*, **go on** signifie *continuer*.

Les mots qu'on ne trouve pas dans le dictionnaire

Les préfixes et suffixes

Dans certains dictionnaires, il n'y a pas d'entrée particulière pour les mots dérivés. Il faut donc chercher l'entrée du mot racine.

Par exemple, le préfixe **un-** ou le suffixe **-less** n'apparaissent généralement pas.

- Pour trouver **unbelievable** (*incroyable*), il faut chercher sous **believe** (*croire*) ;
- Pour trouver **harmless** (*inoffensif*), il faut chercher sous le mot **harm** (*mal*).

Les formes irrégulières du prétérit

Elles n'apparaissent pas non plus. Donc, il faut retrouver la base verbale pour chercher la traduction d'un verbe au prétérit.

- Par exemple, pour trouver **thought** (*pensais*), il faut chercher sous le mot **think** (*penser*).

Une règle universelle !

Le mieux est de toujours vérifier vos choix avec l'autre partie du dictionnaire. Si vous avez fait un choix dans la partie anglais-français, allez vérifier dans la partie français-anglais.

C'est sans doute un peu long et fastidieux, mais vous serez sûr d'avoir fait le bon choix.

Par exemple, vous voulez dire : *Il a réussi à les convaincre*. Vous cherchez *réussir* et vous trouvez **pass** comme dans **He passed his exam** (*Il a réussi son examen*). Une vérification vous montrera que **pass** ne convient pas – vous devrez donc choisi autre chose – en l'occurrence : **He managed to convince them.**

Attention, les homonymies sont fréquentes. Pour traduire le mot *cours*, choisissez **lesson** pour **an English lesson** et **stream** pour un *cours d'eau !*

Et, un dernier conseil, assurez-vous que vous recherchez la bonne entrée, avec l'orthographe qui convient. Les confusions sont fréquentes.

Par exemple, *rênes* et *rennes :*

- **He saw herds of reindeer.**

  Il vit des troupeaux de rennes.

- **He holds the reins of the government.**

  Il tient les rênes du gouvernement.

Nous avons cherché des mots dans le dictionnaire, mais, semble-t-il, nous n'avons pas vraiment fait les bons choix. Rectifiez nos trouvailles !

6. This is a pretty good job.

Nous avons trouvé **pretty**, adj = *joli*. Où est l'erreur ?

7. Bernie was walking past a local business and saw a job ad in the window.

Nous avons trouvé **saw**, v = *scier*. Où est l'erreur ?

Nous avons trouvé **window**, n = *fenêtre*. Où est l'erreur ?

8. Help wanted – Must be able to type and must be good with a computer.

Nous avons trouvé **type**, n = *type*. Où est l'erreur ?

9. Bernie said he was prepared to fit in with the other employees.

Nous avons trouvé **fit**, v = *équiper*. Où est l'erreur ?

10. They've fit out the computer with lots of gadgets.

Nous avons trouvé **fit**, v = *aller bien*. Où est l'erreur ?

Corrigés

1. Bon ! Tant pis. J'irai tout seul.
2. Elle sentit les larmes lui monter aux yeux.
3. Il y a toujours un puits au milieu du village.
4. Il a fait du bon boulot. Il travaille vraiment bien.
5. Elle n'a pas l'air bien du tout.
6. Ici, **pretty** a un sens adverbial. Il signifie *vraiment.*
7. Ici, **saw** est le prétérit de **see**. Il signifie *vit.* **Window** est une *vitrine.*
8. **Type** est ici un verbe. Il signifie *taper à la machine.*
9. Ici, **fit in** est un verbe transformé par sa particule. Il signifie *s'intégrer.*
10. Ici, **fit out** signifie *équiper.*

Chapitre 4

Des chiffres et des nombres

Dans ce chapitre :

- Maîtriser les nombres cardinaux
- Utiliser les nombres ordinaux
- Donner la date – à l'oral et à l'écrit
- Donner l'heure
- Parler du temps chronologique

Que vous soyez étudiant, voyageur ou professionnel, vous aurez toujours besoin des chiffres et des nombres. Vous renseigner sur un taux de change, discuter un prix, savoir combien coûte votre chambre d'hôtel ou à quelle distance est la gare… toute la journée, vous vous servez des nombres. Et puis, il faut pouvoir donner un rendez-vous, savoir quelle heure il est, ou quel jour on est, ou encore à quelle heure part le prochain train ou le dernier avion.

Dans ce chapitre, nous reverrons les nombres – comment les écrire, comment les prononcer et comment les agencer. Puis nous parlerons des dates. Et, bien sûr, il ne faudra pas oublier de savoir dire l'heure. Les anglophones ont parfois de bien drôles de manières…

Pas de doute, il faut que vous deveniez un pro des chiffres !

Les nombres en anglais

Dans ce chapitre, nous reverrons les nombres cardinaux (ceux qui nous permettent de compter et de quantifier, comme 1, 2 ou 28) et les nombres ordinaux (ceux qui permettent de classer dans une série, comme premier, dixième ou trente-cinquième).

Vous utiliserez les nombres cardinaux pour compter, pour donner un prix, pour écrire un chèque, etc. Vous utiliserez les nombres ordinaux pour dire à quel étage est votre chambre qui a gagné une compétition, pour parler des rois d'Angleterre… et aussi pour évoquer une date !

Pour tout compter : les nombres cardinaux

Nous commençons par les nombres cardinaux, car vous aurez besoin d'eux au quotidien pour tout compter : l'argent, les distances, toutes les statistiques, etc.

Le zéro

Nought (en américain **zero**). Il se lit comme la lettre **o** dans les numéros de téléphone, les numéros de bus et de chambre d'hôtel.

Les nombres de 1 à 10

Ces mots-là sont à la base de tout le système ! Ils sont d'origine anglo-saxonne.

1	**one**	6	**six**
2	**two**	7	**seven**
3	**three**	8	**eight**
4	**four**	9	**nine**
5	**five**	10	**ten**

Le 1 et le 7 : ils ne les écrivent pas comme nous

Il y a parfois de quoi se tromper ! Si vous recevez une lettre manuscrite avec des chiffres, faites bien attention. Vous pourrez repérer deux particularités.

- Les Anglais ne mettent pas de barre à leur 7, qu'ils écrivent comme dans l'imprimerie ou l'informatique ;
- Ils écrivent le 1 comme un simple bâton, sans le petit crochet que nous mettons pour commencer le chiffre.

Attention donc, si vous donnez votre numéro de téléphone ou votre adresse !

Les nombres de 11 à 19

On retrouve les racines des nombres de 1 à 10 – avec une terminaison **-teen** qui vous rappelle quelque chose ! C'est le chiffre des dizaines : **ten**. À l'oral, on accentue la terminaison **-teen** qu'on trouve dans les nombres de 13 à 19.

11	**eleven**	16	**sixteen**
12	**twelve**	17	**seventeen**
13	**thirteen**	18	**eighteen**
14	**fourteen**	19	**nineteen**
15	**fifteen**		

Les dizaines

On retrouve ici aussi les racines des nombres de 1 à 10, avec une terminaison **-ty** qui vous rappelle à nouveau quelque chose ! C'est le chiffre **ten** sous une autre forme. Celle-ci n'est pas accentuée à l'oral. Vous devez donc accentuer fortement la première syllabe.

20	**twenty**	60	**sixty**
30	**thirty**	70	**seventy**
40	**forty**	80	**eighty**
50	**fifty**	90	**ninety**

Les nombres de 21 à 99

Avec les deux tableaux ci-dessus, vous pouvez maintenant composer n'importe quel nombre de 1 à 99. Vous mettez simplement le chiffre des dizaines, puis celui des unités.

21	**twenty-one**	65	**sixty-five**
32	**thirty-two**	75	**seventy-six**
43	**forty-three**	87	**eighty-seven**
54	**fifty-four**	98	**ninety-eight**

N'OUBLIEZ PAS

Pensez au tiret !

On met toujours un tiret entre les dizaines et les unités :

- 24 : **twenty-four**
- 67 : **sixty-seven**
- 89 : **eighty-nine**

Les centaines, les milliers et millions

À la différence du français, on ne les utilise pas tout seuls. On met devant **a** ou **one**. Et pour multiplier ces nombres, on ajoute simplement devant le chiffre que l'on choisit :

100 : **one hundred**	200 : **two hundred**
1,000 : **one thousand**	4,000 : **four thousand**
1,000,000 : **one million**	10,000,000 : **ten million**

ATTENTION !

Jamais d'*s* dans un nombre !

Les mots **hundred**, **thousand**, **million**, **billion** ne prennent jamais de **s** quand ils sont adjectifs numéraux, c'est-à-dire quand ils font partie d'un nombre :

- *Deux cents livres.*

  Two hundred pounds.
- *Trois millions de personnes.*

  Three million people.

Mais, quand on utilise ces mots comme des noms (*une dizaine*, *des centaines*…), ils prennent un **s** au pluriel, comme tous les noms :

- *Ça coûte des centaines de livres.*

It costs hundreds of pounds.

Les nombres à trois ou quatre chiffres… ou plus

Vous pouvez maintenant combiner les nombres pour faire face à toutes les situations :

- 254 : **two hundred and fifty-four**
- 1,375 : **one thousand, three hundred and seventy-five**

TRUC

La virgule ou le point ?

En anglais, il faut mettre une virgule là où nous mettons un point – et *vice versa*, bien sûr.

1.254 = **1,254 : one thousand, two hundred and fifty-four**

Et n'oubliez pas **and** !

On met **and** entre les centaines et les dizaines. Notez que ceci est plutôt une habitude britannique, car les Américains omettent généralement ce **and**. Et puis, n'oubliez pas non plus le trait d'union entre les dizaines et les unités.

Les nombres décimaux

Ils sont bizarres, ces Anglais ! Ils mettent un point là où nous mettons une virgule. Et ce point se prononce quand on lit le nombre à haute voix :

- 1.52 : **one point fifty-two** (*1,52*)
- 47.7 : **forty-seven point seven** (*47,7*)

En revanche, le zéro ne se prononce pas dans les nombres décimaux :

- 0.7 : **point seven** (*0,7*)

EXERCICE

Transcrivez ces opérations mathématiques comme dans ces exemples.

Q. 4 + 5 = 9 : **Four and five is nine.**

Q. 5 x 6 = 30 : **Five multiplied by six is thirty.**

1. 25 + 6 = 31

____

2. 102 + 15 = 117

____

3. 12 + 4 = 18

____

4. 35 x 73 = 2.555

____

5. 83 x 42 = 3.486

____

Pour tout classer : les nombres ordinaux

Les nombres cardinaux servent à classer les objets ou les personnes, comme *le premier*, *le troisième*, *le cinquantième*, etc.

Comme en français, ils sont normalement précédés d'un article, **the**.

En règle générale, on accole au nombre cardinal la terminaison **-th**. Ceci entraîne certaines modifications dans l'orthographe.

On les écrit ainsi en abrégé : **4th**, **5th**, **6th**, etc.

Exceptions :

- *Premier :* **first**
- *Deuxième :* **second**
- *Troisième :* **third**

Attention aux nombres se terminant par ces chiffres. On les écrit ainsi en abrégé : **1st**, **2nd**, **3rd**.

Du premier au dix-neuvième

premier	first
deuxième	second
troisième	third
quatrième	fourth
cinquième	fifth
sixième	sixth
septième	seventh
huitième	eighth
neuvième	ninth
dixième	tenth
onzième	eleventh
douzième	twelfth
treizième	thirt**ee**nth
quatorzième	fourt**ee**nth
quinzième	fift**een**th
seizième	sixt**een**th
dix-septième	sevent**ee**nth
dix-huitième	eight**ee**nth
dix-neuvième	ninet**ee**nth

Les autres nombres ordinaux

Pour les dizaines (nombres terminés par **-ty**), on remplace la terminaison **-ty** par **-tieth :**

- The fortieth : the 40th
- The ninetieth : the 90th

Pour les centaines, milliers, etc., on ajoute simplement **-th :**

- The hundredth : the 100th

Pour les nombres composés, on ajuste la terminaison du dernier terme :

- The sixty-fifth : the 65th

Les rois et les reines

On utilise les nombres ordinaux pour les rois et les reines – ce qui paraît assez logique puisqu'il y a bien un « premier » et un « second » Henry.

Henry II se lit **Henry the second**.

Cela pose parfois des difficultés… Prenons le cas d'Elizabeth II. Contrairement aux Anglais, les Écossais n'ayant jamais eu de reine Elizabeth dans leur histoire, ils ont protesté, lors de son couronnement, car ils voulaient l'appeler Elizabeth I. Depuis, on a décidé que les monarques futurs prendraient leur numéro en fonction à la fois les monarques anglais et les monarques écossais. Par exemple, le jour où le prince William deviendra roi, il s'appellera William V, alors qu'il n'y a eu que deux rois William écossais, car il y a eu quatre rois William en Angleterre.

Les fractions

Comme en français, on utilise les nombres ordinaux avec leur terminaison. Et on leur met un **s** quand ils sont au pluriel :

- 2/10 = 20 % : **two tenths equals twenty per cent**

Exceptions

- 1/2 : **one half**
- 3/4 : **three quarters**

Transcrivez selon l'indication chiffrée donnée entre parenthèses.

Q. Christopher Columbus discovered America in________________________ century. (16)

R. Christopher Columbus discovered America in **the sixteenth** century.

6. Elizabeth ________________________ was crowned in 1953. (2).

7. She was ________________________ child in her family. (1)

8. The French revolution took place in ________________________ century. (18)

9. Pope John ________________________ died in 1963. (23)

10. It was the ________________________ festival. (36)

11. This year, we are celebrating the ____________anniversary of the cathedral. (800)

Tout sur les dates

On a souvent besoin de dates dans la vie de tous les jours. Pour fixer un rendez-vous, pour préparer les vacances, pour inviter des amis, etc. On verra plus bas comment indiquer les dates. Mais il faut commencer par le commencement… connaître les noms de jours et de mois.

La semaine

En français, on commence toujours par le lundi, que l'on considère comme le premier jour de la semaine… En anglais, on commence par le dimanche !

Sunday is the first day of the week (*Dimanche est le premier jour de la semaine*).

Dimanche	**Sunday**
Lundi	**Monday**
Mardi	**Tuesday**
Mercredi	**Wednesday**
Jeudi	**Thursday**
Vendredi	**Friday**
Samedi	**Saturday**

Je viens lundi… Je viens tous les lundis.

- *Lundi (prochain)*

Pour indiquer le jour de votre rendez-vous, pensez à mettre **on** devant le nom de jour (comme devant toutes les dates) :

- *Je viendrai lundi.*

  I'll come on Monday.

Si vous parlez de ce que vous faites tous les lundis – ou tous les samedis, ou tous les mardis…, utilisez **on** et le nom du jour au pluriel :

- *Je ne travaille pas le samedi.*

  I don't work on Saturdays.

Questions de semaines… On a souvent besoin de parler de semaines quand on se donne un rendez-vous ou quand on salue quelqu'un avant de partir… Les expressions suivantes peuvent vous être bien utiles :

- **Last week**

  La semaine dernière

- **See you in two weeks' time.**

  À dans deux semaines.
- **A week ago.**

  Il y a une semaine.

L'année

- **There are twelve months in a year.**

  Il y a douze mois dans une année.
- **There are four terms in a year.**

  Il y a quatre trimestres dans une année.
- **There are four seasons in a year: winter, spring, summer and autumn (GB) / fall (US).**

  Il y a quatre saisons dans une année : l'hiver, le printemps, l'été et l'automne.

Les noms de mois

Pas très difficile ! Ils ressemblent beaucoup aux mois français :

Janvier	**January**
Février	**February**
Mars	**March**
Avril	**April**
Mai	**May**
Juin	**June**
Juillet	**July**
Août	**August**
Septembre	**September**
Octobre	**October**
Novembre	**November**
Décembre	**December**

La majuscule !

Les règles d'emploi des majuscules ne sont pas les mêmes en anglais et en français.

En anglais, on met toujours une majuscule aux noms de mois, comme aux noms de jours.

- **Today is Monday.**

  Nous sommes lundi.
- **We are in June.**

  Nous sommes en juin.

Dire et écrire les dates

Il faut savoir répondre à ces questions que l'on vous pose tout le temps :

- **What day is it today?**

  Quel jour sommes-nous ?
- **When will you be coming?**

  Quand venez-vous ?

Ils sont vraiment compliqués, ces Anglais ! Ils ont plusieurs façons d'écrire la date et encore d'autres pour la dire.

Comment indiquer la date ? Prenons un exemple, celle de l'indépendance américaine, le 4 juillet 1776 :

- July 4, 1776
- 4 July, 1776
- July 4th, 1776
- 4th July, 1776

Tout cela est fort bien, on a vraiment le choix. Mais une seule façon de dire : **the fourth of July seventeen seventy-six**.

L'ordre des chiffres

Quand vous devez remplir des formalités à l'entrée des pays anglophones, vous aurez souvent besoin d'indiquer les dates uniquement avec des chiffres.

Sachez qu'on les met dans l'ordre mois/jour et non jour/mois comme on le fait en français. Attention, car cela peut créer des confusions.

Ainsi, on parle de la date de triste mémoire du 11 Septembre en disant 9/11.

- **I was born on 5/3.**

  Je suis né le 3/5.

Quelques expressions bien utiles

Bientôt	**Soon**
Après	**After**
Il y a deux jours	**Two days ago**
Il y a longtemps	**A long time ago**
Puis	**Then**
Le jour où	**The day when**
Immédiatement	**Immediately**
Pendant que	**While**
Toujours	**Always**
Souvent	**Often**

Jamais	**Never**
Récemment	**Lately / recently**
Plus tard	**Later**
Tôt ou tard	**Sooner or later**
Encore	**Still**
Déjà	**Already**
Pas encore	**Not yet**
Jusqu'à	**Until**
Jusqu'à maintenant	**Up to now**
La semaine prochaine	**Next week**

EXERCICE

Complétez en toutes lettres ces dates à connaître :

12. Shakespeare (26 Avril 1564 – 23 Avril 1616)

He was born ______________________________

He died ______________________________

13. Queen Victoria (24 mai 1819 – 22 janvier 1901)

She was born ______________________________

She died ______________________________

14. India (15 août – 1947)

Independence day is celebrated ______________________________

They commemorate their independence from British rule in ______________

Quelle heure est-il ?

Comme tout le monde, vous regardez l'heure plusieurs fois par jour. Et vous avez tout le temps besoin de pouvoir en parler :

- **What time is it?**

  Quelle heure est-il ?
- **Can you tell me the time, please?**

  Pouvez-vous me donner l'heure, s'il vous plaît ?
- **What time is the next bus?**

  À quelle heure est le prochain bus ?
- **At what time does my plane start?**

  À quelle heure part mon avion ?

Dire l'heure

Nous commençons par donner l'heure, puis parlons des minutes pour préciser. Les Anglais font le contraire. Ils vous parlent d'abord des minutes, avant ou après l'heure, puis vous donnent l'heure qu'il est.

Il est 3 heures	**It's three o'clock**
Il est 3 h 5	**It's five past three**
Il est 3 h 10	**It's ten past three**
Il est 3 heures et quart	**It's a quarter past three**
Il est 3 h 20	**It's twenty past three**
Il est 3 heures et demie	**It's half past three**
Il est 4 heures moins 20	**It's twenty to four**
Il est 4 heures moins le quart	**It's a quarter to four**
Il est 4 heures moins 10	**It's ten to four**
Il est 4 heures moins 3	**It's three minutes to four**
Il est presque 4 heures	**It's nearly four c'clock**
Il est 4 heures	**It's four o'clock**

Le temps militaire ?

Aux États-Unis comme en Grande-Bretagne, on distingue les heures du matin en ajoutant **a.m.** (pour l'expression latine *ante meridiem*) de celles de l'après-midi en ajoutant **p.m.** (pour l'expression latine *post meridiem*) : **It's 2 p.m.** (*Il est 14 heures.*)

Seuls les militaires ont traditionnellement le système européen d'une horloge de 1 à 24, c'est pourquoi on appelle ce système **military time**.

Notons que, désormais, ce système est souvent employé dans les horaires des trains, avions et autres moyens de transport.

Vous voyagez de Londres à Glasgow. Vous regardez les horaires de train. Écrivez en toutes lettres les chiffres que vous voyez.

15. London to Glasgow

Departure	Arrival	Duration	Price
7:30	12:01	4:31	114.70

Departure	Arrival	Duration	Price

Quelques expressions bien utiles

Quand on parle de l'heure qu'il est, on a bien besoin de ces expressions :

Une seconde	**A second**
Une minute	**A minute**
Une heure	**An hour**
Une demi-heure	**Half an hour**
Un quart d'heure	**A quarter of an hour**
Dans une heure	**In an hour**
Dans un moment	**In a while**
Jusqu'à dix heures	**Until ten o'clock**
Avant neuf heures	**Before nine a.m.**
Après dix-neuf heures	**After seven p.m.**
À environ deux heures	**At about two o'clock**
Le matin	**In the morning (a.m.)**
L'après-midi	**In the afternoon (p.m.)**
Le soir	**In the evening**
Il y a une heure	**One hour ago**
Tôt	**Early**
Tard	**Late**

Corrigés

1. 25 + 6 = 31

Twenty-five and six is thirty-one.

2. 102 + 15 = 117

One hundred and two and fifteen is one hundred and seventeen.

3. 12 + 4 = 18

Twelve and four is eighteen.

4. 35 x 73 = 2.555

Thirty-five multiplied by seventy-three is two thousand, five hundred and fifty-five.

5. 83 x 42 = 3.486

Eighty-three multiplied by forty-two is three thousand, four hundred and eighty-six.

6. Elizabeth the second was crowned in 1953.

7. She was the first child in her family.

8. The French revolution took place in the eighteenth century.

9. Pope John the twenty-third died in 1963.

10. It was the thirty-sixth festival.

11. This year, we are celebrating the eight hundredth anniversary of the cathedral.

12. Shakespeare was born on April the 26th, 1564; he died on April the twenty-third, 1564.

13. Queen Victoria was born on May the 24th, 1819; she died on January the twenty-second, 1901.

14. India : Independence Day is celebrated on the fifteenth of August to commemorate its independence from British rule in nineteen forty-seven.

15.

Departure	Arrival	Duration	Price
Seven-thirty a.m.	One minute past twelve	Four hours and thirty-one minutes	114.70 £ one hundred and fourteen point seventy pounds

Deuxième partie

Nommons les choses et les personnes

Dans cette partie…

Nous reverrons les pronoms, ces petits mots vraiment utiles, puis nous explorerons tout ce qui concerne les noms : comment faire pour les mettre au pluriel, comment distinguer masculin, féminin ou neutre. Nous verrons aussi tous ces petits mots qui accompagnent les noms pour les déterminer – et qu'on appelle justement les déterminants (article, possessifs, démonstratifs, quantifieurs). Il faut aussi savoir combiner ces mots entre eux… l'anglais a de très nombreux tours dans son sac pour exprimer tout ce que l'on veut dire avec les noms.

Et puis, on a souvent besoin de décrire les choses et les personnes – et là, les adjectifs sont les bons outils. Ils peuvent aussi servir à comparer !

Avec les noms, nous reverrons les prépositions, ces outils qui servent à préciser un lieu, un moment, une conséquence, etc.

Chapitre 5

Tout sur les pronoms

Dans ce chapitre :

- Utiliser les pronoms sujets
- Utiliser les pronoms compléments
- Que faire du pronom indéfini **one** ?
- Utiliser les pronoms réfléchis
- Utiliser les pronoms réciproques
- Traduire les verbes réfléchis
- Traduire les verbes pronominaux

Pas une phrase sans pronom. Vous les utilisez tout le temps pour ne pas répéter sans arrêt des noms de personnes, d'objets, de lieux, etc. Si on observe le mot « *pronom* », on comprend tout de suite qu'un pronom se met à la place d'un nom.

Comparons les deux exemples suivants, le premier avec des pronoms, le second sans :

- *Jimmy a appelé Mary. Il lui a dit qu'il allait acheter une nouvelle voiture. « Elle sera très utile », dit-il.*

  Jimmy called Mary. He told her he was going to buy a new car. "It will be very useful," he said.

- *Jimmy a appelé Mary. Jimmy a dit à Mary que Jimmy allait acheter une nouvelle voiture. « La nouvelle voiture sera très utile », dit Jimmy.*

  Jimmy called Mary. Jimmy told Mary he was going to buy a new car. "The new car will be very useful", Jimmy said.

Il faut savoir manier les pronoms. Ce n'est pas toujours facile, car ils changent selon leur fonction – mais ils sont indispensables, alors, autant s'y mettre !

Nous reverrons les plus connus : les pronoms sujets, puis les pronoms compléments. Ensuite, nous nous intéresserons à d'autres pronoms moins connus, comme les pronoms possessifs ou réciproques, ou réfléchis et… Des appellations un peu compliquées pour des choses finalement pas si difficiles !

Les pronoms sujets

On parle couramment des première, deuxième et troisième personnes, pour le singulier et le pluriel. Mais les pronoms ne correspondent pas tout à fait à ce classement.

La liste des pronoms sujets

	Singulier	*Pluriel*
Première personne	I	We
Deuxième personne	You	You
Troisième personne	He / She / It	They

N'OUBLIEZ PAS

À la première personne, le pronom **I** est toujours écrit en majuscule.

À la deuxième personne, on ne fait pas la distinction entre le singulier et le pluriel. Et il n'y a pas de marque de familiarité. Bien pratique de s'éviter le choix entre le *vous* et le *tu*, casse-tête des étrangers qui apprennent le français.

À la troisième personne du singulier, on distingue le féminin du masculin et du neutre, c'est-à-dire tout ce qui n'est pas humain. Au pluriel, en revanche, tout le monde est logé à la même enseigne. **They** convient autant aux humains qu'aux animaux ou aux objets, au masculin comme au féminin ou au neutre.

Mon toutou, mon petit chat adoré

On utilise le neutre non seulement pour tous les objets mais aussi pour les animaux – à l'exception de votre chien ou de votre chatte à qui on donne une vraie identité en utilisant **he** ou **she**.

À noter que, si on vous annonce la naissance d'un bébé dont on ne sait pas grand-chose, il ne sera pas choquant d'employer le pronom **it**.

Mon frère et moi, lui et moi...

ATTENTION !

Comment faire quand on a deux sujets ? En français, on a recours au pronom complément dès qu'il y a un double sujet : on ne dit pas **ma sœur et je* !

En anglais, en revanche, on est plus logique : on conserve la forme sujet dans tous les cas – mais, comme en français, on reste poli et on fait passer l'autre avant soi-même. C'est toujours *ma sœur et moi* et non *moi et ma sœur* :

- **My sister and I left the room.**

  Ma sœur et moi avons quitté la pièce.

- **He and I agreed about movies.**

  Lui et moi étions d'accord à propos des films.

Où les placer ?

Les pronoms personnels sujets se placent souvent – à peu près comme en français – avant le verbe ou l'auxiliaire aux formes affirmatives et négatives, après l'auxiliaire à la forme interrogative, comme en français :

- **She is very nice. Is he nice too?**

  Elle est très gentille. Est-il gentil aussi ?

En anglais, un adverbe peut parfois séparer le pronom sujet du verbe :

- **I often go to Paris.**

  Je vais souvent à Paris.

- **She calmly walked away.**

  Elle s'éloigna calmement.

Moi je..., toi tu..., c'est lui qui...

En français, en particulier à l'oral, on peut mettre en valeur le pronom par sa répétition : *Moi, j'aime bien le bleu ; toi, tu préfères le rose.* Ou bien on utilise cette expression très courante : *C'est lui qui... C'est vous qui...*

L'anglais n'a pas cette faculté. Donc, à l'oral, on accentue fortement le pronom et, à l'écrit, on le met en gras ou en italiques :

- **Of course, Julie can't help me, but** *you* **can!**

  Bien sûr que Debbie ne peut pas m'aider, mais toi, tu peux.

- **Who broke my cup?** *He* **did!**

  Qui a cassé ma tasse ? C'est lui !

EXERCICE

Finissez votre e-mail avant de l'envoyer ! Remplissez les blancs avec les pronoms qui conviennent.

From: Jennifer

To: jerry.adler@verizon.net

Dear Jerry,

I'm writing this postcard from London while Brian and ______ are waiting for the tour bus.

Our hotel is lovely; ______ has a big fountain outside and there's a beautiful view from our window.

Yesterday ______ went on a boat trip across the river. I loved ______

I took a lot of photos. I hope ______ will be nice.

See ______ on Friday!

Love,

Jennifer

Les pronoms compléments

Les pronoms compléments sont ceux qui suivent les verbes transitifs (c'est-à-dire pour répondre aux questions *qui ?* ou *quoi ?*). Ils remplacent n'importe quel type de nom : personne, objet, idée, etc.

- **I can see Angela. I can see her.**

  Je vois Angela. Je la vois.

Les pronoms compléments peuvent aussi suivre les prépositions (pour répondre aux questions *à qui ?*, *où ?*, *quand ?*, *avec qui ou quoi ?*, *pourquoi ?*, etc.) :

- **Come with me.**

  Venez avec moi.

La liste des pronoms compléments

En français, les pronoms compléments prennent des formes différentes (*me*, *m'*, *moi*, *te*, *toi*, etc.) selon leur place. En anglais, pas de problème : une seule forme convient dans tous les cas :

- **I love her. I'll go with her. I'll give her some flowers.**

  Je l'aime. J'irai avec elle. Je lui donnerai des fleurs.

	Singulier	***Pluriel***
Première personne	me	us
Deuxième personne	you	you
Troisième personne	him / her / it	them

Comme pour les pronoms sujets, on ne fait pas de distinction entre le singulier et le pluriel à la deuxième personne, et pas non plus du tutoiement.

À la troisième personne du singulier, on distingue le féminin du masculin et du neutre. Au pluriel, **them** convient autant aux humains qu'aux animaux ou aux objets, au masculin comme au féminin.

Où les placer ?

Derrière un verbe

Les pronoms personnels se placent toujours juste après le verbe dont ils sont compléments :

- **They gave us a present.**

  Ils nous ont donné un cadeau.

ATTENTION !

Même avec les verbes à particule, le placement juste derrière le verbe reste obligatoire :

- **It's cold! Put on your coat.**

  Il fait froid. Mets ton manteau.

- **Put it on!**

  Mets-le !

Derrière une préposition

Les pronoms personnels introduits par une préposition se placent, naturellement, après cette préposition.

- **The boy was wearing dirty socks with holes in them.**

  Le garçon portrait des chaussettes sales avec des trous dedans.

- **It was a lovely cake with icing on it.**

  C'était un beau gâteau avec du glaçage dessus.

EXERCICE

Traduisez les phrases suivantes en anglais :

1. Andrew et moi allons en Espagne. Vous voulez venir avec nous ?

   ____

2. Mon ami Franck était là. Tu le connais ?

   ____

3. Susan a un nouveau travail. Tu sais ce que c'est ?

   ____

4. Voici une jolie chaise ! Je peux m'asseoir dessus ?

   ____

EXERCICE

Complétez les blancs avec le verbe donné entre parenthèses et un pronom :

5. This is Jenny's phone number. I ____________ in the phone book. (**look up**)
6. Stephen wasn't in when I called but he ____________ (**called me back**)
7. Here is the form you need for your visa. Can you ____________? (**fill in**)
8. We have to go early tomorrow. Can you ____________ at 6? (**wake up**)

Les pronoms indéfinis

Voici un mot qui cache son jeu. Il peut être simplement un adjectif numéral, comme dans la chanson, **One, two, three little Indians...** (voir chapitre 4, « Des chiffres et des nombres »), mais il peut aussi être un pronom.

Le pronom one

Pour reprendre un nom singulier non défini

À la différence du français *un*, qui peut être soit article, soit pronom, l'article indéfini (**a/an**) ne peut pas être employé comme pronom. On emploie donc **one** pour exprimer ce qu'exprime le pronom *un/une* :

- **If you want to buy a bag like this, you can buy one for $20 at Walmart.**

  Si vous voulez acheter un sac comme celui-ci, vous pouvez en acheter un pour 20 dollars à Walmart.

- **I've found some sweets in the cupboard. Do you want one?**

  J'ai trouvé des bonbons dans le placard. Tu en veux un ?

Avec a et un adjectif

On peut reprendre un élément en le précisant avec un adjectif. Dans ce cas, il est nécessaire d'employer le pronom **one(s)**. Dans l'exemple ci-dessous, on ne peut dire seulement ***a red :**

- **I want a hat. I really want one! I want a red one.**

  Je veux un chapeau. J'en veux vraiment un ! J'en veux un rouge.

Avec the et un adjectif

On peut reprendre un élément ou des éléments d'un groupe en le ou les différenciant du reste de ce groupe :

- **I like all these shirts, but I prefer the white one.**

  J'aime toutes ces chemises, mais je préfère la blanche.

- **These crocodiles are from Florida and the big ones here are from Egypt.**

  Ces crocodiles sont originaires de Floride et les gros, ici, viennent d'Égypte.

Le pronom personnel

One peut renvoyer à un groupe de gens dont l'identité est inconnue ou n'a pas d'importance. On trouve souvent cela dans les proverbes :

- **One never knows.**

  On ne sait jamais.

Le pronom it

Il sert à reprendre un nom singulier défini, mais aussi un nom dénombrable singulier spécifique :

- **I've found a book. Do you want it?**

  J'ai trouvé un livre, tu le veux ?

Le pronom some

Some sert à reprendre un nom indénombrable ou plusieurs éléments tirés d'un ensemble (voir chapitre 9) :

- **Would you like tea? I've just made some.**

  Vous voulez du thé ? Je viens d'en faire.
- **Would you like cookies? I've just made some.**

  Voulez-vous des cookies ? Je viens d'en faire.

Les pronoms réfléchis

La liste des pronoms réfléchis

Ils se finissent tous par **-self** au singulier et **-selves** au pluriel.

À l'oral, l'accent lexical porte sur les suffixes **-self** ou **-selves**.

	Singulier	***Pluriel***
Première personne	myself	ouselves
Deuxième personne	yourself	yourselves
Troisième personne	himself / herself / itsef	themselves

Les pronoms réfléchis sont le seul cas où on différencie le **you** singulier, **yourself**, et le **you** pluriel, **yourselves**.

- **Help yourself.**

  Sers-toi. / Servez-vous. (singulier)
- **Help yourselves.**

  Servez-vous. (pluriel)

À quoi servent-ils ?

Les pronoms réfléchis signalent que le sujet et le complément renvoient à une seule et même personne. Comme le dit la chanson…

- **And I say to myself it's a wonderful world!**

  Et je me dis que c'est un monde magnifique.

C'est moi qui l'ai fait !

On peut mettre le sujet ou le complément en relief avec le pronom réfléchi :

- **I did it myself.**

  C'est moi qui l'ai fait. / Je l'ai fait moi-même.

Je l'ai fait tout seul !

L'utilisation de **by** + pronom réfléchi a le sens de « tout seul », comme dans la chanson d'*Éric Carmen :*

- **All by myself / Don't wanna live / All by myself anymore.**

  Tout seul / Je ne veux plus vivre / Tout seul.

Avec une préposition

On utilise couramment un pronom réfléchi après une préposition.

- **Tell me about yourself.**

  Parle-moi de toi.

Les pronoms réciproques

Comme l'indique le mot « réciproque », ceci suppose au moins deux personnes qui interagissent.

La liste des pronoms réciproques

Il y a deux pronoms réciproques en anglais. Ils sont invariables.

- *L'un l'autre* **each other**
- *Les uns les autres* **one another**

À quoi servent-ils ?

Ils marquent que l'action exprimée par le verbe est exercée par deux ou plusieurs sujets les uns sur les autres. Il est toujours précédé d'un verbe au pluriel.

Si deux personnes viennent de se rencontrer et se sourient, on dit plutôt ceci :

- **They smiled at each other.**

  Ils se sourirent.

Si plusieurs personnes viennent de se rencontrer et se sourient, on dit plutôt ceci :

- **They smiled at one another.**

  Ils se sourirent.

Complétez ces phrases avec un pronom réfléchi ou réciproque :

9. They are good friends. They know __________________ very well.

10. There was nobody around. So he had to take care of __________________

11. The employees work in teams (*équipes*). They are always ready to help __________________ if necessary.

12. At the beginning of the seminar, participants introduced __________________

13. Father always wanted us children to look after __________________

Les verbes pronominaux français

Beaucoup de verbes pronominaux français correspondent à des verbes simples en anglais.

Traduire les verbes pronominaux à sens réfléchi

De nombreux verbes pronominaux à sens réfléchi (c'est-à-dire que l'on agit sur soi-même) ont pour équivalent en anglais des verbes simples. C'est le sens qui induit la notion de « réfléchi » :

- **I feel good.**

  Je me sens bien.

Les verbes les plus courants

- *s'habiller* : **to dress**
- *se concentrer* : **to concentrate**
- *se demander* : **to wonder**
- *se détendre* : **to relax**
- *se laver* : **to wash**
- *se préparer* : **to prepare**
- *se rappeler* : **to remember**
- *se raser* : **to shave**
- *se réveiller* : **to wake up**
- *se sentir* : **to feel**

Traduire les verbes pronominaux à sens réciproque

En anglais, on n'utilise pas de pronom réciproque si le sens des verbes suffit à marquer la réciprocité.

Dans l'exemple ci-dessous, il est impossible de *se rencontrer* ou de *se marier* seul. Le sens de **marry** et de **meet** inclut la réciprocité :

- **Jane and Mark married last month. They had met in January.**

  Jane et Mark se sont mariés le mois dernier. Ils s'étaient rencontrés en janvier.

Les verbes les plus courants

- *s'embrasser* : **to kiss**
- *se battre* : **to fight**
- *se marier* : **to marry**
- *se quereller* : **to quarrel**
- *se rassembler* : **to gather**
- *se rencontrer* : **to meet**
- *se séparer* : **to part**

Traduisez les phrases suivantes en français en faisant apparaître la différence de sens.

14. They were killed.

15. They killed each other.

16. They killed themselves.

Corrigés

From: Jennifer

To: jerry.adler@verizon.net

Dear Jerry,

I'm writing this postcard from London while Brian and **me** are waiting for the tour bus.

Our hotel is lovely; **it** has a big fountain outside and there's a beautiful view from our window.

Yesterday **we** went on a boat trip across the river. I loved **it**.

I took a lot of photos. I hope **they** will be nice.

See **you** on Friday!

Love,

Jennifer

1. Andrew and I are going to Spain. Do you want to come with us?

2. My friend Franck was there. Do you know him?

3. Susan has a new job. Do you know what it is?

4. This is a nice chair. Can I sit on it?

5. This is Jenny's phone number. **I looked it up** in the phone book.

6. Stephen wasn't in when I called but **he called me back.**

7. Here is the form you need for your visa. **Can you fill it in?**

8. We have to go early tomorrow. **Can you wake us up** at 6?

9. They are good friends. They know **each other** very well.

10. There was nobody around. So he had to take care of **himself**.

11. The employees work in teams (*équipes*). They are always ready to help **one another** if necessary.

12. At the beginning of the seminar, participants introduced **themselves**.

13. Father always wanted us children to look after **ourselves**

14. Ils ont été tués.

15. Ils se sont tués mutuellement.

16. Ils se sont suicidés.

Chapitre 6

Les noms

Dans ce chapitre :

- Classer les noms
- Résoudre la question du genre
- Reconnaître les dénombrables et les indénombrables
- Mettre les noms au pluriel
- Accorder les noms avec les verbes

On utilise des noms toute la journée… car un nom est un mot qui désigne une personne, un animal, une chose, une catégorie, un ensemble, une idée, etc. Leur variété est infinie. Il va falloir un peu les classer pour pouvoir les maîtriser.

En anglais, pas de bataille des sexes ! Le plus souvent, on n'a pas besoin de se demander si un nom est féminin ou masculin – ou neutre – puisqu'il n'y a pas de déclinaison et pas d'accord dépendant du genre. Disons-le tout simplement : un nom est un nom…

Et puis, les noms anglais cachent quelques vraies difficultés pour nous, francophones : pour choisir les articles ou déterminants correctement, il faut se demander s'ils sont dénombrables ou indénombrables. Comment savoir ? Nous répondrons à cette question.

Un nom peut être singulier ou pluriel. Comme en français, il y a bien une règle générale toute simple, mais la question mérite que nous y regardions de plus près, car dans certaines situations, ce n'est pas si simple !

Enfin, nous verrons comment accorder les verbes à ces noms qui les gouvernent.

Classons les noms pour s'y reconnaître

Le nom commun

Il désigne des personnes, des animaux, des choses – par exemple, **man** (*homme*), **bird** (*oiseau*), **book** (*livre*) – en évoquant la catégorie à laquelle ils appartiennent.

Un nom commun peut désigner des choses concrètes comme **table** (*table*), **potato** (*pomme de terre*), **car** (*voiture*), ou des choses abstraites comme **happiness** (*bonheur*), **love** (*amour*), etc.

Un nom commun peut porter la marque du pluriel et être précédé d'un déterminant, c'est-à-dire d'un article, d'un démonstratif, d'un possessif, etc.

Un nom commun peut être formé de plusieurs mots, accolés ou séparés par des traits d'union ou des espaces ; on parle alors de nom composé.

Le nom propre

Il renvoie à des êtres ou à des choses directement grâce à l'appellation que quelqu'un leur a donnée (*Barbara*, *New York*, *Google*).

Un nom propre ne prend pas la marque du pluriel et n'est pas précédé de déterminant – sauf dans quelques cas assez rares.

Les fonctions du nom

Le nom peut remplir diverses fonctions grammaticales : sujet, complément d'objet direct ou indirect, complément d'agent, complément circonstanciel, attribut, complément d'un autre nom, complément de l'adjectif, complément de l'adverbe, apostrophe, etc.

Le genre des noms

En règle générale, les noms anglais n'indiquent pas le genre, à la différence du français et de toutes les langues latines.

Alors, comment savoir ? On ne peut identifier les trois genres (masculin, féminin et neutre) que par le biais du pronom personnel, qui peut reprendre le nom singulier.

On sait qu'un mot est masculin lorsqu'il peut être repris par le pronom **he** ; qu'il est féminin lorsqu'il peut être repris par **she** ; et qu'il est neutre lorsqu'il peut être repris par **it**.

N'OUBLIEZ PAS

En règle générale, les mots anglais renvoyant à des animés humains mâles sont masculins ; les noms renvoyant à des animés humains femelles sont féminins et tous les autres noms sont neutres. Nous, Français, nous sommes à l'opposé de nombreuses langues dont la répartition se fonde sur des critères imprévisibles. Pourquoi, par exemple, disons-nous *une table* mais *un guéridon* ?

Le neutre pour 90 % des noms

Règle générale

C'est le genre le plus répandu : celui de tous les noms qui ne renvoient pas à des êtres humains. Au singulier, ces noms sont repris par le pronom personnel **it**.

- **I saw a nice film. I really liked it.**

  J'ai vu un joli film. Je l'ai vraiment aimé.

Un peu de tendresse dans tout cela

Certains noms communs, qui devraient être neutres normalement, puisqu'ils ne désignent pas des êtres humains, sont parfois traités comme féminins ou masculins, lorsqu'on veut leur ajouter une nuance affective. C'est le cas des animaux domestiques, des moyens de locomotion ou des pays.

- **My cat thinks she's a dog.**

  Mon chat se prend pour un chien.

- **She's a pretty good ship.**

  C'est un sacré bon bateau.

Les mâles et les femelles

On peut préciser le sexe d'un animal par divers procédés – en l'absence de valeur affective.

- Le lexique : certaines paires de mots distinguent le sexe de l'animal.

  a horse / a mare *un cheval / une jument*

- Le suffixe **-ess** : d'autres mots admettent le suffixe **-ess**, pour distinguer la femelle.

  a lion / a lioness *un lion / une lionne*

- L'adjonction de **she** ou **female :** on peut distinguer la femelle en faisant précéder le nom commun du pronom **she** ou du nom **female**.

  a she-goat *une chèvre*

  a female gorilla *un gorille femelle*

Dans tous les cas, même lorsque le caractère mâle ou femelle de l'animal est indiqué, le nom reste neutre, donc est repris par **it**.

Pauvre bébé !

Quand on se réfère à un nouveau-né dont on ne connaît pas le sexe, on utilise le pronom neutre **it**.

- **Did you see their baby? – Yes but it was asleep.**

  Tu as vu leur bébé ? – Oui mais il dormait.

Le masculin et le féminin : comment savoir ?

Les genres masculin et féminin existent pour les humains. Le problème est parfois de s'y reconnaître. Le français dispose de beaucoup de marqueurs qui aident à cette distinction… mais pas toujours. Par exemple, en français, vous parlez de *mon ami* ou *mon amie*. A l'écrit, le lecteur sait si vous parlez d'un homme ou d'une femme. À l'oral, en revanche, c'est comme en anglais : on ne sait pas !

Le contexte

Dans la majorité des cas, c'est le contexte qui permet de savoir si l'on parle d'un être masculin ou féminin.

Prenons un exemple avec des prénoms qui, comme le mot **friend** (*ami*), s'appliquent aussi bien à des hommes qu'à des femmes. Dans l'exemple ci-dessous, on peut savoir que Jo est une fille et Pat un garçon en observant le contexte : la reprise par **she** de Jo, ainsi que le possessif **her** un peu plus loin – et le mot **husband**, qui est forcément masculin pour Pat.

- **I really like Jo; she's my best friend. And Pat, her husband, is a very good friend too.**

  J'aime beaucoup Jo, c'est ma meilleure amie. Et Pat, son mari, est aussi un très bon ami.

Le lexique

Certains noms identifient le sexe de la personne qu'ils désignent. C'est le cas de la plupart des mots qui ont trait à la famille – mais pas le mot comme **child** (*enfant*).

- *homme / femme* **man / woman**
- *fille / garçon* **girl / boy**
- *père / mère* **father / mother**
- *fils / fille* **son / daughter**
- *oncle / tante* **uncle / aunt**
- *neveu / nièce* **nephew / niece**
- *épouse / époux* **husband / wife**

Le suffixe -ess

Comme pour les animaux, le suffixe **-ess** peut s'ajouter à certains noms masculins pour former l'équivalent féminin :

- *acteur / actrice* **actor / actress**
- *prince / princesse* **prince / princess**
- *berger / bergère* **sherperd / shepherdess**
- *dieu / déesse* **god / goddess**

La composition

- Avec **-man** ou **-woman**

Certains mots peuvent se composer avec **-man** ou **-woman** suivant le sexe de la personne dont on parle :

- *vendeur / vendeuse* **salesman / saleswoman**
- *policier / policière* **policeman / policewoman**
- *président / présidente* **chairman / chairwoman**
- *porte-parole* **spokesman / spokeswoman**
- *pompier* **fireman / firewoman**

Halte aux discriminations !

Les mots **man** et **woman** apparaissent dans nombre de noms de métiers ou de noms décrivant des fonctions.

De plus en plus fréquemment, et pour être politiquement correct, on évite le choix entre **man** et **woman** en remplaçant **man / woman** par **person** au singulier et **people** au pluriel :

- *porte-parole* **spokesperson / spokespeople**
- *vendeur(s)* **salesperson / spokespeople**

- Avec **male** ou **female**

On peut aussi faire précéder les noms, notamment de métier, de **male** ou **female** (à ne pas traduire littéralement, ces mots ne sont pas spécialement attachés à la classe des animaux comme ils le sont en français) :

- *un infirmier / une infirmière* **a male nurse / a female nurse**
- *un violoniste / une violoniste* **a male violonist / a female violonist**

Donnez le féminin de ces noms :

1. *Un acteur*	**An actor**	**An** ____________
2. *Un beau-père*	**A stepfather**	**A** ____________
3. *Un filleul*	**A godson**	**A** ____________
4. *Un cadre*	**A male executive**	**A** ____________
5. *Un facteur*	**A postman**	**A** ____________

On les compte... ou pas ?

C'est une question importante pour ce qui concerne les noms – et il faudra vous la poser souvent car, de sa réponse, viendra le choix des articles et quantifieurs (voir chapitres 8 et 9.)

Les noms comptables

Comme leur nom l'indique, les noms comptables renvoient à des éléments, objets, personnes, idées, etc. qui peuvent être comptés.

Ils peuvent être précédés de l'article indéfini **a/an** au singulier, et être mis au pluriel et éventuellement précédés d'un nombre :

- **A cat – three cats**

  Un chat – trois chats
- **An apple – two apples**

  Une pomme – deux pommes
- **A doctor – two doctors**

  Un médecin – deux médecins

Les noms non comptables

Les noms non comptables désignent tout ce qu'on ne peut pas compter. Ce sont, par exemple, les noms de matière ou de liquide, ou les noms abstraits.

Ces noms ne sont jamais précédés de l'article indéfini **a/an** ; ils sont toujours au singulier et ne peuvent pas être précédés d'un nombre.

Notez que l'on peut tout à fait parler, en français *d'une eau pure* ou *d'une laine légère* avec l'article *un/une*. L'emploi de l'article n'est pas possible en anglais.

- **With this system, you can get pure water. (not *a water)**

  Avec ce système, on obtient une eau pure.

- **rice, some rice**

  riz – du riz

- **music – some music**

  musique – de la musique

Même avec un adjectif !

L'impossibilité d'utiliser **a/an** vaut même lorsque le nom est précédé d'un adjectif :

- **My father enjoys very good health. (not… *a very good health)**

  Mon père jouit d'une très bonne santé.

- **We're having terrible weather. (not… *a terrible weather)**

  Nous avons un temps horrible.

- **He speaks good English. (not… *a good English)**

  Il parle un bon anglais.

Les notions abstraites sont toujours non comptables : elles ne peuvent pas être dénombrées et on ne peut en prélever une partie.

- **Imagination is more important than knowledge.**

  L'imagination est plus importante que la connaissance.

Les cas épineux

Il n'y a pas toujours de correspondance entre les noms comptables français et les noms comptables anglais.

Dans l'exemple ci-dessous, nous voyons le mot **hair**, qui signifie *les cheveux*, se comporte comme *la chevelure :*

- **Her hair is black and shiny.**

  Ses cheveux sont noirs et brillants.

Les noms collectifs

Voici une liste de noms non comptables en anglais, donc qui ne sont jamais précédés de **a/ an** et ne sont jamais mis au pluriel.

Dans la troisième colonne, nous indiquons comment faire si vous avez besoin de dénombrer des éléments – si vous voulez parler, par exemple : de *un bagage* ou *trois bagages*.

hébergement	**accommodation**	**a flat; a hotel room**
conseil	**advice**	**a piece of advice (not *an advice)**
pain	**bread**	**a loaf; a roll**
meuble	**furniture**	**a piece of furniture**
herbe	**grass**	**a blade of grass**
information	**information**	**a piece of information**
bagage	**luggage**	**a piece of luggage; a case; a trunk**
nouvelle	**news**	**a piece of news**
recherche	**research**	**a piece of research; an experiment**
ordures	**rubbish**	**a piece of rubbish**
voyage	**travel**	**a journey; a trip**
travail	**work**	**a job; a piece of work**
toast	**toast**	**a piece of toast**

Un sacré morceau de chance !

A piece of est l'expression la plus usitée en anglais pour « mettre en pièces » un nom non comptable, c'est-à-dire pour fragmenter le tout exprimé par le nom en unités individuelles, que l'on peut mettre au pluriel.

What a piece of luck!
Quelle chance !

It's just a piece of nonsense.
C'est vraiment une bêtise.

Can I offer a small piece of advice?
Je peux vous donner un petit conseil ?

Les faux jetons

Attention, certains mots anglais peuvent être comptables ou non comptables. Mais ils ont alors un sens différent selon qu'ils sont comptables ou non comptables. Quelques exemples :

(NC = non comptable – C = Comptable)

- *Je voudrais du papier blanc.*

  I'd like some white paper. (NC = papier)
- *Je vais acheter un journal.*

  I'm going out to buy a paper. (C = journal)
- *Ce vase est en verre.*

  This vase is made of glass. (NC = verre, matière)
- *Voulez-vous un verre d'eau ?*

  Would you like a glass of water? (C = verre, contenant)
- *Je voudrais du café.*

  I'd like some coffee. (NC = liquide)
- *Pouvons-nous avoir deux cafés ?*

  Could we have two coffees? (C = tasse de café)
- *Elle a les cheveux roux.*

  She's got red hair. (NC = cheveux)
- *Comment se débarrasser des poils de chien.*

  How to get rid of dog hairs. (C = poils)

Identifiez la catégorie de ces mots : comptables (C) ou non comptable (NC).

banana:	bread:	carrot: ....
dish:	coffee:	cup: ....
flour:	honey:	marmalade: ....
meat:	oil:	salad: ....
table:	vegetable:	wine: ....

Le pluriel des noms

Les pluriels réguliers

Pas de difficulté, c'est comme en français ! La terminaison **-s** est la marque du pluriel, et on ne s'embarrasse pas de terminaisons en **-x** comme dans *bateaux*.

- **a boat – two boats**

  un bateau – deux bateaux
- **a house – two houses**

  une maison – deux maisons
- **a river – two rivers**

  une rivière – deux rivières

Encore une différence de point de vue !

Quand on parle de *un et demi* ou *une et demie* en français, on fait les accords avec le singulier.

En anglais, on considère que, comme **one and a half** indique une quantité supérieure à *un*, on fait les accords avec le pluriel. Par exemple, le nom qu'introduit **one and a half** porte la marque du pluriel :

It took me one and a half hours.
Cela m'a pris une heure et demie.

Le casse-tête des terminaisons

Beaucoup de noms ne supportent pas le simple ajout d'un **-s** à cause de leur terminaison. Des modifications orthographiques accompagnent alors leur passage au pluriel.

Terminaison -ch, -s, -sh, -x ou -z

La terminaison du pluriel est **-es**.

- *plage* **beach → beaches**
- *boîte* **box → boxes**
- *bus* **bus → busses**
- *plat* **dish → dishes**

Terminaison -o

La terminaison du pluriel est **-oes**.

- pomme de terre **potato → potatoes**

ATTENTION !

Il y a quelques exceptions à la règle ci-dessus, surtout pour les mots d'origine étrangère.

- **a photo → photos**
- **a piano → pianos**
- **a solo → solos**

Terminaison consonne + -y

La terminaison du pluriel est **-ies**.

- *dame* **lady → ladies**
- *histoire* **story → stories**
- *corps* **body → bodies**

Des exceptions

Le pluriel est un simple **-s** quand la terminaison **-y** est précédée d'une autre voyelle :

Numerous surveys.
De nombreuses enquêtes.

He doesn't work on Mondays.
Il ne travaille pas le lundi.

Boys will be boys!
Un garçon, c'est toujours un garçon !

Terminaison -f ou -fe

La terminaison du pluriel est **-ves**.

- *demi* **half → halves**
- *couteau* **knife → knives**
- *feuille* **leaf → leaves**
- *étagère* **shelf → shelves**
- *épouse* **wife → wives**

Les quelques pluriels irréguliers

L'anglais a quelques pluriels irréguliers – mais ils sont vraiment peu nombreux en comparaison avec bien des langues européennes. Pas d'autre solution que de les apprendre par cœur :

- *enfant* **child → children**
- *pied* **foot → feet**
- *oie* **goose → geese**
- *poux* **louse → lice**
- *homme* **man → men**
- *souris* **mouse → mic**
- *bœuf* **ox → oxen**
- *dent* **tooth → teeth**
- *femme* **woman → women**

EXERCICE

Mettez ces noms au singulier s'ils sont au pluriel ou au pluriel s'ils sont au singulier. Indiquez dans la première colonne si le nom est singulier ou pluriel, puis mettez le nom au singulier s'il est au pluriel ou au pluriel s'il est au singulier.

	S / Pl	Réponse
6. boat	____	______________
7. match	____	______________
8. tomatoes	____	______________

9. teeth ____ ________________

10. baby ____ ________________

11. mouse ____ ________________

12. buses ____ ________________

13. potato ____ ________________

14. city ____ ________________

15. feet ____ ________________

16. worry ____ ________________

17. house ____ ________________

18. toy ____ ________________

19. tax ____ ________________

20. woman ____ ________________

21. children ____ ________________

22. postman ____ ________________

23. man servant ____ ________________

24. saleswoman ____ ________________

25. branch ____ ________________

Et le verbe dans tout cela ?

Bien sûr, il faut l'accorder ! C'est souvent très simple… mais parfois moins.

Les noms suivis d'un verbe au singulier

Cas général

Tout naturellement, on met au singulier les verbes qui accompagnent les noms au singulier :

- Les noms comptables précédés de **a/an** comme **a cat** (*un chat*), **a city** (*une ville*), **an hour** (*une heure*) ;
- Les noms non comptables (donc nécessairement singuliers), comme les matières : **silk** (*de la soie*), **wood** (*du bois*), une qualité abstraite : **beauty** (*la beauté*), **love** (*l'amour*), une activité : **painting** (*la peinture*), **baseball** (*le baseball*), ou les noms collectifs : **hair** (*les cheveux*), **luggage** (*les bagages*).

Ces mots qui se déguisent

Certains noms se terminant par **-s** ressemblent à des pluriels mais, attention, ils vous trompent ! Ce sont des noms singuliers, donc ils s'accordent au singulier.

Ce sont des noms de sciences ou d'activités, qui se terminent par **-ics** comme **economics** (*l'économie*), **linguistics** (*la linguistique*), **physics** (*la physique*), ou certains noms de maladies comme **measles** (*la rougeole*).

- **All politics is local.**

  Toute politique est locale.

Un mot trompeur : news

Malgré sa terminaison trompeuse, le mot **news** (*les nouvelles*) est singulier, donc il s'accorde avec un verbe au singulier.

Here is the news!
Voici les nouvelles !

The news is good.
Les nouvelles sont bonnes.

Les noms suivis d'un verbe au pluriel

Cas général

Tous les noms au pluriel sont naturellement suivis d'un verbe au pluriel :

- Les noms comptables au pluriel en **-s** ou **-es** comme **parks** (*des parcs*) ou **beaches** (*des plages*) ;
- Les pluriels irréguliers, comme **children** (*des enfants*), **men** (*des hommes*).

Les noms de personnes

Les noms propres peuvent prendre la marque du pluriel en anglais pour désigner une famille :

- **We are going to visit the Durands tonight.**

  Nous allons chez les Durand ce soir.

Les objets « doubles »

Certains mots singuliers français comme *pantalon* sont considérés comme des objets doubles en anglais, donc ils sont suivis d'un verbe au pluriel – un peu comme on dit, en français : *Mes lunettes sont sur la table* :

- **My jeans are too tight.**

  Mon jean est trop serré.

Quelques exemples d'objets doubles :

bermuda	**bermudas**
jean	**jeans**
pyjama	**pyjamas**
short	**shorts**
pince	**tongs**

Le mot people

Dans son usage courant, **people** est un pluriel ; il s'accorde donc avec un verbe au pluriel et est repris par **they**. On le traduit en français par *les / des gens* :

- **This is a question people ask.**

  C'est une question que les gens posent.

Les pluriels qui se cachent

Certains noms ne prennent pas de **s** au pluriel, donc on ne voit pas que ce sont des pluriels. Pourtant, ils ont un sens pluriel et sont donc suivis d'un verbe au pluriel. Il s'agit le plus souvent de noms de poissons ou d'animaux vivant en troupeau :

- **Fish are abundant.**

  Les poissons sont abondants.

Quelques exemples de noms qui se cachent :

- *cabillaud* **cod**
- *daim* **deer**
- *poisson* **fish**
- *renne* **moose**
- *saumon* **salmon**
- *mouton* **sheep**
- *truite* **trout**

Une règle qui n'est pas toujours vraie

On peut utiliser un pluriel régulier pour le mot **fish** (**fishes**) si on veut parler de différentes espèces de poissons.

The fishes of the Fraser River include salmon and sturgeon.

Les poissons de la rivière Fraser incluent des saumons et des esturgeons.

Les noms collectifs

Définition

Certains mots qui désignent un groupe de gens peuvent être accordés au singulier ou au pluriel selon ce que l'on veut dire.

Par exemple, on peut dire **The police is** si on parle de l'institution de la police. En revanche, si on fait référence à un groupe de policiers, on choisit **The police are**…

Quelques exemples de noms collectifs :

- *comité* **committee**
- *équipage* **crew**
- *équipe* **team**
- *famille* **family**
- *groupe* **party**
- *personnel* **staff**
- *public* **audience**

EXERCICE

Complétez avec **is** ou **are :**

26. My furniture .... dark brown.

27. Your jeans .... on the sofa.

28. My luggage .... too heavy.

29. The police .... investigating Sunday's attack.

30. Where .... my glasses?

31. Here .... the news.

32. Tropical fish .... often beautifully coloured.

33. I think mathematics .... hard.

Corrigés

1. An actress

2. A stepmother

3. A goddaughter

4. A female executive

5. A postwoman

banana: C	bread: NC	carrot: C
dish: C	coffee: NC	cup: C
flour: NC	honey: NC	marmalade: NC
meat: NC	oil: NC	salad: NC
table: C	vegetable: C	wine: NC

6. boat S boats

7. match S matches

8. tomatoes	Pl	tomatoes
9. teeth	Pl	tooth
10. baby	S	babies
11. mouse	S	mice
12. buses	Pl	bus
13. potato	S	potatoes
14. city	S	cities
15. feet	Pl	foot
16. worry	S	worries
17. house	S	house
18. toy	S	toys
19. tax	S	taxes
20. woman	S	women
21. children	Pl	child
22. postman	S	postmen
23. man servant	S	men servants
24. saleswoman	Pl	saleswomen
25. branch	S	branches

26. My furniture is dark brown.

27. Your jeans are on the sofa.

28. My luggage is too heavy.

29. The police are investigating Sunday's attack.

30. Where are my glasses?

31. Here is the news.

32. Tropical fish are often beautifully coloured.

33. I think mathematics is hard.

Chapitre 7

Que de combines avec les noms !

Dans ce chapitre :

- Accoler des noms pour faire des noms composés
- Relier deux noms avec une préposition
- Exprimer la possession

Avez-vous déjà remarqué, dans les divers modes d'emploi multilingues qui accompagnent toutes sortes d'appareils, combien la partie française était plus longue que la partie anglaise ?

Une explication à cela : les anglophones disent la même chose en moins de mots... Comment donc ? Eh bien, en partie, grâce à un système de combinaisons très pratique de mise en relation des noms que nous allons explorer dans ce chapitre.

Avec les noms composés, vous pourrez préciser la matière, la nature, la destination d'un objet, le métier ou le rôle d'une personne... Les utilisations sont multiples et très souples.

Il est important que vous vous familiarisiez avec ce système car il est très employé. En le maîtrisant, vous pourrez mieux vous exprimer – et mieux comprendre ce que vous lisez ou entendez.

Nous verrons rapidement comme relier les mots avec **of** et quelques autres prépositions (mais c'est presque comme en français, donc il ne sera pas utile de nous attarder), et ensuite, nous explorerons cette forme spécifique de l'anglais, le génitif, pour exprimer la possession.

Les noms composés

On appelle *nom composé* un nom qui, comme son appellation l'indique, est composé de plusieurs éléments. Ces éléments sont bien souvent deux noms mais peuvent aussi être d'autres mots.

La recette

Les ingrédients

- Le nom principal : c'est celui qui fait référence à la classe de l'objet ou de la personne dont vous voulez parler.
- L'autre élément (ou les autres s'il y en a plus de deux).

Prenons un exemple : parlons de chaussures… **Tennis shoes**, **sports shoes**, **leather shoes**, **women's shoes**, **indoor shoes**, etc. (*chaussures de tennis*, *de sport*, *de cuir*, *de femme*, *d'intérieur*, etc.).

Dans chacun des exemples ci-dessus, deux mots sont combinés. Les trois premiers exemples sont des noms composés de deux noms. Le troisième est un génitif (voir plus loin) et le dernier est une combinaison classique adjectif + nom.

Mais il y a bien d'autres éléments possibles.

Quelques combinaisons

- Nom + nom :

  toothpaste *dentifrice*

- Verbe + nom :

  swimming pool *piscine*

- Préposition + nom :

  underground *sous-sol, métro*

- Nom + verbe :

  haircut *coupe de cheveux*

- Adjectif + verbe :

  dry-cleaning *nettoyage à sec*

La combinaison de deux noms

Gardez bien le nom principal en ligne de mire, car c'est le plus souvent lui que vous mettrez en dernier, c'est-à-dire le plus à droite. Devant lui (donc, à sa gauche), vous disposerez le ou les éléments qui qualifient ou précisent ce nom principal. On peut simplement juxtaposer ces noms, les accoler ou les relier par un tiret.

Les mots juxtaposés

C'est la catégorie la plus courante. Celle que vous pouvez conjuguer à l'infini. Elle sert à créer une nouvelle catégorie à partir de l'élément principal et de ce qui le qualifie :

- **a country post office**

  un bureau de poste de campagne

- **a flat screen TV set**

  un poste de télévision à écran plat

TRUC

Mais comment traduire ces mots composés ? Facile !

On commence par la fin, et on remonte !

- **a car rental company**

  une société de location de voiture

- **San Franciso county police officers**

  Des officiers de police du comté de San Francisco

Les mots accolés

Ce sont des mots tellement habituels dans le langage courant qu'ils ne font plus qu'un. Et, pour les traduire, on commence toujours par la fin :

- **shoolteacher**

  professeur d'école
- **classroom**

  salle de classe

Les mots reliés par un tiret

On utilise le tiret dans certaines combinaisons de noms :

- **English-speaking people**

  les anglophones
- **a one-week vacation**

  des vacances d'une semaine
- **a 6-year-old little boy**

  un petit garcon de six ans

Pensez au dictionnaire

Le dictionnaire vous donnera la clé du choix à faire pour respecter les usages. Par exemple, comment deviner la subtilité de l'exemple ci-contre sinon en vous référant à votre dictionnaire ?

my boyfriend	*mon petit ami*
my girlfriend	*ma petite amie*
my school friends	*mes amis d'école*

Faites des noms composés à l'aide des éléments que nous vous donnons. Attention, nous vous les donnons par ordre alphabétique, donc il se peut qu'ils soient dans l'ordre – mais pas forcément. Choisissez bien l'ordre qui fera sens, et traduisez les mots que vous obtenez.

1. chain gold

______________ ______________

2. stone wall

______________ ______________

3. manager restaurant

______________ ______________

4. jacket leather

______________ ______________

5. body guard

______________ ______________

6. brush hair

______________ ______________

7. food sea

______________ ______________

8. beauty saloon

______________ ______________

9. paper wall

______________ ______________

10. computer engineer

______________ ______________

11. cost reduction

______________ ______________

12. box chocolate

______________ ______________

13. city life

______________ ______________

14. express station train

______________ ______________

15. box steel tool

______________ ______________

Le singulier et le pluriel

Vous pouvez mettre le mot principal (le dernier) au pluriel comme n'importe quel nom. En revanche, le premier nom qualifie le second – donc, comme les adjectifs, il ne prend pas de marque du pluriel :

- **a shoe shop**

  un magasin de chaussures
- **shoe shops**

  des magasins de chaussures
- **a taxi driver**

  un conducteur de taxi

Quelques exceptions

Quelques mots gardent le **s** du pluriel, par exemple **sports** (*sport*), **clothes** (*vêtements*), **savings** (*épargne*).

A sports car *Une voiture de sport*

Quand on utilise les mots **man** ou **woman** pour signaler le genre masculin ou féminin, on met les deux mots au pluriel.

a woman doctor *une femme médecin*

women doctors *des femmes médecins*

Et on combine encore plus

Trois noms ou quatre

On peut mettre trois noms au lieu de deux. On arrive à des combinaisons très ramassées que vous trouverez souvent dans les titres de journaux.

Même quand il y a trois noms, ou quatre, on s'y retrouve facilement à condition de toujours respecter la même règle : traduire en commençant par la fin et on remonte.

- **the Dictator Protection Plan**

  le plan de protection du dictateur

- **San Francisco county police officers**

  les officiers de police du comté de San Francisco

Et on ajoute un adjectif

Pour qualifier le nom principal (le dernier), on met l'adjectif devant tout le groupe :

- **I bought some nice leather indoor soccer shoes.**

  J'ai acheté de belles chaussures en cuir pour le football en salle.

- **Young San Francisco county police officers.**

  De jeunes officiers de police du comté de San Francisco.

Et si on veut qualifier un des autres éléments ?

Si on veut ajouter un adjectif à l'un des autres éléments, on le place immédiatement devant le mot qu'il qualifie. Notons que le tiret est parfois bien utile pour éviter les confusions. Comparons les exemples suivants :

- **an old-furniture salesman**

  un vendeur de vieux meubles

- **an old furniture salesman**

  un vieux vendeur de meubles

Traduisez en anglais :

16. Un jeune conducteur de voiture de sport.

____

17. Une maison de campagne magnifique.

____

18. Un professeur d'histoire américaine.

____

19. Un magasin de livres célèbre.

____

20. Une vieille forêt de pins.

____

Les autres combinaisons possibles

Un nom composé n'est pas forcément constitué que de noms. Il peut comporter d'autres éléments, comme indiqué dans le tableau 7-1.

Tableau 7-1 : Les autres combinaisons de noms.

Verbe + -ing + nom	**A swimming costume** *Un maillot de bain* **A rowing boat** *Un bateau à rames*
Verbe + particule	**There was a queue at the checkout.** *Il y avait la queue à la caisse.*
Particule + verbe	**Outsourcing causes job losses.** *Les délocalisations causent des pertes d'emploi.*

Les emplois

Avec ces combinaisons, on peut indiquer divers types de relations : identité, lieu, matière, usage, fonction, cause, etc.

Tableau 7-2 : Quelques exemples d'emplois de noms.

Identité	**the committee chairman** *le président du comité*
Lieu	**the town centre** *le centre-ville*
Matière	**a plastic bag** *un sac en plastique*
Usage	**a washing machine** *une machine à laver*

Contenu et contenant

On fait la différence entre le contenant, pour lequel le nom composé est la bonne traduction, et le contenu, pour lequel on choisit la structure avec **of :**

- **a tea cup**

  une tasse à thé

- **a cup of tea**

  une tasse de thé

À l'oral

Le plus souvent, on accentue le premier élément d'un nom composé – et non le mot principal –, car c'est lui qui distingue la personne ou l'objet dans sa particularité.

Par exemple, dans la catégorie des **brushes** (*brosses*) on oppose **tootbrush** (*une brosse à dents*) à **hairbrush** (*une brosse à cheveux*).

Un outil utile : la préposition

Pas question de passer sous silence les prépositions qui, comme *de* en français, peuvent relier deux noms. Mais tout un chapitre leur étant consacré (chapitre 11), nous citons ici rapidement celles qui servent le plus pour relier deux mots entre eux.

La plus courante : of

La préposition **of** est très courante pour mettre deux mots en relation. Elle se traduit généralement par *de :*

- **the solution of the problem**

  la solution du problème

- **the roof of my house**

  le toit de ma maison

- **a group of children**

  un groupe d'enfants

Quelques autres traductions pour « de »

Deux traductions possibles dans l'exemple ci-dessous : **from** qui indique la provenance et **by** qui indique l'auteur (l'agent) :

- **an excerpt from a play by Shakespeare**

  un extrait d'une pièce de Shakespeare

- **the train from London**

  le train de Londres

- **the man in the street**

  l'homme de la rue

Le génitif

Vous l'avez sûrement déjà rencontré. Rappelez-vous, on l'appelait parfois le *cas possessif.*

La recette

Ingrédients

Facile ! Juste deux noms et une petite marque **'s** ou, encore plus discret, juste une apostrophe.

Une règle quand même : parmi ces deux noms, l'un doit en principe (car il y a, comme dans beaucoup de règles, des exceptions) désigner un ou des êtres humains ; c'est le *possesseur.*

Mode opératoire

On accole la marque **'s** aux noms singuliers ou aux quelques noms pluriels irréguliers :

- **my sister's car**

  la voiture de ma sœur

- **the children's room**

  la chambre des enfants

- **people's opinions**

  l'opinion des gens

Encore plus discret, juste une apostrophe, que l'on accole aux pluriels déjà terminés par **s** :

- **my parents' home**

  la maison de mes parents

Et les accompagnements ?

Les déterminants

Le possesseur, c'est-à-dire le nom qui détermine l'objet dont on parle, peut être précédé d'un article, d'un possessif, d'un démonstratif, etc. – tout ce qu'on appelle un déterminant :

- **the manager's office**

  le bureau du directeur
- **this manager's office**

  le bureau de ce directeur

Pas de déterminant devant l'objet possédé

ATTENTION !

On ne peut jamais mettre de déterminant devant l'objet possédé, puisque le génitif a, lui-même, un rôle de déterminant. Pas question de dire ***My father's the car**.

Les adjectifs

On peut insérer un ou des adjectif(s). L'adjectif est toujours placé immédiatement avant le nom qu'il qualifie :

- **my father's old car**

  la vieille voiture de mon père
- **my old father's car**

  la voiture de mon vieux père

Pour dire quoi, comment ?

La possession ou la parenté

Avec le génitif, dans la majorité des cas, on parle de possession. Le génitif correspond à la notion exprimée par le verbe **have**.

- **my sister has a new computer. My sister's computer is red**

  ma sœur a un nouvel ordinateur. L'ordinateur de ma sœur est rouge

La parenté est assimilée (bizarrement ?) à la possession :

- **my friends' children**

  les enfants de mes amis

Autres valeurs

De façon moins courante, on peut aussi utiliser le génitif pour indiquer :

- l'origine ou la source : **Shakespeare's plays** (*les pièces de Shakespeare*) ;
- une classification : **a month's salary** (*un mois de salaire*), **women's clothes** (*des vêtements de femme*) ;

- La distance : **a two miles' walk** (*une marche de deux miles*).
- Le temps (voir ci-dessous).

Les expressions de temps

On peut utiliser le génitif pour dater un objet ou un événement :

- **yesterday's paper**

  le journal d'hier
- **next year's election**

  les élections de l'an prochain

Pour quoi ? Pour qui ?

Le génitif est plutôt réservé à des êtres animés : personnes, groupes humains au sens large (**city**, **school**, **nation**, etc.), animaux.

Comparez les exemples ci-dessous : dans le premier, le possesseur est humain, donc le génitif est tout à fait adapté. Dans le second, il n'y a pas de possesseur mais une relation exprimée par **of :**

- **the girl's legs**

  les jambes de la fille
- **the legs of the table**

  les pieds de la table

Il y a toutefois beaucoup d'exceptions. En anglais américain, la distinction a tendance à s'estomper. On trouve souvent des génitifs avec des objets inanimés :

- **The train's departure was delayed.**

  Le départ du train a été retardé.

Le génitif incomplet

Pour éviter une répétition

Le génitif peut être privé de son nom principal pour éviter une répétition de celui-ci. Il devient alors une sorte de pronom.

Dans l'exemple ci-dessous, le mot **hairtstyle** est sous-entendu :

- **I like Sandy's hairstyle but I don't like her sister's.**

  J'aime la coupe de cheveux de Sandy mais je n'aime pas celle sa sœur.

On évite aussi une répétition quand on apporte une information concernant le propriétaire d'un objet :

- **This house is my uncle's.**

  Cette maison est à mon oncle. / Cette maison appartient à mon oncle.

Pour parler des magasins et autre lieux connus

Les mots **shop** (*magasin*), **house** (*maison*), **cathedral** (*cathédrale*), **school** (*école*), **college** (*faculté*), **hospital** (*hôpital*), **surgery** (*cabinet*) sont couramment omis :

- **I'll go to the doctor's tomorrow.**

  J'irai chez le médecin demain.

- **We'll spend our holidays at my parents'.**

  Nous allons passer nos vacances chez mes parents.

- **I buy my bread at the baker's.**

  J'achète mon pain à la boulangerie.

Reliez ces mots soit dans un génitif, soit en utilisant la préposition **of :**

21. a glass – whisky ______________________

22. my friend – father ______________________

23. the door – house ______________________

24. Mr. Brown – car ______________________

25. Barbara – sister ______________________

26. ten minutes – walk ______________________

27. the teacher – office ______________________

28. the number – house ______________________

29. two days – work ______________________

30. the waiter – shoes ______________________

31. Britain – economy ______________________

Mettez les mots dans l'ordre :

32. My / motorbike / new / girlfriend's

____

33. The / cinema / enormous / star's / fortunes

____

34. The / upstairs / new / bedroom / is / children's

____

35. The / floor / department / adults' / on the second / young / is

____

36. It / sad / story / was / to believe / the / boy's / difficult

____

37. How / population / the / we / world's / growing / can / feed

____

Corrigés

1. gold chain	*chaîne en or*
2. stone wall	*mur en pierre*
3. restaurant manager	*patron de restaurant*
4. leather jacket	*veste en cuir*
5. bodyguard	*garde du corps*
6. hair brush	*brosse à cheveux*
7. seafood	*fruits de mer*
8. beauty saloon	*salon d'esthétique*
9. wallpaper	*papier peint*
10. computer engineer	*ingénieur en informatique*
11. cost reduction	*réduction des coûts*
12. chocolate box	*boîte de chocolats*
13. city life	*vie citadine*
14. express train station	*gare pour les trains express*
15. steel tool box	*boîte à outils en acier*

16. A young sports car driver.

17. A wonderful country house.

18. An American history treacher.

19. A famous bookshop.

20. An old pine tree forest.

21. a glass – whisky	a glass of whisky
22. my friend – father	my friend's father
23. the door – house	the door of the house

24. Mr. Brown – car	Mr. Brown's car
25. Barbara – sister	Barbara's sister
26. ten minutes – walk	ten minutes' walk
27. a teacher – office	a teacher's office
28. the number – house	the number of the house
29. two days – work	two days' work
30. the waiter – shoes	the waiter's shoes
31. Britain – economy	Britain's economy

32. My girlfriend's new motorbike.

33. The cinema star's enormous fortunes.

34. The new children's bed room is upstairs.

35. The young adults' department is on the second floor.

36. It was difficult to believe the boy's sad story.

37. How can we feed the world's growing population.

Chapitre 8

Trions les noms avec les déterminants

Dans ce chapitre :

- Choisir le bon article indéfini
- Savoir quand on ne met pas d'article
- Utiliser l'article défini
- Utiliser les démonstratifs
- Utiliser les adjectifs possessifs
- Éviter les répétitions avec des pronoms possessifs

Nous avons bien vu tout ce qui concerne les noms dans le chapitre précédent… Mais que mettre devant ces noms ? Ou même, faut-il mettre quelque chose devant les noms ? Nous allons vous aider à répondre à cette question dans ce chapitre.

En français, il est bien rare qu'un nom vienne tout seul – sans article, sans démonstratif ou sans possessif, c'est-à-dire sans déterminant. Prenons un exemple. Vous ne dites jamais le mot *chien* tout seul. Vous direz *le chien*, *un chien*, *ce chien*, *ces chiens*, *mon chien*, etc. On regroupe tous ces petits mots qui nous aident à comprendre de quel chien vous parlez dans la catégorie des *déterminants*. C'est cette catégorie que nous allons apprendre à utiliser dans ce chapitre.

Vous verrez que l'anglais n'est pas très compliqué, car ces mots sont peu nombreux, mais leur emploi est parfois délicat car les règles ne sont pas vraiment celles du français. Mais… pas de panique ! Nous y verrons plus clair à la fin du chapitre.

Nous allons d'abord voir les articles – lequel choisir, quand et comment les utiliser. Puis nous verrons les démonstratifs, moins courants, mais bien utiles quand on veut désigner quelque chose en particulier. Enfin, on ne peut pas se passer des possessifs pour dire à qui appartient telle ou telle chose.

Les articles

L'anglais dispose de trois articles :

- l'article **Ø** (c'est-à-dire l'absence d'article) ;
- l'article indéfini, **a/an** ;
- l'article défini, **the**.

Nous allons voir ces trois articles en partant du moins défini pour aller vers le plus défini :

- l'article **Ø** est totalement indéterminé ;
- l'article **a/an**, qui est dérivé du numéral **one**, sélectionne un élément indéterminé dans un ensemble ;
- l'article **the**, dérivé du démonstratif **that**, fait référence à du « déjà connu ». Il détermine plus fortement que l'article défini français, *le, la, les.*

Quel article devant quelle catégorie de nom ?

TRUC

Rappelons que les noms peuvent être *comptables* (on peut les compter : *un livre, une maison, un homme*, etc.) ou *non comptable* (on ne peut pas les compter : *de l'eau, du vert, de l'essence, l'intelligence*, etc.).

Devant un **nom comptable au singulier**, on trouve en général **a/an**, ou **the :**

- **a book, the book**

  un livre, le livre

Devant un **nom comptable au pluriel**, on trouve en général l'article **Ø**, ou **the :**

- **books, the books**

  des livres, les livres

Devant un **nom non comptable**, on trouve en général l'article **Ø**, ou **the :**

- **water, the water**

  de l'eau, l'eau

L'article indéfini a/an

Cet article n'existe qu'au singulier.

Comment choisir entre a et an ?

C'est le premier son du mot qui suit l'article qui impose le choix entre **a** et **an**.

A priori, ce n'est pas difficile :

- On met a devant une consonne : **a man** (*un homme*), **a table** (*une table*), **a bus** (*un bus*), **a city** (*une ville*), etc. ;
- On met an devant une voyelle : **an exercise** (*un exercice*), **an eye** (*un œil*), **an island** (*une île*), **an animal** (*un animal*), **an object** (*un objet*), etc.

  Can I have an apple – and a knife, please?

  Puis-je avoir une pomme – et un couteau, s'il vous plaît ?

ATTENTION !

Mais, attention, on tient compte de la prononciation et pas de l'orthographe !

La lettre **u**, par exemple, n'a pas toujours un son vocalique – dans ce cas, on la traite comme une consonne et on la fait précéder de **a :**

- **a university**

  une université
- **a utility vehicle**

  un véhicule utilitaire

La lettre **h** en début de mot impose le choix de **a** si elle est expirée et le choix de **an** si elle n'est pas perceptible :

- **an hour**

  une heure
- **a hotel**

  un hôtel

La règle de la flemme

Vous ne trouverez probablement pas cette appellation dans les grammaires officielles, pourtant, c'est une règle bien utile pour tout ce qui concerne la prononciation.

Prenons un exemple : essayez de prononcer **a book** (*un livre*) et ***an book**... Lequel est le plus facile ? La réponse est, bien sûr, **a book**... et c'est le bon choix !

Essayez maintenant de prononcer **an orange** (*une orange*) et ***a orange**... Lequel est le plus facile ? La réponse est, bien sûr, **an orange**... et c'est le bon choix !

À quoi sert l'article indéfini ?

Une règle simple, qui ressemble un peu à celle que nous utilisons d'instinct en français quand nous choisissons *un/une* : utilisez **a/an** chaque fois que vous parlez de quelque chose pour la première fois dans la conversation :

- **I saw a dog in the street. [...] The dog was black.**

  J'ai vu un chien dans la rue. [...] Le chien était noir.

ATTENTION !

Attention à ces quelques sources d'erreurs dues aux emplois en français :

- Pour donner le métier de quelqu'un, on met l'article **a/an** devant le nom du métier :

  She is a nurse. *Elle est infirmière.*

  He is an electrician. *Il est électricien.*

  He wants to become a teacher. *Il veut devenir professeur.*
- Pour donner une définition entre virgules :

  Schwarzenegger, a cinema star, is also a politician.

  Schwarzenegger, acteur de cinéma, est aussi un homme politique.
- Dans les expressions exclamatives :

  What a man! *Quel homme !*

L'absence d'article (ou article Ø)

Règle générale

L'article Ø indique qu'il n'y a pas du tout de détermination. Il équivaut à l'article **a/an** devant les noms pluriels – quand on parle de choses ou de personnes de manière totalement générale (*n'importe lequel, tous*) :

- **I like books.**

  J'aime les livres.
- **Architects build houses.**

  Les architectes construisent des maisons.

TRUC

Voici quelques catégories de noms qui ne prennent pas d'article :

- Les noms abstraits

  Science fiction is very popular.

  La science-fiction est très populaire.
- Les noms de matières ou matériaux

  Steel is a very strong material.

  L'acier est un matériau très solide.
- Les noms de repas :

  Breakfast is served between 7 and 10.

  Le petit déjeuner est servi entre 7 et 10 heures.
- Les noms d'aliments et de boissons

  Irish beer is well-known.

  La bière irlandaise est bien connue.
- Les noms de couleurs

  Blue is the colour I like best.

  Le bleu est la couleur que je préfère.
- Les noms de langues

  English is spoken in many countries.

  L'anglais est parlé dans beaucoup de pays.
- Les noms d'activités

  I love football.

  J'aime le football.

À l'école, à l'église, à l'hôpital...

Il faut connaître ces expressions – dont beaucoup font référence à des institutions :

Aller à l'école **Go to school**

Aller à l'hôpital	**Go to hospital**
Aller à l'église	**Go to church**
Aller à l'université	**Go to university**
Aller en justice	**Go to court**
Aller au lit	**Go to bed**

Les noms propres

Les noms de pays, de lacs, de montagnes, de rues ou de places au singulier ne sont jamais précédés d'un article : **England – Africa – Mount Rushmore – Lake Michigan – Louisiana – Oxford Street – Picadilly Circus – Buckingham Palace**, etc. :

- **France has a temperate climate.**
  La France a un climat tempéré.

Les noms de personnes

Ils ne prennent pas d'article, même s'ils sont précédés d'un titre :

- *La reine Elizabeth* **Queen Elizabeth**
- *Le docteur Smith* **Doctor Smith**
- *Le prince William* **Prince William**

EXERCICE

Complétez avec le bon article : **a**, **an** ou **Ø** :

1. I think Meryl Streep is ________ very good actor.

2. Tom Hanks is ________ amazing actor.

3. If you want to be ________ actor, you'll have to work for it.

4. Some actors have never been to ________ university.

5. ________ others, like Jody Foster, are ________ university graduates.

6. George Clooney is famous for advertising ________ coffee.

7. What ________ great actor!

8. Bruce Willis often stars in ________ science fiction movies.

9. ________ California is a great place for ________ actors.

10. Hollywood is ________ incredible place for actors.

Traduisez en anglais ces quelques informations sur les provinces canadiennes :

11. Le Canada est un très grand pays.

12. La province la plus peuplée est l'Ontario.

13. Il y a de très belles montagnes en Colombie britannique.

14. Le Québec est une province francophone.

L'article défini the

La règle générale

Bonne nouvelle : aucun problème de forme ni d'accord, puisque l'article **the** est le même pour le féminin, le masculin ou le neutre, au singulier et au pluriel.

- **The man, the woman and the dog were walking quietly.**

  L'homme, la femme et le chien marchaient tranquillement.

À quoi sert l'article the ?

La présence de l'article **the** implique que l'interlocuteur sache déjà de quoi vous parlez – soit parce que vous êtes dans une situation qui ne laisse pas de doute, soit parce que vous avez déjà mentionné l'objet ou la personne, soit parce que vous donnez une définition de cet objet.

Voici quelques précisions qui vous permettront de bien cerner cette règle générale :

- La situation : dans les exemples ci-dessous, on sait bien qu'on parle de la porte de la pièce dans laquelle on se trouve – et de la voiture qui nous appartient.

  Shut the door, please.

  Fermez la porte, s'il vous plaît.

  Did you lock the car?

  Tu as fermé la voiture ?

- Ce que tout le monde connaît.

  The sun, the moon, the earth, etc.

  Le soleil, la lune, la terre, etc.

- Ce que vous avez déjà mentionné dans la phrase ou plus tôt dans la conversation.

  She's got two children; a girl and a boy. The girl is 8 and the boy is 14.

  Elle a deux enfants : une fille et un garçon. La fille a 8 ans et le garçon 14.

- Ce que vous définissez. Vous pouvez définir un nom avec une relative, ou avec un complément introduit par **of** ou **in**, pour bien l'identifier. Dans l'exemple suivant, on ne parle pas de toutes les pommes mais de celle que l'on a mangée.

  The apple I ate was rotten.

  La pomme que j'ai mangée était pourrie.

Les noms propres

- Certains noms de pays : les noms de pays au pluriel ou bien formés à partir de noms communs prennent l'article **the**.

  The United States of America – the United Kingdom – the Netherlands

  Les États-Unis – le Royaume-Uni – la Hollande

- Certains noms géographiques : on met **the** devant les noms de montagnes au pluriel, les noms de mers ou de fleuves.

  The Himalayas – the Alps – the Pacific Ocean – the Mediterranean – the Thames – the Hudson River

  L'Himalaya – les Alpes – l'océan Pacifique – la Tamise – l'Hudson

- Les noms de famille au pluriel : pour désigner une famille, on utilise l'article **the** et on met le nom propre au pluriel.

  the Turners

  les Turner / la famille Turner

EXERCICE

Y a-t-il des articles qui manquent ? Nous pensons que oui ! Complétez avec **a**, **an**, **the** ou **Ø** :

15. Martin Luther King was born in ____ Atlanta.

16. His father was ____ pastor in ____ Baptist church.

17. Martin Luther King attended ____ Boston University.

18. He was influenced by ____ philosophy that Gandhi had developed.

19. At the age of 24, King married Coretta Scott, ____ talented young woman.

20. Martin Luther King was ____ eloquent orator.

21. He gave his famous I have ____ dream speech in 1963 in ____ Washington.

22. He captured ____ hearts of ____ black and white people.

23. King always remained committed to ____ ideals of non-violent struggle.

Celui-ci, celui-là... et ceux-là ?

À quoi ça sert ?

Un démonstratif est un mot qui, comme son nom l'indique, permet à celui qui parle de montrer ou de pointer un objet ou une personne dont on n'a pas encore parlé. C'est une présentation.

Ils sont quatre en anglais : **this** et **that** peuvent précéder un nom singulier ; **these** et **those** peuvent précéder un nom pluriel :

- **Please, give me this magazine.**

  S'il vous plaît, donnez-moi ce magazine.

- **I'd like these books, please.**

  Je voudrais ces livres, s'il vous plaît.

Comment choisir entre this et that ?

This / these fait référence à ce qui est proche de la personne qui parle.

That / those fait référence à ce qui est éloigné.

- La proximité dans l'espace : on n'a pas encore parlé de l'objet, on le montre. Il est « ici ». On emploie **this**.

  This car is mine; and that one is David's.

  Cette voiture-ci est à moi ; et celle-là est à David.

- La proximité dans le temps : on parle de « cette année », « cette semaine », etc., on choisit **this** ; Si l'on parle d'une autre année plus lointaine, on choisit **that**.

  Spring has come early this year.

  Le printemps est arrivé tôt cette année.

  That year, winter was really cold.

  Cette année-là, l'hiver a été vraiment froid.

- La proximité dans les goûts : on choisit plutôt **this** pour les choses ou les gens dont on se sent proche par l'affectivité et plutôt **that** pour les choses que l'on n'aime pas.

  These books are great, you should read them.

  Ces livres sont formidables, tu devrais les lire.

  I hate that girl. She is an idiot.

  Je hais cette file. C'est une idiote.

- Avec **that / those**, on met une distance entre soi et ce que l'on voit. Il y a ici une nuance de reproche ou de mépris.

  Look at those girls!

  Regarde donc ces filles !

Ici Pam. Je te présente Julie !

- Au téléphone, **this** et **that** s'utilisent pour prendre contact :

  Hello, this is Pam speaking. Is that Marian?

  Allô, Pam à l'appareil. C'est Marian ?

- Dans une soirée, **this**, pronom, peut servir à présenter une ou plusieurs personnes :

  Julie, this is Susan. Susan, this is Julie.

  Julie, voici Susan. Susan, voici Julie.

- On utilise **this** (et non **these**) même si on présente plusieurs personnes :

  This is my friend Peter and his girlfriend Sandra.

  Voici mon ami Peter et sa copine Sandra.

Fais pas ci, fais pas ça… Les pronoms démonstratifs

This / **these** et **that** / **those** peuvent être des pronoms démonstratifs. Ils évitent une répétition en reprenant un ou des éléments qu'ils désignent :

- **Don't say that!**

  Ne dis pas ça !

- **That was the most beautiful day of my life.**

  Cette journée a été la plus belle de ma vie.

- **I really like these, but I think Dina will prefer those.**

  J'aime vraiment celles-ci, mais je pense que Dina préférera celles-là.

Il manque quelque chose dans ces phrases. Complétez-les avec **this**, **that**, **these** ou **those :**

24. Hello. ________ is Patrick. Can I speak to Murray, please?

25. Let me introduce you to Jerry. Hello Jerry, ________ is Juno.

26. Do you like ________ flowers? I bought them yesterday.

27. Look at ________ man over there! I think he is American.

28. Their house cost over half a million pounds. ________ is a lot of money.

29. My grandmother never wore trousers when she was young. In ________ days it wasn't acceptable.

30. Look at ________ shoes she is wearing. They look very expensive.

31. What's the name of ________ song we heard yesterday?

C'est à moi ! Les possessifs

L'instinct de propriété n'existe pas ? C'est à voir… Ne sommes-nous pas attachés à nos affaires et à notre famille ou nos amis ?

Pour exprimer ce lien de possession ou de parenté, on peut utiliser le génitif (voir le chapitre précédent), la préposition **of**, ou simplement les possessifs :

- **My computer has broken down.**

  Mon ordinateur est en panne.
- **I'm going to London with my son.**

  Je vais à Londres avec mon fils.

À quoi ressemblent-ils ?

Aux pronoms personnels sujets dont ils sont des formes dérivées. Et, facile, ils sont invariables.

Les formes du singulier

I → my (*mon, ma, mes*)

you → your (*ton, ta, tes*)

he → his (*son, sa, ses*)

she → her (*son, sa, ses*)

it → its (*son, sa, ses*)

Les formes du pluriel

we → our (*notre, nos*)

you → your (*votre, vos*)

they → their (*leur, leurs*)

Comment s'accordent-ils ?

On ne les accorde pas avec le nom qu'ils déterminent. (Normal, puisqu'ils sont invariables !)

- **My parents, my sister, my brother.**

  Mes parents, ma sœur, mon frère.

La difficulté, en revanche, c'est de faire le bon choix à la troisième personne du singulier (**his**, **her**, **its**). L'accord se fait non pas avec l'objet possédé comme en français, mais avec le possesseur.

- Si le possesseur est féminin, on emploie **her**.
- Si le possesseur est masculin, on emploie **his**.
- Si le possesseur est neutre, on emploie **its**.

Par exemple :

- *Je n'aime pas sa voix.* (Je parle d'une fille.)

  I don't like her voice.

- *Je n'aime pas sa voix.* (Je parle d'un garçon.)

  I don't like his voice.
- *Cette génération a besoin de trouver sa voix.* (Le sujet est neutre.)

  This generation needs to find its voice.

Quelques chausse-trappes !

Il y a quelques différences de point de vue entre le français et l'anglais. Soyez vigilant.

Les parties du corps, vêtements, etc.

On emploie un possessif devant les parties du corps, les vêtements ou objets portés là où le français emploie un article – souvenez-vous… on vous a appris à ne pas dire *Je mets* <u>*mes*</u> *mains dans mes poches*. Or, c'est bien cela que font les anglophones.

- **He was walking with his hands in his pocket.**

  Il marchait les mains dans les poches.
- **She raised her hand.**

  Elle leva la main.

À chacun son chemin…

Quand le pronom (*chacun*, *ici*) est indéfini, on le reprend, en français, avec le possessif *son*, dans une valeur indéfinie. En anglais, on préfère utiliser **their**, qui évite le choix difficile entre féminin et masculin.

- **Has everybody got their bags?**

  Tout le monde a son sac ?

Venez avec votre mari

Une invitation qui peut s'adresser à une personne… ou à plusieurs – car on considère que chaque femme n'a qu'un mari. En anglais, en revanche, on considère que plusieurs femmes ont plusieurs maris… Donc, on dit : **Come with your husbands.**

- *Préparez votre passeport.* (On s'adresse à une personne ou à plusieurs personnes.)

  Have your passport ready. (Si on s'adresse à une personne.)

  Have your passports ready. (Si on s'adresse à plusieurs personnes.)

Des erreurs courantes, même chez les anglophones…

Parce qu'à l'oral ils ressemblent aux expressions citées ci-dessous, beaucoup de gens les confondent. Les possessifs n'ont pas d'apostrophe. Il ne faut pas confondre :

your = possessif et **you're** (= **you are**) ;

its = possessif et **it's** (= **it is** / **it has**) ;

their = possessif, **they're** (= **they are**) et **there**, adverbe.

EXERCICE

Complétez les phrases suivantes avec des adjectifs possessifs :

32. Mr. Johnson and _______ wife are not here.

33. They are in Madrid with _______ children.

34. I don't like _______ daughter very much.

35. She is a horrible child. She never listens to _______ parents.

36. My husband and I have decided not to invite her into _______ house anymore.

37. Her brother is much nicer. He is not at all like _______ sister!

38. Last week, I met Mr. Johnson. He had a hat on _______head. I thought he was ridiculous!

Le mien, le tien, le sien… Les pronoms possessifs

Les pronoms possessifs évitent la répétition d'un nom déjà cité :

- **I like my car but I don't like yours (= your car).**

  J'aime bien ma voiture mais je n'aime pas la tienne (= ta voiture).

Ils sont dérivés des adjectifs possessifs. En français, on met l'article *le* devant ces pronoms. On ne met rien en anglais :

- **My name is Dominique. What is yours?**

  Mon prénom est Dominique. Quel est le vôtre ?

Les formes du singulier

my → mine (*le mien, la mienne, les miens, les miennes*)

your → yours (*le tien, la tienne, les tiens, les tiennes*)

his → his (*le sien, la sienne, les siens, les siennes*)

her → hers (*le sien, la sienne, les siens, les siennes*)

its → its (*le sien, la sienne, les siens, les siennes*)

Les formes du pluriel

our → ours (*le nôtre, la nôtre, les nôtres*)

your → yours (*le vôtre, la vôtre, les vôtres*)

their → theirs (*le leur, la leur, les leurs*)

Comme pour les adjectifs possessifs, on choisit le masculin, le féminin ou le neutre en fonction du genre du possesseur. Remarquez, dans l'exemple ci-dessous, qu'il n'est pas nécessaire de répéter les prénoms en anglais, puisque **his** renvoie à Jack (masculin) tandis que **hers** renvoie à Jill (féminin) :

- **Jack and Jill have similar cars but his is white and hers is grey.**

  Jack et Jill ont des voitures semblables. Mais celle de Jack est blanche et celle de Jill est grise.

Finissons nos missives en beauté

Les formules de politesse dans les lettres formelles en français sont souvent bien alambiquées… *Je vous prie d'agréer mes sincères salutations*, ou autres formules encore plus compliquées.

En anglais, comme dans beaucoup de cas, on est plus simple !

Yours est le mot magique qui entre dans quantité d'expressions simples qui, toutes, correspondent plus ou moins à *Sincèrement à vous* :

Sincerely **yours** ; **Yours** faithfully ; Truly **yours**, etc.

EXERCICE

Votre amie Jeannette vous parle de Peter et de sa famille. Faites le bon choix parmi les mots entre parenthèses pour remplir les blancs.

39. Peter is __________ best friend. I like him very much.

(me – my – mine)

40. I like _________ family too. They are really nice.

(her – their – his – hers)

41. I think __________ house is nicer than ____________.

(her – their – theirs – me) (him – his - mine – my)

42. ____________ roof is grey and it has large windows.

(her – its – his – hers)

43. __________ sister is called Marjorie.

(her – their – his – hers)

44. She lives with ___________ boyfriend, Joe.

(her – their – his – hers)

Corrigés

1. I think Meryl Streep is **a** very good actor.

2. Tom Hanks is **an** amazing actor.

3. If you want to be **an** actor, you'll have to work for it.

4. Some actors have never been to **Ø** university.

5. **Ø** others, like Jody Foster, are **Ø** university graduates.

6. George Clooney is famous for advertising **Ø** coffee.

7. What **a** great actor!

8. Bruce Willis often stars in **Ø** science fiction movies.

9. **Ø** California is a great place for **Ø** actors.

10. Hollywood is **an** incredible place for actors.

11. Canada is a very large country.

12. The most populated province is Ontario.

13. There are lots of beautiful mountains in British Columbia.

14. Quebec is a French-speaking province.

15. Martin Luther King was born in **Ø** Atlanta.

16. His father was **a** pastor in **a** Baptist church.

17. M. Luther King attended **Ø** Boston University.

18. He was influenced by **the** philosophy that Gandhi had developed.

19. At the age of 24, King married Coretta Scott, **a** talented young woman.

20. Martin Luther King was **an** eloquent orator.

21. He gave his famous I have **a** dream speech in 1963 in **Ø** Washington.

22. He captured **the** hearts of **Ø** black and white people.

23. King always remained committed to **the** ideals of non-violent struggle.

24. Hello. **This** is Patrick. Can I speak to Murray, please?

25. Let me introduce you to Jerry. Hello Jerry, **this** is Juno.

26. Do you like **these** flowers? I bought them yesterday.

27. Look at **that** man over there! I think he is American.

28. Their house cost over half a million pounds. **That** is a lot of money.

29. My grandmother never wore trousers when she was young. In **those** days it wasn't acceptable.

30. Look at **these** shoes she is wearing. They look very expensive.

31. What's the name of **that** song we heard yesterday?

32. Mr. Johnson and **his** wife are not here.

33. They are in Madrid with **their** children.

34. I don't like **their** daughter very much.

35. She is a horrible child. She never listens to **her** parents.

36. My husband and I have decided not invite her into **our** house anymore.

37. Her brother is much nicer. He is not at all like **his** sister!

38. Last week, I met Mr. Johnson. He had a hat on **his** head. I thought he was ridiculous!

39. Peter is **my** best friend. I like him very much.

40. I like **his** family too. They are really nice

41. I think **their** house is nicer than **mine**.

42. **Its** roof is grey and it has large windows.

43. **His** sister is called Marjorie.

44. She lives with **her** boyfriend, Joe.

Chapitre 9

Un peu, beaucoup, passionnément…

Dans ce chapitre :

- Parler de quantités indéfinies
- Utiliser **some** ou **any**
- Utiliser des quantifieurs pour parler de la totalité
- Parler de grandes ou de petites quantités
- Évoquer la quantité nulle

Dans certaines civilisations primitives, on ne connaissait pas les nombres. Quand on avait besoin de donner des indications de quantité, on se contentait de parler *d'un peu de* fruits ou de *beaucoup de* proies pour la chasse, etc. Aujourd'hui, nous savons tous compter, mais nous avons quand même souvent besoin de cette appréciation de quantité – carrément subjective mais qui rend bien service.

Dans ce chapitre, nous allons revoir tous ces petits mots – nous les appellerons les *quantifieurs indéfinis* – qui servent à donner des indications concernant les quantités sans pour autant avoir la précision que l'on a rencontrée dans le chapitre sur les chiffres et les nombres (voir chapitre 4).

Nous commencerons par **some** et **any**, qui ne font qu'évoquer l'existence de quelque chose. Puis nous verrons les principaux quantifieurs, de la totalité à la quantité nulle.

Vous verrez qu'ils ne font rien comme nous, ces anglophones. Ils réservent certains quantifieurs à certains types de mots – et à certains types de phrases. Nous vous montrerons comment bien les choisir.

Quand on ne se prononce pas

Avec **some** et **any**, qui sont des quantifieurs complètement indéfinis, on n'apporte pas d'information sur la quantité. On constate simplement qu'il y a – ou qu'il n'y a pas – *du pain* (**some bread**), *de la soupe* (**some soup**), *des côtelettes* (**chops**), etc. En français, on traduit ces quantifieurs par *du*, *de la*, *des*, *un certain*, etc.

Some

Some indique que l'objet ou la personne qu'il annonce existe réellement. Donc, on le rencontre naturellement dans des phrases affirmatives :

- **I have bought some bread.**

  J'ai acheté du pain.
- **Some people like that movie.**

  Il y a des gens qui aiment ce film.
- **Albert spent some time out West.**

  Albert a passé un certain temps dans l'Ouest.

La quantité de temps n'est pas précisée mais elle n'est ni nulle ni maximale. C'est ce que *un certain* exprime en français.

On peut toutefois utiliser **some** dans des phrases interrogatives, en particulier pour offrir quelque chose : avec **some**, on sous-entend que la chose que l'on propose existe bel et bien. On ne pose pas vraiment une question ; c'est plutôt une invitation :

- **Would you like some more coffee, sir?**

  Voulez-vous encore du café, monsieur ?

Any

Any est encore plus indéfini que **some** car il laisse la possibilité d'une quantité nulle – c'est-à-dire que la chose ou la personne n'existe peut-être pas. Donc, on l'utilise dans les énoncés interrogatifs et négatifs à la place de **some** :

- **Do you have any questions?**

  Vous avez des questions ?
- **He doesn't have any money.**

  Il n'a pas d'argent.

On rencontre parfois **any** dans le sens de *n'importe quel* :

- **You should be prepared get through any situation.**

  Vous devriez être capable de vous tirer de n'importe quelle situation.

Les dérivés de some et any

Some et **any** ont des dérivés, pronoms ou adverbes, qui s'appliquent aux personnes, aux choses, aux lieux, aux moments et aux manières.

quelqu'un, n'importe qui	**someone, anyone** **somebody, anybody**
quelque chose	**something, anything**
quelque part, n'importe où	**somewhere, anywhere**
un jour, à un moment *parfois*	**sometime, anytime** **sometimes**
d'une manière ou d'une autre	**somehow, anyhow**

Il y a quelqu'un ?

Someone / somebody (pour les phrases affirmatives) et **anyone / anybody** (pour les phrases interrogatives ou négatives) sont des pronoms qui signifient *quelqu'un* :

- **There's someone at the door.**

  Il y a quelqu'un à la porte.
- **Does anybody know where he is?**

  Est-ce que quelqu'un sait où il est ?

EXERCICE

Ces amis en voyage ont un peu de mal à s'organiser. Aidez-les à compléter leurs phrases avec **some** ou ***any*** :

1. Kate doesn't have __________ money.

2. Pat wants to take __________ photos.

3. There's __________ water in the cooler.

4. We don't have __________ sandwiches.

5. There aren't __________ girls in this group.

6. I can't speak __________ foreign language.

7. I'd like to have __________ fresh fruit.

8. Would you like __________ tea?

9. There isn't __________ coffee left. Could you make some more?

10. __________ shops in this country don't accept credit cards.

Exprimez le contraire de ce que disent ces touristes en mettant ces phrases à la forme négative :

11. I need some help.

____

12. They gave me some brochures at the tourist office.

____

13. This low-cost company has some inexpensive flights.

____

14. I bought some tickets for the bus.

____

Quand on donne son avis sur la quantité

En anglais, on dispose d'un certain nombre de *quantifieurs indéfinis*, comme en français. Mais, particularité de l'anglais, certains sont réservés à des noms singuliers (pour des quantités non comptables) et d'autres à des noms pluriels (pour des quantités comptables).

Dans les colonnes ci-dessous :

- les mots de la colonne du milieu peuvent s'appliquer à des noms désignant des choses que l'on ne peut pas compter, donc que l'on met au singulier, comme **time** (*du temps*), **money** (*de l'argent*), **water** (*de l'eau*) ;
- les mots de la colonne de droite peuvent s'appliquer à des noms désignant des choses ou des personnes que l'on peut compter, donc que l'on met au pluriel, comme **books** (*des livres*), **people** (*des gens*), **countries** (*des pays*) ;
- les quantifieurs sont classés de la quantité nulle à la totalité.

Traduction	***Devant des noms singuliers***	***Devant des noms pluriels***
tout le / toute la / tous les / toutes les	all (the) / the whole	all (the)
la plupart de / des	most (of the)	most (of the)
une grande quantité de	plenty of / a great deal of	a large number of
beaucoup de	much / a lot of / lots of	many / a lot of / lots of
assez de	enough	enough
plusieurs	-	several
un peu de	a little	a few
peu de	little	few
pas de / aucun(e)	no / not any	no / not any

La totalité

All et the whole

All et **the whole** ont un sens proche mais s'emploient différemment.

All s'utilise indifféremment devant un singulier ou un pluriel tandis que **the whole** ne peut porter que sur un nom singulier et il insiste sur l'unité du tout.

Attention à la place de l'article **the** ou du possessif.

- **All the time. / The whole time.**

  Tout le temps.

- **All my life. / My whole life.**

  Toute ma vie.

- **Where did all the money go?**

  Mais où est parti tout l'argent ?

- **The whole city was congested.**

  Toute la ville était encombrée.

Every

Every peut avoir un sens très proche de **all**. **All women** et **every woman** signifient à peu près la même chose : *toutes les femmes*. Mais il faut faire très attention, car **every** a le sens de *chaque* ; donc, il est suivi d'un verbe au singulier :

- **Every child has a right to education.**

  Tous les enfants ont droit à l'éducation.

Les composés de **every**, **everybody** pour les personnes, et **everything** pour les objets, désignent la totalité. Ils sont aussi suivis d'un verbe au singulier :

- **Everybody knows that.**

  Tout le monde sait cela.

- **Everything was fine.**

  Tout allait très bien.

Tous les jours, toutes les semaines, tous les ans

On utilise couramment **every** devant les notions de temps.

I go to the cinema every week.

Je vais au cinéma toutes les semaines.

Every season has its charms.

Toutes les saisons ont leur charme.

Attention, comparez les exemples ci-dessous :

I work every morning.

Je travaille tous les matins.

I have worked all morning.

J'ai travaillé toute la matinée.

Une grande quantité

Much, many, a lot of

Dans les phrases interrogatives et négatives

Choisissez **much** (*beaucoup de*) devant un nom singulier.

Choisissez **many** (*beaucoup de*) devant un nom pluriel.

- **We didn't have much time.**

  Nous n'avons pas eu beaucoup de temps.
- **She doesn't have many friends.**

  Elle n'a pas beaucoup d'amis.

Dans les phrases affirmatives

On préfère généralement employer **a lot of**, ou **lots of** qui sont un peu plus familiers – et on réserve plutôt **much** et **many** aux phrases interrogatives et négatives.

- **I've got a lot of work to do.**

  J'ai beaucoup de travail à faire.

Une petite quantité

Choisissez **little** (*peu de*) et *a* **little** (*un peu de*) devant un nom singulier.

Choisissez **few** (*peu de*) et **a few** (*un peu de*) devant un nom pluriel.

- **There's a little coffee left. Do you want some?**

  Il reste un peu de café. En voulez-vous ?
- **There was very little fresh water on board the submarine.**

  Il y avait très peu d'eau potable à bord du sous-marin.

Dans la langue courante, on emploie plus volontiers **not much** et **not many**.

- **We didn't have much time.**

  Nous n'avons pas eu beaucoup de temps.

Une quantité nulle

No

Pas vraiment de problème avec **no**, puisqu'il peut précéder un nom singulier ou un nom pluriel :

- **I have no idea.**

  Je n'ai aucune idée.

On ne peut jamais avoir deux négations dans une phrase en anglais. Le verbe doit donc être à la forme affirmative. Observez bien la traduction ci-dessous. Le français a un verbe à la forme négative tandis que l'anglais a un verbe à la forme affirmative :

- **I wrote to him but got no reply.**
  Je lui ai écrit mais je n'ai pas eu de réponse.

Les dérivés de no

No entre dans la composition de pronoms ou adverbes qui s'appliquent aux personnes, aux choses et aux lieux. Ceux-ci se comportent comme **no** : jamais d'autre négation dans la phrase.

Il n'y a personne ?

No one ou **nobody** (*personne*) s'appliquent uniquement à des personnes :

- **Nobody knows where he is.**
  Personne ne sait où il est.

Rien du tout

Nothing (*rien*) est un pronom qui s'applique à des choses :

- **I have nothing to lose.**
  Je n'ai rien à perdre.

Nulle part

Nowhere (*nulle part*) est un adverbe :

- **He was nowhere to be found.**
  On ne l'a trouvé nulle part.

Traduisez en anglais :

15. Il n'y a pas beaucoup de pollution ici.

____

16. Il n'y a pas grand-chose à faire dans ce village.

____

17. Peu de gens connaissent ce village.

____

18. Il n'y a pas beaucoup de travail dans cette région.

____

19. Il n'y a pas beaucoup d'usines.

____

Dites le contraire en utilisant **no**, **nothing**, **nobody** :

20. Eveything is inexpensive in London.

____

21. Almost everybody takes theirs cars in London.

____

22. Sometimes, there are a lot of passengers on late night buses.

____

23. There are many buses after 2 o'clock at night.

____

24. There are lots of car parks in the city centre.

____

Pour visiter Londres, rien de mieux que le bus à impériale ! Complétez cette publicité avec les mots suivants : **no – any – everything – most of – a lot of – plenty of – lots of** :

25. Welcome to the Big Bus Sightseeing Tour of London.

Our open-top bus tour takes you to ____________ London's famous landmarks and reveals ____________ about London's 2,000-year history. A live commentary gives you ____________ information about what you see. Our 24-hour ticket gives you ____________ time to explore ____________ London's popular attractions. We promise you won't miss ____________ place of interest. It will be a relaxing tour, with ____________ extra cost. Even if you have already visited London, our guides will reveal ____________ fascinating details.

Corrigés

1. Kate doesn't have **any** money.

2. Pat wants to take **some** photos.

3. There's **some** water in the cooler.

4. We don't have **any** sandwiches.

5. There aren't **any** girls in this group.

6. I can't speak **any** foreign language.

7. I'd like to have **some** fresh fruit.

8. Would you like **some** tea?

9. There isn't **any** coffee left. Could you make some more?

10. **Some** shops in this country don't accept credit cards.

11. I don't need any help.

12. They didn't give me any brochures at the tourist office.

13. This low-cost company doesn't have any inexpensive flights.

14. I didn't buy any tickets for the bus.

15. There isn't much pollution here.

16. There isn't much to do in this village.

17. Few people know this village.

18. There isn't much work in this area.

19. There aren't many factories.

20. Nothing is inexpensive in London.

21. Almost nobody takes theirs cars in London.

22. Sometimes, there are no passengers on late night buses.

23. There are no buses after 2 o'clock at night.

24. There are no car parks in the city centre.

25. Welcome to the Big Bus Sightseeing Tour of London.

Our open-top bus tour takes you to **most of** London's famous landmarks and reveals **everything** about London's 2,000-year history. A live commentary gives you **a lot of** information about what you see. Our 24-hour ticket gives you **plenty of** time to explore all London's popular attractions. We promise you won't miss **any** place of interest. It will be a relaxing tour, with **no** extra cost. Even if you have already visited London, our guides will reveal **lots of** fascinating details.

Chapitre 10

Décrire et comparer avec des adjectifs

Dans ce chapitre :

- Décrire et informer avec des adjectifs
- Placer les adjectifs dans la phrase
- Comparer un élément à un autre
- Comparer un élément à l'ensemble de sa catégorie

Pour décrire les choses et les personnes de manière riche et intéressante, il faut savoir utiliser les adjectifs et les adverbes. Ils vous permettent de faire saisir à vos interlocuteurs les qualités physiques ou les traits de personnalité de personnes dont vous faites le portrait ou les caractéristiques des objets, lieux ou événements que vous évoquez. Vous pourrez aussi transmettre des informations bien plus précises et plus vivantes pour parler de tout ce qui vous entoure.

Si vous dites **New York is a city** (*New York est une ville*) ou bien **New York is a huge and very lively city** (*New York est une immense ville très animée*), vous dites la même chose, mais la seconde phrase est nettement plus intéressante grâce à l'utilisation des adjectifs.

Et puis, nous verrons comment comparer pour situer les choses et les personnes par rapport à leur environnement, et comment contraster les personnes, les objets, les idées et les activités. Tout cela est aussi bien utile.

Enfin, on a parfois besoin de dire d'une personne qu'elle est la plus belle de toutes ou d'un objet qu'il est le plus utile ou le plus beau. Nous verrons aussi comment faire dans ce chapitre.

Décrire avec des adjectifs

Quand vous utilisez des adjectifs vous décrivez un nom ou un pronom pour que vos lecteurs ou vos interlocuteurs partagent des informations ou des impressions sur ce que désigne ce nom ou ce pronom.

Accord

Facile ! À la différence du français, les adjectifs sont invariables en anglais. Pas de masculin, pas de féminin ni de neutre, pas de pluriel ! Cela simplifie votre travail.

- **She is wearing a blue dress and nice red shoes.**

  Elle porte une jupe bleue et de jolies chaussures rouges.

La place des adjectifs

Les adjectifs épithètes

Les adjectifs épithètes sont ceux qui sont directement collés au nom ou au pronom qu'ils décrivent ou précisent. En français, ils se répartissent à droite et à gauche du nom selon des règles liées à l'usage. En anglais, une règle générale : les adjectifs se placent toujours avant le nom qu'ils qualifient :

- **A beautiful old city**

  Une belle ville ancienne

Quelques exceptions

Quelques adjectifs se placent après le nom : **available** (*disponible*), **concerned** (*concerné*), **involved** (*impliqué*), **possible** (*possible*), etc.

All the people available are here.

Tous les gens disponibles sont ici.

Les adjectifs numéraux cardinaux se placent après le nom pour numéroter des pages, des chapitres, etc. :

See chapter four, lesson three, paragraph two.

Voir chapitre quatre, leçon trois, paragraphe deux.

Les adjectifs attributs

Les adjectifs attributs sont séparés du nom ou du pronom qu'ils précisent ou décrivent par un verbe d'état, comme **be** (*être*), **look** (*avoir l'air*), **feel** (*se sentir*), **remain** (*rester*), etc.

Ils sont séparés par une virgule et le dernier est précédé de **and :**

- **This young man is dynamic, patient and creative.**

  Ce jeune homme est dynamique, patient et créatif.

Ordre des adjectifs

Lorsqu'il y a plusieurs adjectifs pour qualifier un nom, on place toujours au plus près du nom, c'est-à-dire en dernier, l'adjectif qui lui est le plus proche.

On place au plus loin du nom, c'est-à-dire en premier, les adjectifs qui expriment une appréciation ou une opinion. Puis, on place dans l'ordre, en se rapprochant du nom, ce qui lui est le plus attaché : la taille, le poids, l'âge, la forme, la couleur, la nationalité et la matière.

Dans l'exemple ci-dessous, vous trouvez l'ordre suivant : opinion – couleur – matière :

- **A horrible pink plastic vase.**

  Un horrible vase rose en plastique.

Opinion	**nice** (*joli*), **funny** (*drôle*), **lovely** (*adorable*)
Taille, poids	**big** (*gros*), **small** (*petit*), **heavy** (*lourd*)
Âge	**old** (*vieux*), **new** (*neuf*), **young** (*jeune*)
Forme	**round** (*rond*), **square** (*carré*)
Couleur	**green** (*vert*), **red** (*rouge*), **blue** (*bleu*)
Nationalité	**Italian** (*italien*), **English** (*anglais*)
Matière	**wooden** (*en bois*), **cotton** (*en coton*)

EXERCICE

Mettez de l'ordre dans ces mots !

1. apple / ripe / green / delicious

A ______________________________

2. eyes / green / lovely

____

3. jacket / cotton / green / new

A ______________________________

4. hat / cotton / funny / green

A ______________________________

5. magazine / English / strange

A ______________________________

6. girl / skinny / short

A ______________________________

7. jumper / woollen / large / black

A ______________________________

8. house / beautiful / modern / small

A ______________________________

Les compléments des adjectifs

De nombreux adjectifs se construisent avec une préposition qui introduit un complément. C'est le dictionnaire qui vous indiquera la bonne préposition. Attention, il y a beaucoup de différences avec le français :

- **Thank you, it's very kind of you.**
  Merci. C'est très gentil à vous.
- **He is always kind to his little sister.**
  Il est toujours gentil avec sa petite sœur.
- **Who is responsible for this situation?**
  Qui est responsable de cette situation ?

Quelques exemples

- angry / furious **about** something / **with** someone
  en colère à propos de quelque chose / contre quelqu'un
- pleased / disappointed / satisfied **with** something
  content / déçu / satisfait de quelque chose
- surprised / shocked / amazed / astonished **at** / **by** something
  surpris / choqué / stupéfait / étonné par quelque chose
- afraid / scared / frightened / terrified **of** someone / something
  apeuré / effrayé / terrifié par quelqu'un ou quelque chose
- (be) proud / ashamed **of** someone / something
  (être) fier de / (avoir) honte de quelque chose ou quelqu'un
- good / bad / excellent / hopeless **at** something
  bon / mauvais / excellent / nul en quelque chose
- married **to** someone
  marié avec
- sorry **about** something / for doing something
  désolé de quelque chose / d'avoir fait quelque chose
- interested **in** something
  intéressé par
- (be) fond **of** something / someone
  aimer quelque chose / quelqu'un
- (be) short **of** something
  être à court de quelque chose
- (be) keen **on** something
  avoir envie de quelque chose
- different **from** someone / something
  différent de quelqu'un / quelque chose
- responsible **for** something
  responsable de quelque chose

Introduire un verbe

Le complément peut être un nom ou un pronom, comme dans les exemples ci-dessus, ou bien un verbe auquel on ajoute la terminaison **-ing** pour le transformer en nom :

I am sorry for being late.

Je suis désolé d'être en retard.

Les participes employés comme adjectifs

Comme on le fait en français avec le participe passé et le participe présent, on peut utiliser des verbes pour en faire des adjectifs.

Il faut bien distinguer les deux formes : **V-ed** a un sens passif tandis que **V-ing** a un sens actif :

- **I was fascinated.**

  J'ai été fasciné.

- **I found this fascinating!**

  J'ai trouvé cela fascinant !

Les adjectifs composés

On peut associer à un adjectif un nom, un verbe ou un adverbe pour obtenir un adjectif composé. Comme dans le cas des noms composés, c'est le dernier élément qui est l'élément principal, le premier servant à le compléter. Donc, on traduit en commençant par la fin !

- **It is a densely-populated area.**

  C'est une zone peuplée de manière dense.

Pas de s dans un adjectif !

Un nom entrant dans la composition d'un adjectif ne prend pas la marque du pluriel.

He has a five-year-old little boy.

Il a un petit garçon de cinq ans.

Avec un nom

On peut combiner l'adjectif avec un nom auquel on ajoute une terminaison **-ed :**

- **She lived in an old-fashioned house, but was kind-hearted.**

  Elle vivait dans une maison démodée, mais elle avait bon cœur.

Quelques exemples :

- **be cold-blooded** *avoir du sang-froid*
- **be kind-hearted** *avoir bon cœur*
- **be old-fashioned** *être démodé*
- **be open-minded** *avoir l'esprit ouvert*
- **be narrow-minded** *avoir l'esprit étroit*
- **be fair-haired** *avoir les cheveux blonds*
- **be well-behaved** *être bien élevé*
- **be one-eyed** *être borgne*
- **be brightly-coloured** *être très coloré*
- **be deeply-rooted** *être profondément enraciné*

On peut combiner l'adjectif avec un verbe auquel on ajoute une terminaison **–ing :**

- **It's a never-ending process.**
  C'est un processus qui n'a pas de fin.

Quelques exemples :

- **be never-ending** *ne pas avoir de fin*
- **be good-looking** *être beau*
- **be hard-wearing** *être résistant*
- **be long-lasting** *être durable*
- **be time-saving** *faire gagner du temps*
- **be labour-saving** *faciliter le travail*
- **be English-speaking** *être anglophone*

EXERCICE

Traduisez ces phrases en français :

9. Most animals are warm-blooded but all reptiles are cold-blooded.

____

10. The sun-dried tomatoes that we sell are world-famous.

____

11. The dishes he had prepared were all mouth-watering.

____

12. Julia is a red-haired Irish-looking girl.

____

13. They sell second-hand books in this shop.

____

14. I need glasses because I am short-sighted.

____

Ces adjectifs qu'on utilise comme des noms

En français, on transforme volontiers les adjectifs en noms. On parle de *gens riches* mais on peut aussi dire *les riches*, *des riches* ou même *un riche*.

En anglais les règles sont beaucoup plus strictes.

Un mot pour tous

On peut utiliser un adjectif comme nom mais, dans ce cas, on désigne nécessairement l'ensemble de la catégorie : tous les riches, tous les pauvres, tous les handicapés…

Deux règles à connaître :

- Les adjectifs sont invariables – donc, pas de **s** et, quand même, un verbe au pluriel ;
- Ils sont toujours précédés de l'article **the** (puisqu'ils désignent toute la catégorie).

  The rich are getting richer.

  Les riches deviennent de plus en plus riches.

Et pour parler d'un groupe ou d'une personne ?

Il faut associer à l'adjectif un nom ou un pronom qu'on choisit en fonction du sens : **man**, **woman**, **person**, **people**, **one(s)**, etc. :

- **Some handicapped people have specially designed cars.**

  Certains handicapés ont une voiture spécialement aménagée.

Quelques exceptions

Quelques adjectifs sont tellement souvent utilisés comme noms qu'ils sont devenus des noms et prennent un **s**. On rencontre **some Whites** (*des Blancs*), **the Blacks** (*les Noirs*), etc. :

Some Hispanics don't speak English in Florida.

Certains hispaniques ne parlent pas anglais en Floride.

Les adjectifs de nationalité

Les adjectifs de nationalité prennent toujours une majuscule en anglais.

Les adjectifs terminés par -sh ou -ch

Les adjectifs comme **French** (*français*), **British** (*britannique*), **English** (*anglais*), **Dutch** (*hollandais*), etc. se comportent comme les adjectifs employés comme noms (voir plus haut).

- **the English** — *les Anglais* (= tous les Anglais).
- **some English people** — *des Anglais*
- **an Englishman** — *un Anglais*
- **an Englishwoman / an English girl** — *une Anglaise*

Les adjectifs terminés par -ese

Les mots **Chinese**, **Japanese**, **Portuguese**, **Vietnamese** sont à la fois adjectifs et noms mais les noms ne prennent pas de **s** au pluriel :

- **Some rich Chinese travel to Europe.**

  Certains Chinois riches voyagent en Europe.

Les adjectifs terminés par -an

Ces adjectifs, les plus nombreux, sont semblables aux noms de nationalité qui leur correspondent.

- **Australian, an Australian** — *australien, un Australien*
- **American, an American** — *américain, un Américain*
- **German, a German** — *allemand, un Allemand*
- **Italian, an Italian** — *italien, un Italien*
- **Norwegian, a Norwegian** — *norvégien, un Norvégien*

Les adjectifs différents des noms

- **Scottish, a Scot/a Scotsman** — *écossais, un Écossais*
- **Spanish, a Spaniard** — *espagnol un Espagnol*
- **Polish, a Pole** — *polonais, un Polonais*
- **Turkish, a Turk** — *turc, un Turc*

Les adjectifs désignant une langue

Les adjectifs employés comme noms pour désigner une langue ne prennent pas d'article mais ont toujours une majuscule :

- **I find Japanese difficult.**

  Je trouve que le japonais est difficile.

Ne pas confondre la langue et les gens qui la parlent

I like English.
J'aime l'anglais.

I like the English.
J'aime les Anglais.

Choisissez la bonne solution :

15. Robin Hood was famous for robbing (**rich – the rich – the riches**) to give to (**poor – the poor – the poors**).

16. Look! There is a ramp for wheel-chairs. This time (**the disabled – disableds – the disableds**) have not been forgotten.

17. Two languages are spoken in Belgium (**the Dutch, the French – dutch, and french – Dutch and French**).

18. A proverb: "(**The absents – Absents – The absent**) are always wrong."

19. My friend works in a school for (**the blinds – the blind – blinds**). He teaches Braille to young students.

20. Why have you bought a Japanese car? Because (**the Japanese – the Japaneses – Japanese**) make very good cars.

Les comparatifs

Pour comparer des choses, des personnes ou des idées entre elles, on utilise des comparatifs.

On dispose, comme en français, de trois « degrés » : les comparatifs de supériorité, d'infériorité ou d'égalité.

Pour comparer des choses, des personnes ou des idées à l'ensemble de leur catégorie, on utilise des superlatifs.

Le comparatif d'égalité

Avec le comparatif d'égalité, on constate une équivalence entre deux noms.

Dans une phrase affirmative

On utilise **as** + adjectif + **as** :

- **Jack is as intelligent as Jill.**

  Jack est aussi intelligent que Jill.

Dans une phrase négative

On a le choix entre **not as** + adjectif + **as** et **not so** + adjectif + **as :**

- **Ann is not as tall as her brother.**

  Ann n'est pas aussi grande que son frère.

> **C'est tout pareil !**
>
> Pour insister sur la similitude, on peut utiliser l'expression **the same as :**
>
> **Your car is the same as mine.**
>
> *Votre voiture est la même que la mienne.*

Le comparatif de supériorité

Les ingrédients

Un adjectif (avec un problème à résoudre : on a deux formes selon que l'adjectif est court ou long) ;

Une terminaison **-er** ou bien le mot **more** ;

Un autre mot pour introduire le complément, **than**.

Comment faire avec les adjectifs courts ?

On forme le comparatif en ajoutant la terminaison **-er :**

- **short** (*court*) → **shorter** (*plus court*)
- **long** (*long*) → **longer** (*plus long*)
- **cold** (*froid*) → **colder** (*plus froid*)

  It's colder in Scotland than in London.

  Il fait plus froid en Écosse qu'à Londres.

> **Les problèmes de terminaison**
>
> La terminaison **-y** de l'adjectif devient **-ier** au comparatif.
>
> **dry** (*sec*) → **drier** (*plus sec*)
>
> La terminaison **-e** de l'adjectif devient **-er.**
>
> **nice** (*agréable*) → **nicer** (*plus agréable*)
>
> La terminaison voyelle + consonne de l'adjectif devient voyelle + consonne doublée + **-er.**
>
> **thin** (*mince*) → **thinner** (*plus mince*)
>
> **big** (*gros*) → **bigger** (*plus gros*)

Comment faire avec les adjectifs longs ?

On forme le comparatif en ajoutant **more** devant l'adjectif.

- **BBC programmes are more interesting than ITV programmes.**

  Les programmes de la BBC sont plus intéressants que ceux d'ITV.

Courts ou longs : comment savoir ?

Une syllabe. Facile, ils sont tous « courts » :

- **quick** (rapide) → **quicker** (plus rapide)

Trois syllabes (ou quatre). Facile, ils sont tous « longs » :

- **comfortable** (confortable) → **more comfortable** (plus confortable)

Deux syllabes. Aïe. Ça se complique. On considère comme courts les adjectifs terminés par **-y**, **-ow**, **-le** ou **-er :**

- **easy** (*facile*) → **easier** (*plus facile*)
- **narrow** (*étroit*) → **narrower** (*plus étroit*)
- **noble** (*noble*) → **nobler** (*plus noble*)
- **clever** (*malin*) → **cleverer** (*plus malin*)

On considère comme longs les adjectifs terminés par **-ful**, **-re**, **-ing**, **-ed** ou **-less** :

- **painful** (*pénible*) → **more painful** (*plus pénible*)
- **daring** (*audacieux*) → **more daring** (*plus audacieux*)
- **sacred** (*sacré*) → **more sacred** (*plus sacré*)
- **hopeless** (*désespéré*) → **more hopeless** (*plus désespéré*)

Quelques comparatifs irréguliers

good (*bon*) →**better** (*meilleur*)

bad (*mauvais*) → **worse** (*pire*)

Ces adjectifs se trouvent souvent dans des composés :

well-known (*bien connu*) → **better known** (*mieux connu*)

Emploi

Le comparatif de supériorité, comme son nom l'indique, établit la supériorité d'un élément par rapport à un autre.

Dans l'exemple ci-dessous, l'autre élément de comparaison n'est pas dit, mais on le devine : c'est le temps d'hier :

- **The weather is better today.**

  Il fait plus beau aujourd'hui.

Les adverbes qui modifient le comparatif

On peut moduler la comparaison avec des quantifieurs comme **a little** (*un peu*), **much** (*beaucoup*), **far** (*beaucoup*), **slighltly** (*légèrement*), etc. :

- **I think your idea is much better that John's.**

  Je pense que votre idée est bien meilleure que celle de John.

De plus en plus..., de moins en moins...

- Avec des adjectifs courts : adjectif + **-er and** adjectif + **-er :**

  This is a bigger and bigger issue.

  C'est un problème de plus en plus important.

- Avec des adjectifs longs : **more and more** + adjectif :

  Energy is becoming more and more expensive.

  L'énergie devient de plus en plus chère.

Le comparatif d'infériorité

Il n'est pas très employé en anglais. On préfère utiliser les comparatifs d'égalité à la forme négative : *il n'est pas aussi… que*. Mais il existe, il faut savoir le reconnaître.

On forme le comparatif d'infériorité en utilisant : **less** + adjectif + **than**.

Pas de distinction savante entre court et long !

- **This book is less interesting than the one I read yesterday.**

  Ce livre est moins intéressant que celui que j'ai lu hier.

Comparez les éléments donnés avec un comparatif :

21. Chinese – Italian – difficult

____

22. New York – Paris – big

____

23. Chimpanzees – cows – intelligent

____

24. A street – a boulevard – narrow

____

25. Chess – many card games – complicated

____

26. Vegetables – sweets – good for your health

____

Le superlatif de supériorité

La forme du superlatif, comme celle du comparatif, dépend de la longueur de l'adjectif ou de l'adverbe.

Les ingrédients

- Un article **the** ;
- Un adjectif (court ou long) ;
- Une terminaison **-est** ou bien le mot most ;
- Un autre mot pour introduire le complément, **of** ou **in**.

Les adjectifs courts

On forme le superlatif d'un adjectif court en ajoutant la terminaison **-est** à l'adjectif précédé de l'article **the :**

short (court) → the shortest (le plus court)

Les problèmes de terminaison

La terminaison **-y** de l'adjectif devient **-iest** au superlatif.

dry (*sec*) → **the driest** (*le plus sec*)

La terminaison **-e** de l'adjectif devient **-est**.

nice (*agréable*) → **the nicest** (*le plus agréable*)

La terminaison voyelle + consonne de l'adjectif devient voyelle + consonne doublée + **-est**.

thin (*mince*) → **the thinnest** (*le plus mince*)

big (*gros*) → **the biggest** (*le plus gros*)

Les adjectifs longs

On forme le superlatif d'un adjectif long en ajoutant **the most** devant l'adjectif.

- **This is the most interesting play I have ever seen.**
  C'est la pièce la plus intéressante que j'aie jamais vue.

Les superlatifs irréguliers

Quelques superlatifs irréguliers

good (*bon*) → **the best** (*le meilleur*)

bad (*mauvais*) → **the worst** (*le pire*)

Ces adjectifs se trouvent souvent dans des composés :

well-known (*bien connu*) → **the best-known** (*le mieux connu*)

Emploi

Le superlatif permet de comparer un élément à l'ensemble de sa catégorie.

Dans l'exemple ci-dessous, on compare la petite fille à toutes les autres dans le monde :

- **You are the nicest little girl in the world!**
  Tu es la plus jolie petite fille du monde !

Le complément du superlatif

Le complément est introduit par **in** ou **of** ou une relative (voir chapitre 22, « Donner les précisions avec une relative »).

Les prépositions in et of

In est utilisé pour introduire un lieu, un groupe de personnes ou une période de temps :

- **I think this is the best restaurant in the city.**
  Je pense que c'est le meilleur restaurant de la ville.
- **Arthur is the quickest runner in the team.**
  Arthur est le coureur le plus rapide de l'équipe.

Of est utilisé dans tous les autres cas, particulièrement dans les contextes abstraits :

- **The most interesting aspect of the question.**
  L'aspect le plus intéressant de la question.

Une proposition relative

On peut aussi identifier l'ensemble par une proposition relative introduite par **that** ou **Ø** :

- **It was the most terrifying thing that ever happened to me.**
  Ce fut la chose la plus terrifiante qui me soit jamais arrivée.

EXERCICE

Choisissez entre le superlatif et le comparatif. N'oubliez pas **than** si vous avez choisi un comparatif et l'article **the** si vous avez choisi un superlatif.

27. Russian grammar is ... English grammar. (**difficult**)

____

28. The Mont Blanc is … mountain in France. (**high**)

____

29. This exercise is not difficult; it is … I expected. (**easy**)

____

30. I enjoyed my Florida holidays. I found people … in many place. (**friendly**)

____

31. It's much ... in April. (**cold in December**)

____

32. We've had terrible weather. I hope it will be ... next week. (**good**)

____

33. The Pacific Ocean is ... ocean in the world. It is ... the Atlantic. (**large**)

____

EXERCICE

Choisissez un élément dans chacune des listes pour compléter les amorces. Mettez les adjectifs au superlatif.

A: **rich – busy – long – high – intelligent – cold**

B: **mountains in the world – person in history – shopping day – river in the world – people on earth – country in the world**

34. The Mississippi ______________________________

35. Albert Einstein ______________________________

36. The Himalayas ______________________________

37. Forbes gives the list ______________________________

38. Nunavut in Canada ______________________________

39. The day before Christmas ______________________________

Corrigés

1. A delicious ripe green apple

2. Lovely green eyes

3. A new green cotton jacket

4. A funny green cotton hat

5. A strange English magazine

6. A short skinny girl

7. A large black woollen jumper

8. A beautiful small modern house

9. La plupart des animaux ont le sang chaud mais tous les reptiles ont le sang froid.

10. Les tomates séchées au soleil que nous vendons sont célèbres dans le monde entier.

11. Les plats qu'il avait préparés nous mettaient l'eau à la bouche.

12. Julia est une fille qui a les cheveux roux et a l'air irlandaise.

13. On vend des livres d'occasion (de deuxième main) dans ce magasin.

14. J'ai besoin de lunettes car je suis myope (j'ai la vue courte).

15. Robin Hood was famous for robbing **the rich** to give to **the poor**.

16. Look! There is a ramp for wheel-chairs. This time **the disabled** have not been forgotten.

17. Two languages are spoken in Belgium: **Dutch and French**.

18. A proverb: "**The absent** are always wrong."

19. My friend works in a school for **the blind**. He teaches Braille to young students.

20. Why have you bought a Japanese car? Because **the Japanese** make very good cars.

21. Chinese is more difficult than Italian.

22. New York is bigger than Paris.

23. Chimpanzees are more intelligent than cows.

24. A street is narrower than a boulevard.

25. Chess is more complicated than many card games.

26. Vegetables are better for your health than sweets.

27. Russian grammar is **more difficult than** English grammar.

28. The Mont Blanc is **the highest** mountain in France.

29. This exercise is not difficult; it is **easier than** I expected.

30. I enjoyed my Florida holidays. I found people **friendlier than** in many place.

31. It's much **colder in December than** in April.

32. We've had terrible weather. I hope it will be **better** next week.

33. The Pacific Ocean is **the largest** ocean in the world. It is **larger than** the Atlantic.

34. The Mississippi is the longest river in the world.

35. Albert Einstein was the most intelligent person in history.

36. The Himalayas are the highest mountains in the world.

37. Forbes gives the list of the richest people on earth.

38. Nunavut in Canada is the coldest country in the world.

39. The day before Christmas is the busiest shopping day.

Chapitre 11

Des prépositions pour de bonnes connexions

Dans ce chapitre :

- Choisir la bonne préposition de temps
- Choisir la bonne préposition de lieu
- Utiliser d'autres prépositions
- Identifier les verbes anglais qui ont besoin d'une préposition
- Identifier les verbes anglais qui n'ont pas besoin de préposition

Les prépositions sont des petits mots qui, associés au nom ou au pronom devant lequel ils sont placés, apportent des informations sur les circonstances, c'est pourquoi on appelle souvent l'ensemble préposition + nom « complément circonstanciel ».

Ces circonstances peuvent être la localisation, la manière, le temps, le moyen, etc. Prenons un exemple : *J'ai rencontré Jean*. Nous avons une phrase simple, qui évoque un événement. Si vous dites : *J'ai rencontré Jean au marché*, vous ajoutez une information concernant le lieu. Vous pouvez compléter de cette manière : *J'ai rencontré Jean au marché à 11 heures.* Vous avez ajouté une information concernant le temps. Dans cet exemple, nous avons la préposition de lieu *au* (= à le) et la préposition de temps *à*.

Dans ce chapitre, nous allons examiner les diverses prépositions de l'anglais, par catégories. Nous verrons aussi comment choisir la bonne préposition. Ensuite, nous observerons des listes de verbes qui exigent telle ou telle préposition ou qui n'en nécessitent pas.

À la fin de ce chapitre, vous pourrez donner à vos interlocuteurs toutes les précisions que vous souhaitez sur les circonstances des événements que vous racontez !

Le temps

Comment faire pour situer un événement dans le temps ? On peut donner une date… on peut dire combien de temps s'est passé depuis cet événement, on peut parler de sa durée, etc.

Quel jour ? Quelle heure ?

On choisit la préposition selon le type de complément que l'on veut introduire.

- **In** devant une année :

  He was born in 1957.

  Il est né en 1957.

- **On** devant un jour :

  She was born on May 5th.

  Elle est née le 5 mai.

- **In** devant une période de la journée :

  I usually go shopping in the morning.

  Je vais généralement faire les courses le matin.

- **At** devant une heure ou un moment précis :

  The train arrives at 10:45.

  Le train arrive à 10 h 45.

  I never go home at lunchtime.

  Je ne rentre jamais à la maison à l'heure du déjeuner.

Depuis : ago

Ago indique à quel moment dans le passé remonte l'événement dont on parle.

La place de ago

Une bizarrerie de l'anglais… C'est la seule préposition qui se place après le complément. On calcule le temps qui s'est écoulé depuis le moment où l'événement a eu lieu :

- **He went to Australia three years ago.**

  Il est allé en Australie il y a trois ans.

Il y a

Attention ! **Ago** ne traduit la tournure française *il y a* que pour le repérage dans le temps. Dans les autres cas, on dit **there is / there are :**

- **A very long time ago, there were dinosaurs.**

  Il y a bien longtemps, il y avait des dinosaures.

Pendant : during ou for ?

During

Choisissez *during* pour situer votre événement à l'intérieur d'un autre : pendant les vacances, pendant la guerre, pendant le voyage, pendant un séjour, etc. :

- **I travelled a lot during the holidays.**

  Pendant les vacances, j'ai beaucoup voyagé.

For

Choisissez **for** associé à un verbe au passé devant une indication de durée : des heures, des années, des siècles, etc. :

- **I lived in England for five years.**

  J'ai habité à New York pendant cinq ans.

Depuis : for ou since ?

For

For associé à un verbe au present perfect introduit la durée d'un événement non terminé. Remarquez que le temps du verbe en français est le présent :

- **I have been working on this project for weeks.**

  Je travaille sur ce projet depuis des semaines.

Since

Since associé à un verbe au *present perfect* introduit la date ou le moment où un événement a commencé. Comme avec **for**, le temps du verbe en français est le présent :

- **John has worked in this bank since 2005.**

  John travaille dans cette banque depuis 2005.

De… jusqu'à… : from… to… ou till / until ?

From… to…

Ces deux prépositions peuvent délimitent les bornes d'une période de temps :

- **The store is open from 9 to 7.**

  Le magasin est ouvert de 9 heures à 19 heures.

Till / until

Si on ne mentionne pas le point de départ, on utilise **till** ou **until** (qui sont équivalents) :

- **I'll stay until Monday.**

  Je vais rester jusqu'à lundi.

Classez les expressions suivantes dans la bonne case : les ferez-vous précéder de **on**, de **in** ou de **at** ?

two months – dinner time – June – Saturdays – the afternoon – July the fourteenth – the year 2035 – seven o'clock – the morning – Sunday – night – May 2011

on...	*in...*	*at...*

Le lieu

C'est la catégorie la plus nombreuse ! On a très souvent besoin de préciser où se trouvent les choses.

À = at / to

- **At** pour indiquer où on se trouve :

  David is not here. He is at school.

  David n'est pas ici. Il est à l'école.

- **To** avec un verbe de mouvement :

  David goes to school by bus.

  David va à l'école en bus.

Dans = in / into

- **In** pour indiquer où on se trouve :

  Look at this tiger. It's walking in its cage.

  Regarde ce tigre. Il marche dans sa cage.

- **Into** avec un verbe de mouvement :

  Look at this tiger. It's walking into its cage.

  Regarde ce tigre. Il entre dans sa cage.

De = from / to

- **From** pour indiquer la provenance :

  The plane from New York has been cancelled.

  L'avion de New York a été annulé.

- **To** pour indiquer une direction :

  The plane to New York is always full.

  L'avion de New York est toujours plein.

Up et down : deux prépositions qui n'existent pas en français

- **Up** indique un mouvement ou une localisation vers le haut :

  She ran up the stairs.

  Elle a monté les escaliers en courant.

- **Down** indique un mouvement ou une localisation vers le bas :

  The kitchen is down the stairs.

  La cuisine est en bas de l'escalier.

Autres prépositions de lieu

above	*au-dessus de*
across	*à travers, de l'autre côté de*
along	*le long de*
around	*autour de*
behind	*derrière*
below	*au-dessous de*
between	*entre*
in front of	*devant*
near / close to	*près de*
next to	*à côté de*
off	*au large de / éloigné de*
on	*sur, dans* (un bus, un train)
opposite	*en face de*
over	*par-dessus*
towards	*vers*
under	*sous*

Comment traduire en chassé-croisé ?

Les verbes de mouvement associés à des prépositions ne fonctionnent pas comme en français.

En anglais, le verbe exprime la manière dont s'effectue le mouvement tandis que la préposition et son complément indiquent l'aboutissement ou la direction du mouvement.

Dans l'exemple ci-dessous, **sailed** est traduit par *à la voile* et **across** par *a traversé :*

He sailed across the Atlantic.

Il a traversé l'Atlantique à la voile.

They ran around the block.

Ils ont fait le tour du pâté de maisons en courant.

EXERCICE

Complétez la biographie de cet Australien avec les prépositions qui conviennent : **in**, **off**, **to** ou **from**.

1. Originally, our family came ________ England.

2. My great grandparents decided to come ________ Australia in the 1930s.

3. They first settled ________Melbourne.

4. And then, they moved ________Brisbane.

5. My uncle moved ________Tasmania, an island which is located ________Melbourne.

EXERCICE

Vous étudiez les dépliants des hôtels pour faire votre choix et trouvez quatre propositions différentes. Complétez les indications avec quatre prépositions différentes, puis traduisez la phrase obtenue.

6. Our hotel is located ____________ the cathedral.

Notre hôtel est situé ________________________________

7. Our hotel is located ____________the cathedral.

Notre hôtel est situé ________________________________

8. Our hotel is located ____________the cathedral.

Notre hôtel est situé ________________________________

9. Our hotel is located ____________the cathedral.

Notre hôtel est situé ________________________________

EXERCICE

Traduisez ces phrases en français :

10. She swam across the river.

____

11. She immediately ran off.

____

12. They ran down the stairs.

____

13. They drive along the river.

____

14. I cycled through the city.

____

D'autres prépositions pour d'autres connexions

Le lieu et le temps sont les catégories les plus importantes. Mais il y a bien d'autres sortes de connexions possibles.

- *À cause de* **Because of**

  We cancelled the picnic because of the rain.

  Nous avons annulé le pique-nique à cause de la pluie.

- *Au lieu de* **Instead of**

  We went to the cinema instead of that.

  Nous sommes allés au cinéma au lieu de cela.

- *Avec* **With**

  I work with my father.

  Je travaille avec mon père.

- *Comme* **Like**

  He looks like her brother.

  Il ressemble à son frère.

- *Contre* **Against**

  Everybody was against this idea.

  Tout le monde était contre cette idée.

- *En tant que* **As**

  As the leader of the group, I decided it was time to leave.

  En tant que chef du groupe, j'ai décidé qu'il était temps de partir.

- *Excepté* **Except for**

  Except for Dennis, everybody agreed.

  Excepté Dennis, tout le monde fut d'accord.

- *Grâce à* **Thanks to**

  Thanks to you, we arrived in good time.

  Grâce à toi, nous sommes arrivés bien à l'heure.

- *Par* **By**

  He sent the invoice by mail.

  Il a envoyé la facture par la Poste.
- *Pour* **For**

  We bought a present for my mother.

  Nous avons acheté un cadeau pour ma mère.
- *Sans* **Without**

  She left without a word.

  Elle est partie sans un mot.

Les verbes et leurs prépositions favorites

Certains verbes sont suivis d'un complément introduit par une préposition. On a bien des exemples en français, comme *appartenir à*. En anglais, **belong to** – pas difficile, pensez-vous, puisque c'est presque une traduction mot à mot. Le problème vient quand la préposition est tout à fait inattendue pour nous ou quand le français n'a pas de préposition. C'est le dictionnaire qui vous donnera la clé !

Construction indirecte en anglais, directe en français

DIFFÉRENCES

Certains verbes ne prennent pas du tout de préposition en français, mais leur équivalent anglais en impose une (on dit qu'il est transitif indirect).

- **approve of** *approuver*
- **ask for** *demander*
- **comment on** *commenter*
- **cut down on** *réduire*
- **listen to** *écouter*
- **look at** *regarder*
- **look for** *chercher*
- **pay for something** *payer quelque chose*
- **wait on somebody** *servir quelqu'un*

Construction directe en anglais, indirecte en français

DIFFÉRENCES

Certains verbes ont besoin d'une préposition en français, mais leur équivalent anglais n'en a pas (on dit qu'il est transitif direct).

- **address** *s'adresser à*

- **answer** *répondre à*
- **discuss** *discuter à propos de*
- **enter** *entrer dans*
- **need** *avoir besoin de*
- **obey** *obéir à*
- **remember** *se souvenir de*
- **phone** *téléphoner à*
- **trust** *faire confiance à*
- **use** *se servir de*

Préposition différente du français

Certains verbes prennent une préposition aussi bien en français qu'en anglais – mais ce n'est pas celle qu'on attendrait.

- **consist of** *consister en*
- **depend on** *dépendre de*
- **laugh at** *se moquer de*
- **live on** *vivre de*
- **look after** *s'occuper de*
- **look like** *ressembler à*
- **think about / of** *penser à*
- **speak about** *parler de*
- **suffer from** *souffrir de*

Traduisez ces phrases en anglais :

15. Il n'a pas approuvé cette décision.

16. Regarde ce bébé. Personne ne s'occupe de lui.

17. Répondez-moi, s'il vous plaît.

18. Écoute cette chanson. Je l'adore.

19. Il est entré dans la chambre sans un mot.

20. Je vais l'appeler au téléphone.

21. Fais-moi confiance.

22. Je dépends de la décision de mon collègue.

23. Ne te moque pas de moi, s'il te plaît.

24. Mon père souffre d'arthrose (**arthritis**).

Corrigés

on	*in*	*at*
July the fourteenth	the afternoon	seven o'clock
Sunday	the morning	night
Saturdays	two months	dinner time
	June	
	May 2011	
	the year 2035	

1. Originally, our family came **from** England.

2. My great grandparents decided to come **to** Australia in the 1930s.

3. They first settled **in** Melbourne.

4. And then, they moved **to** Brisbane.

5. My uncle moved **to** Tasmania, an island which is located **off** Melbourne.

6. Our hotel is located **near** the cathedral.

Notre hôtel est situé près de la cathédrale.

7. Our hotel is located **opposite** the cathedral.

Notre hôtel est situé devant la cathédrale.

8. Our hotel is located **behind** the cathedral.

Notre hôtel est situé derrière la cathédrale.

9. Our hotel is located **next** to the cathedral.

Notre hôtel est situé à côté de la cathédrale.

10. Elle a traversé la rivière à la nage.

11. Elle s'enfuit immédiatement en courant.

12. Ils ont descendu l'escalier quatre à quatre / en courant.

13. Ils ont longé la rivière en voiture.

14. J'ai traversé la ville en vélo.

15. He did not approve of this decision.

16. Look at this baby. Nobody is looking after him.

17. Answer me, please.

18. Listen to this song. I love it.

19. Il est entré dans la chambre sans un mot.

20. I'm going to phone him.

21. Trust me.

22. I depend on my colleague's decision.

23. Don't laugh at me, please.

24. My father suffers from arthritis.

Troisième partie

Que ferions-nous sans les verbes ?

Dans cette partie...

Voici le moment de nous intéresser aux verbes ! Ils sont au cœur de la phrase, en anglais comme en français. Quelle chance ! Il n'y a presque pas de conjugaisons en anglais et les formes verbales sont faciles à identifier. D'ailleurs, il n'y a que deux temps grammaticaux : le présent et le passé. Ceci n'empêche pas que l'on peut parler de l'avenir, de l'irréel ou faire passer bien d'autres nuances grâce à un système très différent de celui du français. Vous verrez, à la fin de cette partie, vous saurez maîtriser toutes ces subtilités. Les exercices sont particulièrement importants dans cette partie car, vous le verrez, il n'y a pas vraiment d'équivalence entre le système verbal anglais et le système verbal français.

Et puis, vous apprendrez à utiliser les modaux pour dire à quel point vous êtes certain ou non de ce que vous avancez – ou bien pour agir sur votre interlocuteur en lui donnant une permission, une interdiction, un conseil, etc.

Chapitre 12

L'impératif : donnez des ordres et interdire

Dans ce chapitre :

- Utiliser l'impératif pour donner des ordres
- Utiliser l'impératif pour interdire
- La structure avec **let's**

Combien de fois par jour donnez-vous des ordres, des consignes ou simplement des instructions ? Pour expliquer comment venir chez vous, pour préciser un lieu de rendez-vous, pour expliquer comment faire marcher la machine à café – ou pour demander aux enfants d'aller se coucher.

Dans toutes ces situations, vous utilisez l'impératif – joli moyen de dire que vous donnez des ordres, comme le suggère le mot *impératif* lui-même, qui est de la même famille que le mot *empereur*. Et ceci peut aller de l'ordre à l'invitation, à la suggestion.

L'impératif n'est pas un temps, c'est un mode. Avec lui, vous vous adressez directement à votre interlocuteur ou à vos interlocuteurs. C'est pourquoi il est utilisé presque exclusivement à la deuxième personne du singulier et du pluriel.

Dans ce chapitre, nous allons voir comment utiliser le mode impératif – et aussi voir une autre structure qui permet d'obtenir de quelqu'un qu'il fasse – ou ne fasse pas – ce que vous voulez, tout en vous impliquant dans cette action que vous proposez.

Donner des ordres et des consignes

L'impératif permet d'exprimer l'ordre, mais ce n'est pas son seul effet de sens. Cette forme peut aussi s'interpréter comme une invitation, voire comme une permission, selon le contexte.

La règle générale

L'impératif se construit en employant la base verbale (c'est-à-dire le verbe à sa forme nue, tel qu'on le trouve dans les dictionnaires), éventuellement avec des compléments :

- **Leave me alone!**

  Laisse-moi tranquille !

- **Be quiet.**

  Soyez calme.

Une seule forme

Les Anglophones ne font pas de différence :

- Entre le singulier et le pluriel – donc vous utilisez la même forme pour parler à une personne ou à plusieurs ;
- Entre le *tu* et le *vous* – donc vous utilisez la même forme pour parler à un copain ou à votre grand patron.

On peut commencer la phrase par une apostrophe si on veut préciser à qui on parle, par exemple si on veut s'adresser à une seule personne dans un groupe :

- *Jimmy, sois gentil avec ta sœur !*

  Jimmy, be nice to your sister!

Toi, tu fais ça ! Fais donc cela !

Pour la forme d'insistance, on ne peut pas doubler le pronom comme on peut le faire en français. L'anglais a donc d'autres solutions.

On accentue le pronom

Pour indiquer l'insistance, on se contente d'accentuer fortement le pronom que l'on met en apostrophe. À l'écrit, on peut le souligner :

- **No, I won't tell him. You tell him.**

  Non, je ne lui dirai rien. C'est toi qui lui dis !

On ajoute un question-tag

On peut ajouter **a question-tag** (voir chapitre 20), le plus souvent **will you ?** à la fin de la phrase :

- **Be good, will you?**

  Sois sage, d'accord ?

On ajoute do

On peut utiliser **do** devant la forme nue du verbe, en particulier pour répéter un ordre que l'on a déjà donné – et cela exprime une forme d'agacement (comme dans l'exemple 1 ci-dessous), ou pour faire une invitation – et cela exprime un empressement particulier (comme dans l'exemple 2 ci-dessous) :

- **Do be nice with your sister!**

  Veux-tu bien être gentil avec ta sœur ! (Je te l'ai déjà dit.)
- **Do come and visit us as soon as possible.**

  Venez donc nous voir dès que possible. (Vraiment, nous serions ravis.)

Que faire avec les verbes à particule ?

De nombreux verbes très courants prennent leur sens grâce à la particule qui les accompagne. Par exemple, **take** signifie *prendre* mais **take off** signifie *enlever* (un vêtement).

À l'impératif, ces verbes gardent leur particule :

- **Sit up!**
- Tiens-toi droit sur ton siège !

La place de la particule

Lorsque le complément est un nom, il vient après la particule. S'il est un pronom, il se place avant :

Take off your coat. *Enlève ton manteau.*

Take it off. *Enlève-le.*

EXERCICE

Que faire dans ces situations ?

Choisissez un verbe dans la liste A puis un élément dans la liste B. Ajoutez des éléments si nécessaire.

A. Verbs: write – put on – send – open – call – go – make – turn on – buy – call

B. Other elements: window – raincoat – the firefighters – bus ticket – reservation on the Eurostar – birthday card – on my cell phone – the TV – to bed – a thank you note

1. It's hot in this room.

____

2. You need to tell me something.

____

3. It's your mother's birthday.

____

4. You are going to London tomorrow.

____

5. You want to hear the news.

____

6. It's raining.

____

7. You want to take the bus.

____

8. You are tired.

____

9. You've just got a present from your friend.

____

10. The house is on fire.

____

Interdire

Fais pas ci, fais pas ça !

Facile ! On se contente d'ajouter **don't** devant le verbe :

- **Look but don't touch!**

  Regardez mais ne touchez pas !

Ne me quitte pas

Jacques Brel n'est pas le seul à avoir chanté sur ce thème. La chanteuse Pink a eu beaucoup de succès avec **Don't leave me all alone**, *Ne me laisse pas toute seule.*

Be se comporte comme tous les autres verbes dans un énoncé à l'impératif négatif :

- **Don't be stupid!**

  Ne sois pas idiot !

EXERCICE

Écrivez ce que signifient ces panneaux. (Nous vous donnons le verbe.)

11. (panneau « défense de tourner à droite)

______________________________ (turn)

12. (panneau « défense de stationner »)

______________________________ (park)

13. (panneau « défense de doubler»)

______________________________ (overtake)

Ne fais jamais ça !

Contrairement au français, l'anglais n'admet pas de double négation (présente à la fois dans *ne* et dans *jamais*). Donc, l'adverbe **never** (*jamais*) ayant un sens négatif, on le fait suivre d'un impératif positif :

- **Never give up.**

  N'abandonne jamais.

Les mots en pôle position

Rappelons que, comme le mot négatif **never**, le mot positif **always** (*toujours*) se place devant le verbe :

Always wash your hands before you do the cooking.

Lavez-vous toujours les mains avant de faire la cuisine.

Vous prêtez votre maison à des amis et, comme vous êtes un peu soucieux, vous leur faites des recommandations. Utilisez les formes avec **do**, **always** ou **never**.

14. Fermez toujours les volets (*shutters*) le soir.

15. Ne laissez jamais la porte ouverte quand vous partez.

16. Surtout, utilisez l'ordinateur pour lire vos e-mails.

17. Ne garez jamais votre voiture de ce côté-ci de la route.

Les formes avec let's : Allons-y !

Comparons *Allez-y* » et *Allons-y*.

Nous avons vu que le mode impératif au sens strict s'adresse à une ou plusieurs personnes à qui la personne qui parle donne un ordre, une consigne, une indication, une interdiction, etc. C'est le cas lorsque l'on dit *Allez-y*.

Mais, parfois, vous vous impliquez dans l'ordre ou la consigne. C'est le cas lorsque vous dites *Allons-y*.

En anglais, cette nuance s'exprime avec **let's** accompagné du verbe. Le **'s** est une abréviation de **us**, le pronom personnel complément de la première personne du pluriel (*nous*).

À la forme affirmative

Let's + verbe :

- **Let's speak English now.**
  Parlons anglais maintenant !

À la forme négative

Let's not + verbe :

- **Let's not leave him alone.**
  Ne le laissons pas tout seul.

Avec un question-tag

On choisit **shall we? :**

- **Let's eat out tonight, shall we?**
  Dînons au restaurant ce soir, d'accord ?

EXERCICE

Traduisez en anglais :

18. Partons maintenant.

____

19. Ne perdons pas de temps.

____

20. Prenons un pique-nique dans la voiture.

____

21. Écoutons la radio.

____

Corrigés

1. It's hot in this room. Open the window.

2. You need to tell me something. Call me on my cell phone.

3. It's your mother's birthday. Send her a birthday card.

4. You are going to London tomorrow. Make a reservation on the Eurostar.

5. You want to hear the news. Turn on the TV.

6. It's raining. Put on a raincoat.

7. You want to take the bus. Buy a bus ticket.

8. You are tired. Go to bed.

9. You've just got a present from your friend. Write a thank you note.

10. The house is on fire. Call the firefighters.

11. Don't turn right.

12. Don't park here.

13. Don't overtake.

14. Always close the shutters in the evening.

15. Never leave the door open when you go out.

16. Do use the computer to check your mail.

17. Never park your car on this side of the road.

18. Let's go now.

19. Let's not lose time.

20. Let's take a picnic in the car.

21. Let's listen to the radio.

Chapitre 13

Parler du présent

Dans ce chapitre :

- Donner une information neutre, utiliser le présent simple
- Décrire et commenter avec le présent en **be + V-ing**
- Ne pas se tromper quand on n'a pas le choix
- Choisir entre le présent simple et le présent **be + V-ing**

Carpe diem ! Plutôt que de se retourner sur un passé disparu ou de se perdre en conjectures sur un futur bien incertain, concentrons-nous sur l'ici et le maintenant, profitons pleinement du moment présent. Cela peut sembler simple et évident à première vue, sauf que… rien n'est simple avec nos amis anglophones !

Là où nous ne voyons qu'un présent, ils en distinguent deux. Le présent immuable, celui de ce qui a été, est encore et sera encore demain. Et celui plus éphémère de ce qui est là, tout de suite, maintenant, que je vois mais qui ne sera peut-être plus dans quelques instants (et d'ailleurs cela ne m'intéresse pas !).

Deux formes verbales pour un même moment… Pas toujours facile de choisir. Nous verrons comment privilégier l'une ou l'autre forme. Parfois, d'ailleurs, vous n'aurez pas à vous poser la question, une seule forme est possible. Mais nous verrons aussi que le choix de l'une ou l'autre de ces formes verbales permet d'aller au-delà de la simple information, et d'ajouter des commentaires implicites, d'insinuer, de sous-entendre… Tout un jeu sur le langage…

Le présent simple

Comment se forme-t-il ?

Nul besoin, en anglais, d'apprendre de longues listes de conjugaisons compliquées qui varieraient en fonction du sujet. Le présent simple se forme tout simplement en utilisant la base verbale (c'est-à-dire le verbe à sa forme nue, tel qu'on le trouve dans les dictionnaires) à toutes les personnes. Une seule exception – sans laquelle la règle ne serait pas vérifiée – la troisième personne du singulier, qui exige son fameux **-s**.

- **I work in London.**

  Je travaille à Londres.

- **We live in Oxford.**

  Nous habitons à Oxford.

- **My daughter lives in Limerick.**

  Ma fille vit à Limerick

Trop difficile à prononcer

ATTENTION !

Certains verbes se terminent par un son auquel il serait très difficile d'ajouter encore une consonne sifflante (essayez par exemple d'ajouter un **s** aux verbes **wish**, **relax** ou **judge !**) ou se terminent déjà par le son [s] ou [z] à la fin desquels le fameux **-s** de la troisième personne ne s'entendrait pas. Que faire ?

Tout simplement, faire précéder ce fameux **-s** de la voyelle [e]. Cela rendra l'opération beaucoup plus facile.

- **He wishes you a happy new year.**

  Il te souhaite une bonne année.

- **She possesses nothing.**

  Elle ne possède rien.

Petite particularité graphique. Quand un verbe se termine par une consonne suivie de **-y**, il s'écrira **-ies** à la troisième personne du singulier :

- **My baby never cries.**

  Mon bébé ne pleure jamais.

EXERCICE

Et si on s'amusait à les conjuguer ? Transformez les phrases suivantes, en remplaçant le sujet par un pronom à la troisième personne. Attention aux éventuelles modifications orthographiques !

1. I love Emily.

He ______________________________

2. I'll do the washing while you relax in the living room.

I'll do the washing while she ______________________________

3. I never eat horse meat.

He ______________________________

4. Yes, I know!

Yes, she ______________________________

5. We stay in this hotel every summer.

She ______________________________

6. They never try.

He ______________________________

7. They laugh a lot.

She ______________________________

8. I judge them according to their words.

She ____

9. I sleep a lot.

The cat ____

10. I never lie.

She ____

Les formes négative et interrogative

Pour contredire

Pour mettre un verbe au présent simple à la forme négative, on utilisera l'auxiliaire **do** (**does** pour la troisième personne du singulier) pour pouvoir « supporter » la négation **not**.

Il est bien entendu possible, à l'oral en particulier, de contracter la négation en la collant à l'auxiliaire :

- **I don't know!**

  Je ne sais pas.
- **He doesn't like you.**

  Il ne t'aime pas.

Et pour poser des questions ?

De la même façon, on utilisera les auxiliaires **do** ou **does** pour former des questions. On mettra alors l'auxiliaire devant le sujet (éventuellement précédé d'un pronom interrogatif pour les questions fermées) :

- **Where do you live?**

  Où habitez-vous ?
- **Does she speak English?**

  Est-ce qu'elle parle anglais ?

Et le verbe dans tout ça ?

À la troisième personne, si l'auxiliaire **does** est utilisé, on ne remet pas de **-s** au verbe, qui reprend alors sa forme nue :

- **She reads a lot.**

  Elle lit beaucoup.
- **She doesn't read a lot.**

  Elle ne lit pas beaucoup.
- **Does she read a lot?**

  Est-ce qu'elle lit beaucoup ?

Allez, on manipule… Voici des phrases à la forme affirmative. Mettez-les d'abord à la forme négative, puis à la forme interrogative :

11. You drink a lot of tea.

____

____ ?

12. She often goes to Paris.

____

____ ?

13. John works in a bank.

____

____ ?

14. The children play video games every evening.

____

____ ?

15. Julian buys a lot of clothes.

____

____ ?

16. He likes reading detective stories.

____

____ ?

17. I sell cars.

____

____ ?

18. Suzy gets up at 7 every morning.

____

____ ?

19. We study physics and chemistry.

____

____ ?

20. They earn a lot of money.

____

____ ?

À quoi ça sert ?

On utilise le présent simple pour parler de vérités générales, valables aussi bien jadis qu'aujourd'hui ou demain, et sur lesquelles on n'a pas de commentaire particulier à faire. On constate, simplement.

- **The Earth revolves around the Sun.**

  La Terre tourne autour du Soleil.

- **The Wilsons live in Canada.**

  Les Wilson vivent au Canada.

On trouvera également le présent simple pour rapporter des événements de façon neutre, lors du commentaire d'un match de football à la télévision par exemple, ou dans les didascalies d'une pièce de théâtre. L'énonciateur s'efface alors totalement :

- **Beckham shoots and… misses the goal !**

  Beckham tire et… rate le but !

- **Jane – Oh my god, you have broken the vase, Peter!** (***Peter breaks into tears and Jane exits.***)

  Jane – Oh mon dieu, Peter, tu as cassé le vase ! (Peter fond en larmes et Jane sort.)

Le présent be + V-ing

Comme son nom l'indique, conjuguer un verbe au présent en **be** + **V-ing** consiste à utiliser l'auxiliaire **be** au présent et à ajouter la terminaison **-ing** à la base verbale (le verbe nu, sans **to**).

Attention, la terminaison **-ing** n'est jamais accentuée, et on n'entend pas le **g** final.

I **am**	*Je suis*
You **are**	*Tu es*
He **is**	*Il est* (un homme)
She **is**	*Elle est* (une femme)
It **is**	*Il / elle est* (tout ce qui n'est pas humain)
We **are**	*Nous sommes*
You **are**	*Vous êtes*
They **are**	*Ils / elles sont*

L'auxiliaire permet de former facilement les formes interrogatives et négatives. Il passe devant le sujet pour indiquer la forme interrogative, et on lui accole **not** pour marquer la négation :

- **Are they watching that silly movie again?**

  Ils regardent encore ce film idiot ?

- **She is not reading, she is sleeping!**

  Elle ne lit pas, elle dort !

Dites-le… Traduisez ces phrases en utilisant un présent **be + V-ing** aux formes affirmatives, négatives ou interrogatives selon le cas :

21. Tu dors ?

22. Pourquoi tu me regardes comme ça ?

23. Je ne me sens pas bien.

24. À quoi penses-tu ?

25. Attends, je regarde le menu.

26. Il est tout le temps en train de râler.

27. Il ne travaille pas, il regarde la TV.

28. Les enfants ne dorment pas, je vais les voir.

29. Ce soir on ne va pas au restaurant, on mange devant la télé.

30. Où va-t-elle ?

À quoi sert-il ?

Cette forme verbale est utilisée quand la personne qui parle fait partager à son interlocuteur ce qu'elle voit au moment où elle parle. Elle plante un décor, dans une sorte d'arrêt sur image, et raconte l'action :

- **Shhh, be quiet, please, I am watching television!**

  Chut, taisez-vous, s'il vous plaît, je regarde la télévision !

- **Well they are sleeping right now.**

  Eh bien, pour l'instant ils dorment.

- **Oh no, It's raining again…**

  Oh non, il pleut encore…

Je le dis comme je le pense

Avec la forme **be + V-ing**, l'énonciateur ralentit l'action et opère une sorte de focus. Cela lui permet d'insister sur l'action, et donc de sous-entendre un commentaire, de porter un jugement :

- **He is crying again.**

  Il pleure encore. (Je sous-entends : j'en ai marre, fais donc quelque chose !)

- **You are always complaining.**

  Tu te plains toujours.

En français, on dirait plutôt ici : *Tu passes ton temps à te plaindre*, pour bien indiquer qu'on en a assez. On ne se contente pas de constater un fait, on donne un avis dessus.

EXERCICE

Réagissez… Voici des phrases anglaises dans lesquelles on exprime un sentiment grâce à la forme en **V-ing**. Traduisez-les et ajoutez un commentaire qui explicitera ce sentiment :

31. I am not answering questions.

32. She is always cheating.

33. What are you trying to tell me?

34. You are telling me lies.

35. Are you listening to me?

Quand on n'a pas le choix

Certains verbes ne s'emploient pratiquement jamais avec la forme **be + V-ing**.

Les verbes d'état ou de possession

Puisqu'ils expriment un état, et non une action, ils n'ont ni début ni fin et ne peuvent donc être interrompus pour faire un arrêt sur image. Ils seront donc toujours utilisés au présent simple.

Quelques exemples

- **be** *être*
- **become** *devenir*
- **seem** *sembler*
- **remain** *rester*
- **look** *paraître*
- **exist** *exister*
- **own** *posséder*
- **have** *avoir*
- **belong** *appartenir à*
- **possess** *posséder*

Les verbes de perception

Quand ils expriment une perception involontaire (physique, intellectuelle ou affective), on les utilisera soit au présent simple, soit avec le modal **can**.

- **Huum, it looks good!**

  Hum, ça a l'air bon !

- **I can't see you, but you sound strange!**

  Je ne te vois pas, mais tu as un ton bizarre.

Quelques exemples

- **feel** *sentir*
- **hear** *entendre*
- **see** *voir*
- **sound** *sonner*
- **smell** *sentir*
- **taste** *goûter*

Les verbes d'opinion et d'émotion

Ces verbes expriment ce que l'on ressent face à un fait. Ce ressenti ayant une certaine permanence, on ne les utilise pas à la forme **be + V-ing**.

Quelques exemples

- **believe** *croire*
- **know** *savoir*
- **need** *avoir besoin*
- **understand** *comprendre*
- **remember** *se souvenir*
- **think** *penser*
- **need** *avoir besoin*
- **want** *vouloir*
- **wish** *souhaiter*
- **imagine** *imaginer*
- **forget** *oublier*
- **mean** *signifier*
- **like** *aimer*
- **dislike** *ne pas aimer*
- **love** *adorer*
- **hate** *détester*
- **fear** *craindre*
- **envy** *envier*

TRUC

Certains de ces verbes, qui se mettent normalement au présent simple, peuvent tout de même se mettre à au présent **V-ing**, mais ils changent alors de sens : ils décrivent une action et ne sont plus des verbes d'état.

Comparons

- **She looks very sad.**

  Elle a l'air très triste.
- **She is looking at you.**

  Elle te regarde.
- **I think he is wrong.**

  Je pense qu'il a tort.
- **Leave me alone. I am thinking.**

  Laisse-moi tranquille. Je réfléchis.

Verbes d'action ou verbe d'état ? Mettez les verbes entre parenthèses au présent simple ou au présent **be + V-ing** selon ce qu'ils expriment.

36. It (**smell**) good!

37. Is that an apple pie that I (**smell**)?

38. I (**think**) she is a very nice person.

39. Shhh, stop talking to me, I (**think**)!

40. I (**feel**) so happy!

41. I (**not feel**) too well.

Choisir entre les deux présents

Rien de plus simple, finalement. Soit je veux apporter une information brute sans la commenter et j'utilise la forme simple, soit je fais un arrêt sur image pour décrire une action en cours, et j'utilise la forme **be + V-ing**. C'est tellement facile… Quoique…

Conjuguons en chœur ! Mettez les verbes entre parenthèses au présent simple ou au présent **be + V-ing** selon ce qu'ils expriment.

42. What you (**do**)? I (**do**) an exercise.

43. I am a teacher, I (**teach**) English to very young students.

44. She can't answer the phone right now, she (**have**) a bath.

45. You (**lie**)! I (**believe**) <u>you</u> have broken this glass!

46. They (**want** + **not**) you to go.

47. Look, she (**wear**) my favorite t-shirt! I (**love**) it.

___

48. He (**run**), (**kick**) the ball and (**shoot**)… Goooooooaaaaaaaaallllllllllllllll!

___

49. You (**run**) too fast for me, slow down!

___

50. On the photo, two old men (**sit**) on a bench and (**watch**) passers-by.

___

51. There are so many people in the street, they (**demonstrate**)?

___

Corrigés

1. He loves Emily.

2. I'll do the washing while she relaxes in the living room.

3. He never eats horse meat.

4. Yes, she knows!

5. She stays in this hotel every summer.

6. He never tries.

7. She laughs a lot.

8. She judges them according to their words.

9. The cat sleeps a lot.

10. She never lies.

11. You don't drink a lot of tea.

Do you drink a lot of tea?

12. She doesn't often go to Paris.

Does she often go to Paris?

13. John doesn't work in a bank.

Does John work in a bank?

14. The children don't play video games every evening.

Do the children play video games every evening?

15. Julian doesn't buy a lot of clothes.

Does Julian buy a lot of clothes?

16. He likes reading detective stories.

Does he like reading detective stories?

17. I don't sell cars.

Do I sell cars?

18. Suzy doesn't get up at 7 every morning.

Does Suzy get up at 7 every morning?

19. We don't study physics and chemistry.

Do we study physics and chemistry?

20. They don't earn a lot of money.

Do they earn a lot of money?

21. Are you sleeping?

22. Why are you looking at me this way?

23. I'm not feeling too well.

24. What are you thinking about?

25. Just a minute, I'm looking at the menu.

26. He is always moaning.

27. He is not working; he is watching TV.

28. The children are not sleeping; I'll go and see them.

29. We're not going to the restaurant tonight; we are eating in front of the telly.

30. Where is she going?

31. Je ne répondrai plus à vos questions, j'en ai assez.

32. Elle a passé son temps à tricher, c'est insupportable.

33. Qu'est-ce que tu essaies de me dire ? Je vois bien qu'il y a autre chose !

34. Tu me racontes des histoires, ton nez s'allonge !

35. Tu m'écoutes ? Tu n'en as pas l'air !

36. It **smells** good!

37. Is that an apple pie that I am **smelling**?

38. I **think** she is a very nice person.

39. Shhh, stop talking to me, I am **thinking**!

40. I **feel** so happy!

41. I am **not feeling** too well.

42. What are you doing? I am doing an exercise.

43. I am a teacher, I teach English to very young students.

44. She can't answer the phone right now, she is having a bath.

45. You are lying! I believe you have broken this glass!

46. They don't want you to go.

47. Look, she is wearing my favorite t-shirt! I love it.

48. He runs, kicks the ball and shoots… Goooooooaaaaaaaaallllllllllllllll!

49. You are running too fast for me, slow down!

50. On the photo, two old men are sitting on a bench and are watching passers-by.

51. There are so many people in the street, are they demonstrating?

Chapitre 14

Parler du passé

Dans ce chapitre :

- Raconter des événements avec le prétérit
- Évoquer des actions simultanées avec le prétérit simple
- Utiliser le prétérit pour être poli
- Décrire le passé avec la forme **be** + **V-ing**

Comment comprendre le présent sans parler du passé ? Que ce soit pour rompre avec lui ou au contraire pour en tirer des leçons, le passé est en chacun de nous, nous en parlons toute la journée, avec nostalgie, amusement ou soulagement…

Rompre complètement avec le passé ou au contraire en tirer des leçons pour le présent ? Pour les Français, c'est la même chose, mais pour les anglophones, ce n'est pas du tout pareil. C'est même tellement différent qu'ils n'utilisent pas la même forme verbale grammaticale dans l'un ou l'autre cas !

Nous commencerons par nous occuper du vrai passé, celui qui ne reviendra pas, celui dont on parle en oubliant totalement le moment présent. Celui que l'on observe, soit comme une succession de faits ou d'actions, soit comme un cadre pour une histoire…

Nous rencontrerons dans ce chapitre les fameux « verbes irréguliers », auxquels il est impossible d'échapper, avec leurs trois formes inséparables dont la litanie a bercé l'enfance de tous ceux qui ont un jour eu l'ambition de maîtriser la langue de Shakespeare et des Black Eyed Peas…

Le prétérit est un temps grammatical qui marque une rupture avec le moment d'énonciation (le moment où la phrase est prononcée). Cette rupture peut être temporelle, mais aussi relever de l'irréel (ce qui n'existe pas vraiment) ou de la politesse.

Le prétérit simple

La règle générale

À première vue, rien de compliqué dans la formation du prétérit en anglais. Pas de distinction à faire selon les personnes, une seule forme dans tous les cas : on ajoute la terminaison **-ed** à la base verbale, et le tour est joué.

- **I work → I worked**

  Je travaille → je travaillais

- **He loves → he loved**

  Il aime → il aimait
- **They live→ they lived**

  Ils vivent → ils vivaient

À l'écrit, cela se complique

Le fait d'ajouter la terminaison **-ed** entraîne certaines modifications orthographiques sur la base verbale.

Ainsi, si la base verbale se terminait déjà par un **e**, on ajoute seulement **d** pour marquer le prétérit :

- **love → loved** *aimer*
- **smoke → smoked** *fumer*

Si la base verbale se termine par **-y** précédé d'une consonne, il se transforme en **i**, et on obtiendra donc **-ied :**

- **copy → copied** *copier*
- **cry → cried** *pleurer*
- **hurry → hurried** *se dépêcher*

Si la base verbale se termine par une seule voyelle + consonne (et que la dernière syllabe est accentuée), on double la consonne.

- **stop → stopped** *arrêter*
- **rob → robbed** *voler*
- **plan → planned** *planifier*

Si la base verbale se termine par **-c**, celui-ci se transforme en **ck**. On obtient donc **-cked**. Il s'agit tout simplement de faire précéder ce fameux **s** de la voyelle **e**. Cela rendra la prononciation beaucoup plus facile :

- **panic → panicked** *paniquer*
- **picnic → picnicked** *pique-niquer*

Si la base verbale se termine par **-al** ou **-el**, cela se complique encore… On double la consonne en Angleterre, mais pas aux États-Unis !

- **travel → traveled** (GB) / **travelled** (US) *voyager*

ATTENTION !

Quand la base verbale se termine par une voyelle + **y**, il n'y a pas de modification :

- **play → played** *jouer*
- **employ → employed** *employer*

EXERCICE

Écrivons-les ! Mettez ces verbes au prétérit. Attention à l'orthographe !

1. like : ______

2. open : ______

3. chat : ______

4. stay : ______

5. repeat : ______

6. watch : ______

7. marry : ______

8. slip : ______

9. hope : ______

10. carry : ______

Et cela ne s'arrange pas à l'oral

La terminaison **-ed** ne se prononce en fait jamais ed, comme dans *aide*, mais peut se prononcer de trois façons différentes en fonction du son final de la base verbale. Il s'agit de pouvoir prononcer facilement, sans être obligé de trop postillonner !

Le plus souvent, elle se prononce en ajoutant tout simplement le son [d] à la base verbale :

lived	**arrived**	**enjoyed**	**played**
[livd]	[@rIvd]	[InÙOId]	[pleId]
vivait	*arrivait*	*appréciait*	*jouait*

Elle se prononce [t] si le verbe se termine par les sons [p], [k], [f], [s] :

asked	**watched**	**wash**	**crossed**
[A:skt]	[wQtSt]	[wQSt]	[krQ:st]
demandait	*regardait*	*lavait*	*traversait*

Elle se prononce [id] après les sons [d] et [t] :

added	**decided**	**started**	**consisted**
[&dId]	[dIsaIdId]	[sta:tI]	[k@nsIstId]
ajoutait	*décidait*	*commençait*	*consistait*

ATTENTION !

Il s'agit bien de faire attention au son final du verbe, pas seulement à la lettre finale. Ainsi le verbe **mix** (*mélanger*) se termine par le son [s] et se prononcera donc [mikst], et non pas [miksid] comme on serait tenté de le faire.

EXERCICE

Classons-les ! Écrivez ces verbes dans la catégorie qui leur convient en fonction de la prononciation de la terminaison **-ed :**

opened – watched – needed – stopped – like – listened – dropped – painted – smoked – demanded – booked – closed – worked – visited – cleaned – cried – accepted – played – released – passed

11. [d], comme à la fin de **bed :** ______________________________

____

____

12. [id], comme à la fin de **lid :** ______________________________

____

____

13. [t], comme à la fin de **bat :** ______________________________

____

____

L'exception qui confirme la règle

Les verbes irréguliers

Il existe en anglais environ 300 verbes irréguliers qui, ayant gardé la trace de leurs formes anciennes, prennent des formes très diverses. Par convention, on les classe dans des tableaux comportant, dans l'ordre, l'infinitif, la forme du prétérit et la forme du participe passé.

Tableau 13-1 : Quelques verbes irréguliers anglais.

Infinitif	*Prétérit*	*Participe passé*	*Français*
go	went	gone	*aller*
light	lit	lit	*allumer*
bring	brought	*brought*	*apporter*
learn	learnt	learnt	*apprendre*
catch	caught	caught	*attraper*
have	had	had	*avoir*

Une seule consolation, cette forme est invariable, et sera donc utilisée à toutes les personnes.

Malheureusement, beaucoup de ces verbes sont très fréquemment utilisés en anglais, il est très difficile de s'exprimer sans y recourir. Pas d'autre solution, donc, que de les apprendre par cœur.

Vous trouverez la liste de ces verbes, et leurs différentes formes, dans les pages 311 à 316 de ce livre.

Certains verbes sont mixtes. Ils peuvent soit se comporter comme des verbes réguliers (on se contente alors d'ajouter **-ed** à la base verbale) soit avoir une forme irrégulière :

Tableau 13-2 : Les verbes mixtes.

Infinitif	*Prétérit*	*Participe passé*	*Français*
burn	**burned** ou **burnt**	**burnt**	*brûler*
dream	**dreamed** ou **dreamt**	**dreamt**	*rêver*
light	**lighted** ou **lit**	**lit**	*allumer*
mow	**mowed** ou **mowed**	**mown**	*tondre*
sew	**sewed** ou **sewed**	**sewn**	*coudre*
sow	**sowed** ou **sowed**	**sown**	*semer*
smell	**smelled** ou **smelt**	**smelt**	*sentir*
spill	**spilled** ou **spilt**	**spilled** ou **spilt**	*renverser*
spoil	**spoiled** ou **spoilt**	**spoilt** ou **spoiled**	*gâter, abîmer*

Be

Qu'il soit verbe ou auxiliaire, **be** est le seul à avoir deux formes au prétérit :

- **I was** *J'ai été / j'étais / je fus*
- **You were** *Tu as été / tu étais / tu fus*
- **He/she/it was** *Il / elle a été / était / fut*
- **We were** *Nous avons été / étions / fûmes*
- **You were** *Vous avez été / étiez / fûtes*
- **They were** *Ils / elles ont été /étaient / furent*

Retrouvons le verbe

Voici des verbes au prétérit. Remettez-les à l'infinitif. (Attention parfois aux modifications orthographiques !)

14. travelled : ______________________________

15. broke : ______________________________

16. had : ______________________________

17. stopped : ______________________________

18. panicked : ______

19. thought : ______

20. went : ______

21. taught : ______

22. studied : ______

23. began : ______

Did, l'auxiliaire qui permet tout

Did, le prétérit de **do**, est utilisé pour construire un grand nombre d'énoncés au prétérit.

La forme négative

Il est indispensable, pour utiliser la négation **not** dans une phrase au prétérit, de la faire précéder de **did**. On utilisera d'ailleurs le plus souvent la forme contractée de ces deux mots : **didn't** (**did not**).

Did portant déjà la marque du prétérit, le verbe retrouve alors sa forme originale :

- **I went to the cinema. → I didn't go to the cinema.**

  Je suis allée au cinéma. → Je ne suis pas allée au cinéma.

- **They stopped the car. → They didn't stop the car.**

  Ils ont arrêté la voiture. → Ils n'ont pas arrêté la voiture.

La forme interrogative

Pour poser une question, on fera précéder le sujet de l'auxiliaire **did** (directement en début de phrase pour les questions fermées, ou juste après le pronom interrogatif dans les questions ouvertes).

Là encore, **did** portant déjà la marque du prétérit, le verbe reprend sa forme originale :

- **Did Sheila break the glass? No, Jonathan broke it.**

  C'est Sheila qui a cassé le vase ? Non, c'est Jonathan qui l'a cassé.

- **Where did they spend the night?**

  Où ont-ils passé la nuit ?

Les réponses courtes

L'auxiliaire **did** sera encore bien pratique pour répondre simplement à une question. Son utilisation permettra d'éviter de répéter intégralement la question :

- **Did you sleep well? Yes, I did, but Ben didn't.**

  Vous avez bien dormi ? Moi oui, mais pas Ben !

- **Who called Gemma yesterday? I didn't, Tim did.**

  Qui a appelé Gemma, hier ? C'est pas moi, c'est Tim.

De la même façon, on utilisera l'auxiliaire **did** pour réagir à une phrase au prétérit, pour marquer l'intérêt, la surprise ou l'incrédulité. On utilisera **did** + pronom pour réagir à une phrase affirmative, et **didn't** + pronom pour réagir à une phrase négative :

- **Dad took me to the zoo. – Did he?**

  Papa m'a emmené au zoo. – Ah, vraiment ?

- **I didn't know that! – Oh, didn't you?**

  Je ne le savais pas ! – Ah bon ?

Manipulons le prétérit. Traduisez ces phrases en utilisant le prétérit :

24. Est-ce que Todd a écrit à sa grand-mère ? Non.

____

25. Ils ne sont pas allés en vacances l'année dernière. – Ah bon ?

____

26. Vous vous êtes bien amusés ?

____

27. J'ai acheté un cadeau pour Jenny. – Ah ouais ?

____

28. Elles ont vu que le canapé était cassé.

____

29. Où avez-vous acheté cette carte postale ?

____

30. C'est Jenny qui a mangé le dernier gâteau ? Non, ce n'est pas Jenny, c'est Julia !

____

31. À qui avez-vous envoyé cette carte postale ?

____

32. Il a beaucoup plu l'an dernier. – Oh oui !

____

33. Comment t'es-tu cassé la jambe ?

____

À quoi sert le prétérit simple ?

À évoquer le passé évidement

On utilisera le prétérit pour indiquer qu'une action est révolue, terminée, en rupture avec le présent. On se tourne résolument vers le passé, sans s'occuper du moment présent.

Parler de rupture avec le présent n'indique pas forcément qu'on parle d'un événement très ancien et n'a rien à voir avec la durée de l'événement.

- **Men took ten centuries to build this cathedral and this morning an earthquake destroyed it in two minutes.**

  Les hommes ont mis dix siècles à construire cette cathédrale et, ce matin, un tremblement de terre l'a détruite en deux minutes.

On voit bien que la durée des deux événements est différente, que l'un est fort éloigné et l'autre très proche, mais dans les deux cas on utilise du prétérit. On indique simplement qu'on s'intéresse uniquement à des moments passés, on ne s'occupe pas du présent.

On trouvera dans la phrase ou dans le contexte un élément qui situera résolument l'action dans le passé : un adverbe, un complément circonstanciel, une proposition temporelle, etc. :

- **I saw Kate yesterday. She pretended she didn't recognize me.**

  J'ai vu Kate hier. Elle a fait semblant de ne pas me reconnaître.

- **Twenty years ago there was a restaurant here.**

  Il y a vingt ans, il y avait un restaurant ici.

- **When she was born, she was so small and beautiful!**

  Quand elle est née elle était toute petite et tellement jolie !

On trouvera forcément le prétérit avec certaines expressions qui indiquent un moment passé et précis dans le temps :

Last week	*La semaine dernière*
Yesterday	*Hier*
Two days ago	*Il y a deux jours*
The day when...	*Le jour où...*
Last Tuesday	*Jeudi dernier*
In 2002	*En 2002*
Last year	*L'an dernier*
When I was 8	*Quand j'avais 8 ans*

Il peut arriver qu'il soit inutile de préciser que l'on parle du passé, car cela est évident d'après le contexte :

- **So, how was the film?**

  Alors, comment était ce film ?

- **Where were you born?**

  Où es-tu né ?

Le prétérit sera donc logiquement employé pour raconter un événement ou une succession d'événements, vrais ou imaginaires :

- **They arrived at 9, spent ten minutes in the shop, spent $10 000 and left in a black limousine.**

  Ils sont arrivés à 9 heures, ont passé dix minutes dans le magasin, ont dépensé 10 000 dollars et sont repartis dans une grande limousine noire.

On utilisera également le prétérit par politesse, pour « adoucir » certaines demandes. On ne parle alors pas vraiment du passé, on fait comme si, pour permettre à l'interlocuteur de refuser s'il le souhaite. On se servira d'ailleurs du même subterfuge en français, avec un imparfait :

- **I wanted to ask you something.**

  Je voulais vous demander quelque chose.

Et si on le compare au français ?

Le français dispose de trois temps grammaticaux pour parler du passé : l'imparfait, pour décrire des événements du passé ou marquer des habitudes, le passé simple, surtout utilisé à l'écrit pour marquer la soudaineté d'un événement, et le passé composé, le plus courant. On pourra utiliser le prétérit dans ces trois cas, c'est le contexte qui permettra d'en déterminer les nuances :

- **I left for Los Angeles.**

  Je partis pour Los Angeles. (À l'écrit, pour marquer la soudaineté dans le récit.)

  Je partais pour Los Angeles. (Si on parle d'une habitude.)

  Je suis partie pour Los Angeles. (Ce sera la forme la plus utilisée.)

Used to

On peut, pour bien insister sur le fait qu'une action passée est totalement révolue, utiliser la structure **used to** + BV.

- **He was happy.**

  Il était heureux.

Cela était vrai dans le passé, au moment dont on parle. On ne s'occupe pas de son humeur aujourd'hui.

- **He used to be happy.**

  Il était heureux.

Mais on sait en plus que cela n'est plus vrai aujourd'hui.

Il ne faut pas confondre la structure **used to** + V, utilisée pour marque une rupture avec le présent, et la structure **be used to** + **V-ing**, qui indique une habitude :

- **He used to do the washing up every evening.**

  Il faisait la vaisselle tous les soirs.

En français, on aura probablement tendance à préciser *avant* pour bien faire comprendre qu'il ne la fait plus aujourd'hui :

- **He was used to doing the washing up in the evening.**

  Jadis, il avait l'habitude de faire la vaisselle le soir.

Le prétérit en be + V-ing

Facile à construire

Il suffit de le nommer pour savoir le construire. Le prétérit **be** + **V-ing** s'obtient en conjuguant **be** au prétérit (on doit juste choisir entre **was** et **were**) et en ajoutant **-ing** à la base verbale :

- **I was watching TV and the children were playing in their bedroom.**

  Je regardais la télévision et les enfants jouaient dans leur chambre.

L'utilisation de l'auxiliaire **be** permet de construire très simplement les formes négatives (on ajoute **not** après **was** ou **were**) et les formes interrogatives (**was** ou **were** passent juste devant le sujet).

- **She was not working.**

  Elle ne travaillait pas.

- **What was she doing?**

  Que faisait-elle?

À quoi sert-il ?

Une réponse brève à la question du titre : pour donner une information supplémentaire.

On utilisera le prétérit **be** + **V-ing** pour donner quelques précisions par rapport aux verbes au prétérit simple.

L'alternance entre ces formes permet d'abord d'indiquer si les actions sont consécutives (elles se déroulent les unes après les autres, dans l'ordre) ou si elles sont simultanées (elles se déroulent en même temps). Si des actions sont simultanées, on peut ainsi indiquer laquelle est l'action principale par rapport à l'autre qui sert de cadre. Cela paraît compliqué ? Pas tant que ça :

- **John left the room. I looked at Mary. She smiled.**

  John quitta la pièce. Je regardai Mary. Elle me sourit.

- **John left the room. I looked at Mary. She was smiling.**

  John quitta la pièce. Je regardai Mary. Elle souriait.

Dans les deux cas, deux actions se succèdent : John s'en va, puis je regarde Mary. Mais dans le premier cas, Mary sourit en voyant que je la regarde, c'est donc une troisième action qui suit les deux premières. Dans le deuxième cas, au contraire, c'est en levant les yeux que je m'aperçois que Mary est en train de sourire. Mon regard et son sourire sont donc simultanés. Facile, non ? En français, cette différence se marque par l'opposition entre le passé simple et l'imparfait.

Lisez ces deux phrases. Dans quel cas ai-je été très ennuyée ?

- **I was having a bath when the phone rang.**
- **I had a bath and then the phone rang.**

Comme le présent **be + V-ing**, le prétérit **be + V-ing** permet de ralentir une action pour la souligner, et donc d'exprimer un commentaire, tel que la critique. Une critique du passé, bien entendu, mais certaines rancœurs ont la vie dure !

- **My former wife was always complaining about the weather.**

  Mon ex-femme passait son temps à se plaindre du temps qu'il faisait.

Alors, successives, ou simultanées ? Principales ou servant de cadre ? Mettez les verbes entre parenthèses au prétérit simple ou en **be +V-ing :**

34. As soon as we (**arrive**) it (**start**) to rain.

35. He (**meet**) her when he (**work**) in London.

36. He (**listen**) to the radio when we (**arrive**).

37. She (**stay**) at home because she (**expect**) visitors.

38. He (**walk**) down Cranmer Road when he (**see**) his ex-girlfriend with a man.

39. He (**look**) at her. She (**wear**) a ridiculous red hat with a feather.

40. They (**get**) up early on Sunday and (**leave**) soon afterward.

41. When I (**get**) out of the building, I (**see**) Mary: she (**wait**) for a bus.

42. What you (**do**) yesterday at 5:45? I (**plant**) my petunias in the potting shed.

43. I (**do**) the washing up, (**tidy**) the kitchen, (**hoover**) the floor and (**clean**) the windows. I (**be**) exhausted.

Corrigés

1. liked

2. opened

3. chatted

4. stayed

5. repeated

6. watched

7. married

8. slipped

9. hoped

10. carried

11. [d], comme à la fin de **bed :**

opened – listened – closed – cleaned – cried – played – released

12. [id], comme à la fin de **lid :**

needed – painted – demanded – visited – accepted

13. [t], comme à la fin de **bat :**

watched – stopped – like – dropped – smoked – booked – passed – worked

14. travel

15. break

16. have

17. stop

18. panic

19. think

20. go

21. teach

22. study

23. begin

24. Did Todd write his grandmother? No, he didn't.

25. They didn't go on holidays last year. Didn't they?

26. Did you have fun ?

27. I bought a present for Jenny. Did you?

28. They saw the sofa was broken.

29. Where did you buy this postcard?

30. Did Jenny eat the last cake? No, Jenny didn't, but Julia did.

31. Who did you send this postcard to?

32. It rained a lot last year. It sure did!

33. How did you break your leg?

34. As soon as we **arrived** it **started** to rain.

35. He **met** her when he **was working** in London.

36. He was **listening** to the radio when we **arrived**.

37. She **stayed** at home because she **was expecting** visitors.

38. He **walked** down Cranmer Road when he **saw** his ex-girlfriend with a man.

39. He **looked** at her. She **was wearing** a ridiculous red hat with a feather.

40. They **got** up early on Sunday and **left** soon afterward.

41. When I **got** out of the building, I **saw** Mary: she **was waiting** for a bus.

42. What **were** you **doing** yesterday at 5:45? I **was planting** my petunias in the potting shed.

43. I **did** the washing up, **tidied** the kitchen, **hovered** the floor and **cleaned** the windows. I **was** exhausted.

Chapitre 15

Faire le lien entre le passé, le présent et le passé du passé

Dans ce chapitre :

- Voir le passé dans les yeux du présent, le **present perfect**
- L'heure des bilans
- La durée : **for** ou **since ?**
- Le passé du passé : le **past perfect**

Nous avons vu au chapitre précédent comment parler du passé en le regardant de l'extérieur, pour le raconter et le décrire, en oubliant que, pendant qu'on parle de ce qui a été, la vie continue… Les anglophones ne l'oublient pas et utilisent une forme verbale bien spécifique pour considérer les événements, non seulement pour ce qu'ils ont été mais aussi pour leurs conséquences sur nous, maintenant, ici, au moment où nous vous parlons. Ainsi, si Jack s'est cassé la jambe, allons-nous juste le raconter comme une anecdote (en utilisant le prétérit, donc) ou parce que c'est pour cela que nous ne pouvons pas participer à la finale de danse de salon ? Si c'est la conséquence de cette action passée qui nous intéresse, plus que l'action elle-même, nous emploierons le **present perfect**, un savant mélange de passé et de présent…

Mais puisqu'on parle des conséquences des actions, il ne s'agirait pas d'oublier le passé qui a eu des répercussions sur d'autres moments, déjà passés aussi… Le passé du passé, donc. Qui n'a rien à voir avec le présent, puisqu'il est passé. Mais qui est plus passé que le passé, qui pourtant n'a rien à voir avec le présent… Le **past perfect**, quoi ! Vous n'y comprenez rien ? Pas d'inquiétude, nous vous expliquerons tout ceci dans ce chapitre…

Le present perfect

Le **present perfect** n'est pas un temps qui ferait référence à un moment chronologique comme le présent ou le prétérit, mais une forme verbale qui appartient à la fois au passé et au présent.

Le present perfect simple : un mélange de passé et de présent

À la forme affirmative

Cette forme verbale se construit en utilisant l'auxiliaire **have** au présent et le verbe au participe passé. Au présent, **have** peut avoir deux formes : **has** pour la troisième personne du singulier et **have** pour toutes les autres personnes. Quant au participe passé, il se construit en règle générale en ajoutant **-ed** au verbe.

- **They have worked here for a long time.**

  Ils ont travaillé ici pendant longtemps.
- **John has painted his car pink!**

  John a peint sa voiture en rose !

Bien entendu, comme chaque fois qu'il est question du passé quelque part, on n'échappe pas aux verbes irréguliers. Pour ceux-là, on utilisera la forme du participe passé que l'on trouve dans la troisième colonne des tableaux de verbes irréguliers (voir pages 311 à 316). Pas d'autre solution que de les apprendre par cœur !

- **They have left the city.**

  Ils ont quitté la ville.
- **He has drunk too much coffee.**

  Il a bu trop de café.

La forme have V-en ? Qu'est-ce que c'est ?

Dans les grammaires, il est courant de parler du participe passé des verbes en utilisant la structure symbolique V-**en**, alors que sa terminaison régulière est **-ed**. Ceci s'explique tout simplement par la volonté de ne pas confondre le participe passé avec le prétérit. Les grammairiens ont choisi cette terminaison **-en** pour parler du participe passé tout simplement parce qu'elle entre dans la composition de la formation du participe passé de certains verbes irréguliers :

break	**broke**	**broken**	*casser*
eat	**ate**	**eaten**	*manger*
be	**was**	**been**	*être*

Pour poser des questions et exprimer des négations

La présence d'un auxiliaire **have** ou **has** permet de construire très simplement les structures négatives et interrogatives. L'auxiliaire passera directement devant le sujet dans les phrases interrogatives, et on le fera immédiatement suivre de la négation **not** (on pourra alors faire des contractions, **haven't** / **hasn't**) ou l'adverbe **never**. Pas d'autre modification à effectuer ; le verbe, quant à lui, reste au participe passé.

- **I have lost my keys.**

  J'ai perdu mes clés.

- **I have not lost my keys.**

  Je n'ai pas perdu mes clés.
- **Have you lost your keys?**

  As-tu perdu tes clés ?
- **Where have you lost your keys?**

  Où as-tu perdu tes clés ?

Les mots dans l'ordre. Remettez les mots dans l'ordre pour en faire des phrases correctes. Attention à la ponctuation !

1. have/I/pocket/found/a/in/coin/my/.

2. have/sun-tanned/holidays/spent/be/their/where/to/they/so/?

3. seen/ages/I/not/him/have/for/.

4. they /car/have/a/bought/new/?

5. been/have/to/you/ever/Japan/?

6. cat/has/what/she/her/done/with/?

7. never/has/has/been/been/to/to/but/he/he/Montreal/Canada/.

8. blue/my/seen/you/shirt/have/?

9. in/have/long/lived/New York/they/how/?

10. intolerable/not/Suzy/has/her/it/homework,/is/done/!

Il est temps de faire le bilan

Le present perfect permet de faire un lien explicite entre le passé et le présent, entre ce qui a été et ce qui est.

Un lien logique

Le **present perfect** permet d'apporter une explication à la situation présente en examinant le passé.

- **Mary says she can't come because her car has broken down.**

  Mary dit qu'elle ne peut pas venir parce que sa voiture est en panne.

C'est donc un événement passé qui explique le présent. On ne s'occupe pas vraiment de la panne (on ne veut pas savoir pourquoi ni comment, ni si c'est grave) mais seulement de ses conséquences : *Mary ne peut pas venir !*

Cette conséquence peut d'ailleurs être implicite, on n'a pas besoin de la formuler pour que tout le monde la comprenne :

- **I have eaten too much.**

  J'ai trop mangé.

Ce que je dis, en fait, c'est que j'ai mal au ventre, je ne peux plus rien avaler de plus…

Une action qui se prolonge

On utilisera le present perfect pour indiquer qu'une action, commencée dans le passé, continue encore aujourd'hui. On marque donc la continuité chronologique. On ne s'intéresse donc pas véritablement à l'action dans son déroulement, mais plutôt au fait que cette action continue toujours. On l'utilisera donc en particulier pour les actions dont on précise la durée, de leur point de départ jusqu'au présent :

- **They have lived in this house for 15 years.**

  Ils habitent ici depuis 15 ans.

On note qu'en français, on utilise le présent, alors que l'action a commencé il y a bien longtemps…

Le passé immédiat

Le present perfect, auquel on associera un adverbe, comme **just** par exemple, permet également de se référer à un moment qui vient d'avoir lieu. L'action est passée, mais tellement récemment qu'on a une impression (réelle ou imaginaire) qu'elle est toujours présente.

- **He has just met a very pretty girl.**

  Il vient de rencontrer une très jolie fille.

- **We have just bought a new car.**

  Nous venons d'acheter une nouvelle voiture.

Alors que les Anglais utiliseront le present perfect, avec l'adverbe **just**, les Américains, eux, auront tendance à employer le prétérit, considérant que l'action est terminée.

Prétérit ou present perfect ? Mettez les verbes entre parenthèses au prétérit ou au present perfect selon les cas. Rappelez-vous : prétérit : rupture avec le présent ; present perfect : on s'occupe du présent d'abord !

11. I ______________________ tennis. (**always + like**)

12. He ______________________ here since he left school. (**live**)

13. I love this job, I ______________________ so much here! (**learn**)

14. I ______________________ to be a doctor until I was 15. (**want**)

15. How many cups of tea ______________________ this morning? (**you + drink**)

16. They are so good, they ______________________ all the matches!! (**win**)

17. Shakespeare ______________________ *Romeo and Juliet* in 1592. (**write**)

18. I ______________________ a headache all day, I can't stand it anymore. (**have**)

19. You are a liar, you ______________________ to Italy. (**never + be**)

20. I'm not cooking today, I ______________________ yesterday! (**cook**)

Le present perfect peut logiquement se trouver avec tous les adverbes qui indiquent un lien entre le passé et le présent :

- **until now** *jusqu'à maintenant*
- **so far** *jusqu'à présent*
- **always** *toujours*
- **never** *jamais*
- **already** *déjà*
- **lately** *ces derniers temps*
- **recently** *récemment*

Comment le traduire ?

Le present perfect ressemble beaucoup, par sa forme, au passé composé français. Et parfois on peut en effet tout à fait le traduire par un passé composé, quand on s'intéresse davantage au résultat d'une action qu'à l'action elle-même.

- **Great, they have left the town!**

  Super, ils ont quitté la ville !

Difficile, pour un Français, de s'y retrouver quand il veut dire qu'il est allé quelque part. *Aller* se traduit en effet par **go** dans la plupart des cas, sauf parfois, justement, quand on doit utiliser un present perfect. On devra parfois lui préférer le verbe **be**, tout dépend, là encore, de ce que l'on veut donner comme information…

- **He has been to Africa.**

  Il est allé en Afrique (et il en est revenu depuis !)

- **He has gone to Africa.**

  Il est allé en Afrique (mais il y est toujours.)

Mais ce n'est pas si simple. D'abord, le present perfect peut se traduire par un présent, quand il sert à marquer une continuité entre le passé et le présent :

- **They have known each other for ten years.**

  Il y a dix ans qu'ils se connaissent.

En plus, le passé composé français se traduira par un prétérit quand il fera référence à une action passée, datée et terminée :

- **They bought this house when I was 10.**

  Ils ont acheté cette maison quand j'avais 10 ans.

Impossible donc de calquer une langue sur l'autre… Il faut vraiment réfléchir au message que l'on veut faire passer.

EXERCICE

On traduit ? Traduisez ces passés composés soit par un present perfect, soit par un prétérit suivant les cas en utilisant le verbe entre parenthèses :

21. J'ai vu une très belle voiture, je veux la même !

I ______________________________ a very beautiful car, I want the same ! (**see**)

22. Jane a passé quelques jours ici en septembre 2004.

Jane ______________________________ a few days here in September 2004. (**spend**)

23. Je vous ai acheté des bonbons, vous êtes contents ?

I ______________________________ you some candies, are you happy? (**buy**)

24. Tu n'as pas oublié de fermer la porte, j'espère !

I hope you ______________________________ to close the door! (**forget + not**)

25. La semaine dernière ils sont allés en Cornouailles.

Last week they ______________________________ To Cornwall. (**go**)

EXERCICE

Et dans l'autre sens ? Traduisez ces phrases au present perfect en utilisant soit un passé composé, soit un présent suivant le cas. :

26. It's the first time I have heard this song.

____

27. That's the third cup of tea you have drunk this morning!

____

28. She has worked with children all her life.

____

29. I have read five books since the beginning of the holidays.

___

30. They have been in this country for a very long time.

___

Le present perfect be + V-ing

Il est possible, avec le present perfect comme avec tous les autres temps ou aspects de l'anglais, d'ajouter quelques informations en choisissant de le combiner avec la forme **be + V-ing**. Bien entendu, on continue à établir un lien entre le passé et le présent, mais en ajoutant un petit quelque chose supplémentaire.

Comment le reconnaît-on ?

À la forme affirmative

On s'en serait douté : pour faire un present perfect **be** + **V-ing** on conjuguera **be** au present perfect, et le verbe portera alors la terminaison **-ing :**

- **Has been** + **V-ing** à la troisième personne du singulier
- **Have been** + **V-ing** à toutes les autres personnes.

Exemples :

- **He has been singing in his bath for ten minutes.**

  Il chante dans son bain depuis dix minutes.
- **They have been sleeping for two hours.**

  Ils dorment depuis deux heures.

Aux formes négatives et interrogatives

Comme pour toutes les formes verbales qui se construisent avec un auxiliaire, il n'y a aucune difficulté à construire des questions ou des négations. L'auxiliaire fait tout le travail, en portant la négation ou en se plaçant devant le sujet pour former les questions :

- **Have you read his latest book?**

  Avez-vous lu son dernier livre ?
- **I have not (haven't) read that book, sorry.**

  Je n'ai pas lu ce livre, désolé.
- **What have you read recently?**

  Qu'avez-vous lu récemment ?

Et quand l'utilise-t-on ?

On s'intéresse à une action non encore achevée

Alors qu'avec la forme simple, on s'intéresse au résultat de l'action terminée, avec la forme en **be** + **V-ing**, on s'intéressera davantage au résultat de l'action dans son déroulement :

- **I've read your book.**

  J'ai lu votre livre. (Et je l'ai fini, je peux donc vous en parler en connaissance de cause !)

- **I've been reading your book.**

  Je suis en train de lire votre livre. (Je ne l'ai pas encore terminé, je suis passionnée !)

ATTENTION !

Le présent **be + V-ing** et le present perfect **be + V-ing** se traduiront tous les deux de la même façon en français :

- **I'm reading your book.**
- **I've been reading your book.**

  Je suis en train de lire votre livre.

Mais, alors que dans le premier cas, j'ai le livre dans la main, et que je suis effectivement en train d'accomplir l'action, dans le deuxième, j'indique simplement que l'action est commencée et non terminée au moment où je parle, mais je n'ai forcément pas mon livre ici !

On se focalise sur le sujet grammatical

En combinant le present perfect avec la forme **be + V-ing**, on s'intéresse d'abord à l'activité du sujet grammatical, plutôt qu'au résultat de l'action elle-même :

- **He has painted the door, it's beautiful.**

  Il a peint la porte, elle est magnifique. (On s'intéresse au résultat, à la porte.)

- **He has been painting the door, he's got paint all over!**

  Il a peint la porte, il a de la peinture partout! (On ne s'occupe pas de la porte et du résultat de la mise en peinture, on s'intéresse au sujet et au fait qu'il soit couvert de peinture.)

On ajoute un commentaire personnel

Ajouter une forme en **be + V-ing** permet toujours à l'énonciateur de faire passer en partie son opinion sur l'action dont il parle.

TRUC

Ainsi, dans cet exemple, je me contente de constater que cela fait trois heures qu'il joue. Je ne fais pas de commentaire.

- **He has played the piano for three hours.**

  Il joue du piano depuis trois heures.

En revanche, dans cet exemple, alors, je dis quelque chose de plus. Soit je suis admirative et j'espère bien qu'il va continuer encore longtemps tellement c'est beau, soit je m'attends à ce qu'il s'écroule d'une minute à l'autre, soit encore je m'apprête à l'étrangler car je ne supporte plus de l'entendre… Tout dépendra du contexte et de ma personnalité, mais en tout cas je ne suis pas neutre !

- **He has been playing the piano for three hours.**

  Il joue du piano depuis trois heures.

ATTENTION !

Comme avec toutes les formes **be + V-ing**, il ne sera pas possible d'utiliser le present perfect **be + V-ing** avec les verbes d'état comme **be** (*être*), **remain** (*rester*), **seem** (*sembler*), ni avec des verbes exprimant des pensées ou des sentiments comme **love** (*aimer*), **like** (*apprécier*), **believe** (*croire*), **understand** (*comprendre*), etc.

Difficile également de l'utiliser avec certains verbes d'action qui expriment des actions ponctuelles que l'on imagine mal mettre « au ralenti ». On ne pourrait par exemple pas dire ***The car has been breaking down.*** Soit la voiture est en panne, soit elle ne l'est pas, mais on ne peut pas la décrire en train de tomber en panne…

EXERCICE

Simple ou **V-ing** ? Mettez ces verbes au present perfect en choisissant entre une forme simple et une forme **be + V-ing** suivant le cas :

31. How strange, that man (**sit**) on this bench for hours.

____

32. Her family (**live**) in this village for more than three centuries.

____

33. Uh, he smells hard. I guess he (**run**).

____

34. He (**eat**) the last cookie, let's open a new packet.

____

35. She (**do**) some shopping all day, she is exhausted.

____

36. They (**plant**) a lot of rose bushes in the garden, it looks really beautiful now.

____

37. I (**learn**) Spanish for 6 years but I am still not very fluent.

____

38. He (**remain**) here without saying a word for five hours, it's worrying.

____

39. I (**wait**) long enough, I'm going now.

____

40. How long you (**wait**)?

____

Exprimer la durée

Une durée se calcule dans la plupart des cas par rapport au moment où on est. On parle d'actions qui ont commencé dans le passé et se prolongent dans le présent. Il est donc alors tout à fait logique d'utiliser le present perfect.

How long?

Pour interroger sur la durée d'une action, on utilisera l'expression interrogative **how long?**, soit avec un present perfect simple si on souhaite obtenir une information factuelle sur la durée d'une action, soit avec une forme **be + V-ing** si on souhaite faire ou obtenir un commentaire supplémentaire sur le sujet ou l'action en cours.

- **How long have you studied English?**

  Depuis combien de temps apprenez-vous l'anglais ?

On demande ici une simple information, on s'intéresse uniquement à la durée. On considère que vous avez terminé votre apprentissage.

- **How long have you been studying English?**

  Depuis combien de temps apprenez-vous l'anglais?

Bien sûr, ici on s'intéresse aussi à la durée, mais il y a un commentaire en plus… Vous parlez tellement bien qu'on en est surpris ? Votre anglais est si mauvais qu'on se demande si vous venez juste de commencer ? Dans tous les cas, visiblement, on considère que votre apprentissage n'est pas terminé…

For

For est une préposition que l'on utilisera pour exprimer la durée écoulée entre le début de l'action et le moment où l'on parle. Il se traduit généralement par *depuis*.

- **She has been sleeping for eight hours.**

  Elle dort depuis huit heures.

Attention, il s'agit bien ici de la durée, et pas de l'heure !

For introduira des noms ou des groupes nominaux qui renvoient à une durée :

- **for ages** *depuis une éternité*
- **for centuries** *depuis des siècles*
- **for months** *depuis des mois*
- **for three days** *depuis trois jours*
- **for a long time** *depuis longtemps*
- **for many years** *depuis plusieurs années*

Quand **for** renvoie à une durée d'un événement révolu, il sera utilisé avec du prétérit. Et on le traduira par *pendant :*

- **He has been jailed for 12 years.**

  Il est en prison depuis 12 ans. (Et il y est toujours.)

- **He was jailed for 12 years.**

  Il a été en prison pendant 12 ans. (Mais il en est sorti.)

Since

Since servira à marquer le point de départ d'une action, mais c'est à nous d'en calculer la durée exacte. On le traduira par *depuis*. Ce point de départ peut être une date ou un événement :

- **Mr. Smith has worked for this firm since 1995.**

  M. Smith travaille pour cette entreprise depuis 1995.

- **My mother has not left home since my little sister was born.**

  Ma mère n'a pas quitté la maison depuis la naissance de ma petite sœur.

Since peut tout simplement reprendre un point de départ mentionné précédemment :

- **They left New York in 2010 and have lived in Paris since.**

  Ils ont quitté New York en 2010 et vivent à Paris depuis.

Et ago, dans tout ça ?

On associe traditionnellement **ago** à **for** et **since**, alors qu'ils n'ont en fait pas grand-chose en commun, si ce n'est de servir à parler du temps… Alors que **for** et since permettent de faire le lien entre le passé et le présent et de marquer une durée, **ago** situe résolument une action dans le passé. Il sera d'ailleurs logiquement accompagné du prétérit :

I left home 6 months ago.

J'ai quitté la maison il y a six mois.

EXERCICE

For ou **since** ? Complétez ces phrases avec l'un ou l'autre :

41. It has been there ____________ 1726.

42. It has been there ____________ a long time.

43. They have been on strike ____________ five days.

44. They lived in Denmark ____________ a few years before they came to London.

45. I've had this job ____________ a month.

46. It has been snowing ____________ I got up.

47. In the 1960's I was in a rock band ____________ 7 months.

48. He has been very strange ____________ he got his accident.

49. She hasn't smoked ____________ last Monday.

50. He went away ____________ a long time, but he eventually came back.

Le past perfect

Le **past perfect** s'utilise de la même façon que le present perfect, mais pour faire le lien entre deux moments du passé plutôt qu'entre le passé et le présent. C'est le passé du passé, une sorte de passé antérieur.

Former le past perfect

Là encore, rien que de très logique. On utilisera la forme passée de l'auxiliaire **have**, **had** à toutes les personnes, et le verbe est mis au participe passé :

- **He said he had already seen me before.**

  Il me dit qu'il m'avait déjà vue auparavant.

- **Where had he seen you before?**

  Où t'avait-il vue auparavant ?
- **As for me, I hadn't even heard about him!**

  En ce qui me concerne, je n'avais même jamais entendu parler de lui !

Pour quoi faire ?

Une sorte de plus-que-parfait à l'anglaise

Il est moins employé que le plus-que-parfait en français, mais, de la même façon, il permet de situer un événement dans une période plus ancienne que l'événement principal que l'on est en train de raconter :

- **I lost the necklace he had given to me.**

  J'ai perdu le collier qu'il m'avait offert.

ATTENTION !

Les Américains en particulier utilisent assez peu le past perfect, et se contentent souvent d'employer le passé, considérant probablement que l'antériorité est évidente d'après le contexte :

- **I didn't like the car he bought.**

  Je n'aimais pas la voiture qu'il avait achetée.

Pour marquer le regret

On utilisera le past perfect après certaines expressions pour indiquer que, étant donné les faits, on aurait souhaité un passé différent :

- **I wish I had never come.**

  J'aurais voulu ne jamais être venue.
- **If only you had not seen that!**

  Si seulement tu n'avais jamais vu ça !
- **I'd rather you had not told the children.**

  J'aurais préféré que tu ne l'aies pas dit aux enfants.

Dans le discours indirect

Pour rapporter des paroles prononcées au prétérit ou au present perfect, on utilisera le past perfect :

- **I have forgotten to call Mum! → Jenny said she had forgotten to call her mum.**

  J'ai oublié de téléphoner à maman ! → Jenny a dit qu'elle avait oublié de téléphoner à sa mère.

Et avec be + V-ing ?

Bien entendu, là encore, il est tout à fait possible d'enrichir le past perfect d'une forme en **be + V-ing** pour ajouter un commentaire sur le déroulement d'une action antérieure à l'action principale et/ou sur le sujet grammatical. On utilisera donc une structure de type **had been + V-ing :**

> ✔ **He had been singing for three hours and I wanted to kill him.**
>
> *Il chantait depuis trois heures et j'avais envie de le tuer.*

EXERCICE

Prétérit ou past perfect ? Mettez les verbes entre parenthèses soit au prétérit, soit au past perfect suivant le cas. Attention, il faudra aussi parfois ajouter une forme en **be + V-ing**.

51. When I (**arrive**) in the car park, I (**find**) that my car (**be stolen**).

____

52. She (**reply**) she not (**see**) the beginning of the film so she could not tell me about it.

____

53. When John (**turn up**), Mary (**be**) furious: she (**wait**) for thirty minutes!

____

54. She (**can**) not pay, she (**forget**) her credit card.

____

55. These shoes hurt, I wish I (**buy**) not them!

____

56. Kevin (**be**) worried: he never (**see**) these persons before.

____

57. After Mary (**do**) the washing up, she (**decide**) to rest on the sofa for a while.

____

58. We (**be**) allowed to watch the film provided we (**finish**) our homework before.

____

59. He (**be**) happy: she (**wear**) the dress he (**give**) her.

____

60. She (**tell**) me she (**work**) in this hotel for three years, between 2001 and 2004.

____

61. If only I (**chose**) another hotel! This one is awful.

____

Et si on reprenait tout depuis le début ?

Si on récapitule tout ceci, il y a trois formes verbales pour parler du passé : le prétérit, le present perfect et le past perfect :

- le prétérit pour parler de choses sans s'occuper du présent ;
- le present perfect pour faire le bilan, établir un lien entre le passé et le présent ;
- le past perfect pour parler d'actions qui se sont produites avant les actions passées dont on parle.

Et chacune de ces formes peut se conjuguer avec une forme en **be + V-ing**, si on souhaite ajouter un commentaire implicite supplémentaire sur le déroulement de l'action ou sur le sujet principal plutôt que de s'occuper du résultat de ses actions.

Pas si difficile que ça, finalement !

EXERCICE

On récapitule. Choisissez la forme verbale qui convient : prétérit, present perfect, past perfect ? Forme simple, ou **be + -ing** ? N'ayez pas peur, ce n'est pas si compliqué que cela !

62. I (**lie**) in my bed for less than ten minutes when the phone (**ring**). It (**be**) my sister.

63. I can't drive you there; I never (**learn**) to drive.

64. We (**live**) in Scotland until I (**be**) 15.

65. She (**have**) a difficult life, but she is always smiling.

66. When he (**call**) me, he (**be**) in town for a week already.

67. I (**meet**) them in the park. They (**be**) really worried because their dog (**disappear**).

68. I'm so proud of my daughter; she (**pass**) her exams with merit.

69. All the roads (**be**) blocked. It (**snow**) all night long.

70. This time yesterday, I (**lie**) on the beach! What am I doing here?

71. When he (**see**) her, he (**realize**) she (**cry**).

____

72. When Jane (**come**) in, everybody (**stop**) talking.

____

73. I wonder what is going on: they (**talking**) together for more than one hour.

____

74. Josh (**clean**) my car, he is such a nice boy!

____

75. Keith and Lee not (**come**) to my birthday party, they (**find**) nobody to keep the baby.

____

76. We (**be**) married for 23 years and we still love each other so much!

____

Corrigés

1. I have found a coin in my pocket.

2. Where have they spent their holidays to be so sun-tanned?

3. I haven't seen him for ages.

4. Have they bought a new car?

5. Have you ever been to Japan?

6. What has she done with her cat?

7. He has been to Canada but he has never been to Montreal.

8. Have you seen my blue shirt?

9. How long have they lived in New York?

10. Suzy has not done her homework, it is intolerable!

11. I **have always liked** tennis.

12. He **has lived** here since he left school.

13. I love this job, I **have learnt** so much here!

14. I **wanted** to be a doctor until I was 15.

15. How many cups of tea **have you drunk** this morning?

16. They are so good; they **have won** all the matches!!

17. Shakespeare **wrote** *Romeo and Juliet.*

18. I **have had** a headache all day, I can't stand it anymore.

19. You are a liar; you **have never been** to Italy.

20. I'm not cooking today, I **cooked** yesterday!

21. I **have seen** a very beautiful car, I want the same!

22. Jane **spent** a few days here in September 2004.

23. I **have bought** you some candies, are you happy?

24. I hope you **have not forgotten** to close the door!

25. Last week they **went** to Cornwall.

26. C'est la première fois que j'entends cette chanson.

27. C'est la troisième tasse de thé que tu bois ce matin !

28. Elle a travaillé avec des enfants toute sa vie.

29. J'ai lu cinq livres depuis que je suis en vacances.

30. Ils sont dans ce pays depuis très longtemps.

31. How strange, that man **has been sitting** on this bench for hours.

32. Her family **has lived** in this village for more than three centuries.

33. Uh, he smells hard. I guess he **has been running**.

34. He **has eaten** the last cookie, let's open a new packet.

35. She **has been doing** some shopping all day, she is exhausted.

36. They **have planted** a lot of rose bushes in the garden, it looks really beautiful now.

37. I **have been learning** Spanish for 6 years, but I am still not very fluent.

38. He **has remained** here without saying a word for five hours, it's worrying.

39. I **have been waiting** long enough, I'm going.

40. How long **have** you **been waiting**?

41. It has been there **since** 1726.

42. It has been there **for** a long time.

43. They have been on strike **for** five days.

44. They lived in Denmark **for** a few years before they came to London.

45. I've had this job **for** a month.

46. It has been snowing **since** I got up.

47. In the 1960's I was in a rock band **for** 7 months.

48. He has been very strange **since** he got his accident.

49. She hasn't smoked **since** last Monday.

50. He went away **for** a long time, but he eventually came back.

51. When I **arrived** in the carpark, I **found** that my car **had been stolen**.

52. She **replied** she **had not seen** the beginning of the film so she could not tell me about it.

53. When John **turned up**, Mary **was** furious: she **had been waiting** for thirty minutes!

54. She **could** not pay, she **had forgotten** her credit card.

55. These shoes hurt, I wish I **had** not **bought** them!

56. Kevin **was** worry worried: he **had** never **seen** these persons before.

57. After Mary **had done** the washing up she **decided** to rest on the sofa for a while.

58. We **were** allowed to watch the film provided when **had finished** our homework.

59. He **was** happy: she **was wearing** the dress he **had given** her.

60. She **told** me she **had worked** in this hotel for three years, between 2001 and 2004.

61. If only I **had chosen** another hotel! This one is awful.

62. I **had been lying** in my bed for less than ten minutes when the phone **rang**. It **was** my sister.

63. I can't drive you there; I **have** never **learnt** to drive.

64. We **lived** in Scotland until I **was** 15.

65. She **has had** a difficult life, but she is always smiling.

66. When he **called** me, he **had been** in town for a week already.

67. I **met** them in the park. They **were** really worried because their dog had **diappeared**.

68. I'm so proud of my daughter; she **has passed** her exams with merit.

69. All the roads **were** blocked. It **had been snowing** all night long.

70. This time yesterday, I **was lying** on the beach! What am I doing here?

71. When he **saw** her he **realized** she **was crying/ had been crying**.

72. When Jane **came** in, everybody **stopped** talking.

73. I wonder what is going on: they (talking) together for more than one hour.

74. Josh **has cleaned** my car, he is such a nice boy!

75. Keith and Lee didn't **come** to my birthday party, they **had found** nobody to keep the baby.

76. We **have been** married for 23 years and we still love each other so much!

Chapitre 16

Parler de l'avenir

Dans ce chapitre :

- Jouer à la diseuse de bonne aventure avec **will**
- Quand on veut imposer sa volonté
- Rappeler à un devoir
- Utiliser des indices pour prédire l'avenir
- Utiliser d'autres structures pour parler d'avenir

Parler d'avenir, quoi de plus palpitant ? Dans l'avenir, tout est encore possible, même si rien n'est certain. Certes, nul ne sait de quoi demain sera fait, l'avenir est parfois porteur de grandes inquiétudes, mais, demain, tout peut encore s'arranger, des solutions à tous les maux du quotidien peuvent encore être trouvés, le monde sera peut-être parfait ! Quoi qu'il en soit, l'avenir se prépare, et il sera en grande partie ce que nous en aurons fait.

Pour le préparer, la première chose à faire est d'en parler. En français, on aura le choix pour ce faire entre différentes structures ou temps grammaticaux qui renvoient à l'avenir, avec différentes nuances de sens ou de niveau de langue. On parle de futur proche, composé de l'auxiliaire *aller* au présent et d'un verbe à l'infinitif (*Je vais l'appeler*), de futur simple où on ajoute des terminaisons spécifiques au verbe (*Je l'appellerai*) et du futur antérieur pour parler du futur et du présent en même temps (*Quand je l'aurai appelée…*). Mais il y a aussi d'autres moyens de parler de demain. Ainsi, si j'annonce *Je t'appelle demain !*, j'ai beau utiliser un présent, vous comprenez bien qu'il ne s'agit pas de maintenant ! L'avenir, pour les Français, est bien compliqué…

L'anglais ne dispose pas véritablement d'un temps grammatical pour faire référence à l'avenir. On aura recours, pour parler du futur, à différents moyens, qui vont de l'utilisation du présent (qu'il soit simple ou en **be + V-ing**) à celle d'auxiliaires modaux, tels que **will** ou **shall** en passant par différentes expressions qui expriment la visée.

Will

Will est un auxiliaire modal qui permet à l'énonciateur (celui qui parle) de donner un avis sur une action ou un état.

Et ça marche comment ?

Comme tous les modaux, **will** se construit avec un verbe nu, sans terminaison. Il est invariable et ne prend donc pas de **-s** à la troisième personne du singulier :

- **He will drive you to the station.**

  Il t'emmènera à la gare.

Will peut être contracté, et sera alors écrit **'ll** :

- **She'll come back tomorrow.**

  Elle rentrera demain.

Will étant un auxiliaire, il sert à former les phrases interrogatives et négatives, et à faire des réponses courtes :

- **What will they do?**

  Que vont-ils faire ?

- **They will not (won't) drive to the country.**

  Ils n'iront pas à la campagne en voiture.

- **Who will drive them to the station? I will.**

  Qui ira les conduire à la gare ? Moi.

TRUC

Will peut être combiné avec la forme **be + V-ing** pour décrire une scène que l'on visualise dans le futur :

- **At 9 p.m.? We will be having dinner at that time.**

  À 9 heures ? Nous serons en train de dîner à cette heure-là.

Pour faire des prédictions

Will est la façon la plus utilisée en anglais pour parler du futur. Avec **will**, on indique que l'on prédit ce qu'il va se passer d'après ce que l'on sait du contexte, de la situation ou du sujet grammatical :

- **I know she won't come.**

  Je sais qu'elle ne viendra pas.

Ce sera donc la formule favorite des diseurs de bonne (ou mauvaise !) aventure :

- **You will be rich; you will get married and have a lot of children.**

  Vous serez riche, vous vous marierez et vous aurez beaucoup d'enfants.

Les expressions qui vont bien avec will

Puisqu'il est question de faire des prédictions, il sera logique d'utiliser **will** après des expressions indiquant qu'il s'agit bien là d'une opinion que l'on a de l'avenir :

probably	*probablement*
certainly	*certainement*
maybe / perhaps	*peut-être*
I expect	*je m'attends à ce que*
I suppose	*je suppose*
I think / I guess	*je pense*
I wonder	*je me demande*
I'm sure	*je suis sûr*

EXERCICE

Je vous le prédis ! Traduisez les phrases suivantes en utilisant **will :**

1. Je pense qu'il viendra avec sa femme.

2. Je me demande s'ils gagneront le match !

3. Je suppose que tu ne mangeras pas de viande.

4. Je suis sûre qu'ils regretteront tout ceci.

5. À quelle heure votre train arrivera-t-il ?

6. L'an prochain tu gagneras plus d'argent.

7. Je sais que tout sera parfait pour le mariage.

8. À mon avis ils voyageront beaucoup.

9. Il pense que tu n'auras pas de problèmes.

10. Que ferez-vous avec tout cet argent ?

Pour faire des hypothèses

Quand l'avenir dépend de la réalisation d'une hypothèse, ou si le futur est la conséquence d'un choix, on utilise **will** pour parler de ce qui arrivera.

- **If you go there, you will regret it!**

  Si tu vas là-bas, tu le regretteras !

- **When I am rich I will buy you a beautiful car.**

  Quand je serai riche je t'achèterai une belle voiture.

Qu'il s'agisse d'une hypothèse introduite par **if** ou d'une prédiction introduite par **when** ou **as soon as**, la principale comporte l'auxiliaire **will**, mais la subordonnée est au présent :

- **I will call you as soon as I am at home.**

  Je t'appellerai dès que je serai à la maison.

C'est cette règle qui fait parfois dire que « après ***when***, jamais de **will** ». Formule facile à retenir, souvent exacte, mais pas toujours. On peut par exemple trouver **will** après **when** quand **when** est un pronom interrogatif :

- **When will you start working?**

  Quand vas-tu commencer à travailler?

Parce que je le veux !

Will a la même racine que le verbe allemand *wollen* (vouloir). Il garde parfois son sens d'origine et est utilisé pour marquer la volonté du sujet. Cela apparaît en particulier nettement quand le sujet est **I** :

- **I will not go with you.**

  Je n'irai pas avec toi.

Je n'irai pas, parce que je ne le veux pas ! On pourra mettre en valeur cette nuance à l'oral en accentuant particulièrement le **not**.

Mais cette valeur peut aussi être perçue avec d'autres sujets :

- **Mum will not let us watch that movie.**

  Maman ne nous laissera pas regarder ce film.

On sous-entend ici qu'on sait qu'elle ne le voudra pas.

Will pour demander poliment de faire quelque chose

Comme on dit parfois en français : *Veux-tu me passer le sel, s'il te plaît*, on utilise souvent **will** pour demander poliment à quelqu'un de faire quelque chose.

Will you open the window, please?

Tu peux ouvrir la fenêtre, s'il te plaît ?

Il ne s'agit évidemment pas ici de demander à quelqu'un de faire une prédiction sur ce qu'il va ou ne va pas faire, mais bien de lui demander si tel est son bon vouloir.

Certaines choses ne changeront jamais

Certaines prédictions peuvent être faites en raison de leur caractère prévisible et immuable :

- **Boys will be boys.**

  Les garçons ne changeront jamais.

Comment le savez-vous ? Lisez ces phrases et, pour chacune, dites ce qui a permis à l'énonciateur de faire une prédiction et donc d'utiliser **will :** la volonté du sujet, son caractère immuable, le contexte…

11. I will not return to this hotel next year.

____

12. Jeremy will always arrive late.

____

13. She says she will go with William.

____

14. I will not go anywhere, I will stay here!

____

15. Linda won't go away if she doesn't see you.

____

Shall

Comme **will**, **shall** est un auxiliaire modal qui permet à l'énonciateur de mettre son grain de sel sur l'action accomplie par le sujet. Il se construit d'ailleurs exactement de la même façon, et lui ressemble tellement qu'à la forme contractée, on ne les distingue même plus.

Shall vient du vieil anglais **sculan** qui signifiait *devoir*. Il garde donc toujours cette valeur très forte et est utilisé pour parler d'avenir en sous-entendant une contrainte.

- **You shall not get in!**

  Vous n'entrerez pas.

À votre disposition

Shall est essentiellement utilisé à la première personne, et à la forme interrogative pour proposer un service ou se mettre à la disposition de quelqu'un :

- **Shall I open the door?**

  Dois-je ouvrir la fenêtre ?

- **Now, what shall we do?**

  Qu'allons-nous faire, maintenant ?

Dans ces deux cas, l'énonciateur se met à la disposition des ordres que voudra lui donner son interlocuteur.

Parce que c'est la loi !

On utilisera assez peu **shall** aux autres personnes, sauf dans les règlements, lois et contraintes, chaque fois qu'une contrainte morale, légale ou physique est implicite, dans un contexte plutôt écrit et formel, donc.

- **The Authority shall inform the commission whenever necessary.**

  L'autorité en informera la commission chaque fois que cela s'avérera nécessaire.

- **You shall not modify or alter the software in any way.**

  Il est interdit de modifier ou de transformer le logiciel de quelque façon que ce soit.

It is in the Bible!

Étant donnée la valeur morale très forte de **shall**, il n'est pas surprenant qu'il se retrouve en particulier dans les textes religieux. On le rencontrera ainsi dans les Dix Commandements, dans sa forme archaïque **shalt** :

Thou shalt not kill.

Tu ne tueras point.

Thou correspond au pronom personnel singulier *tu*, qui n'existe plus en anglais moderne.

EXERCICE

Will ou **shall** ? Complétez ces phrases avec l'un ou l'autre de ces auxiliaires :

16. __________ you open the door, please ?

17. __________we go somewhere else?

18. Let's have some tea, __________we?

19. __________you tell me where you were?

20. You __________not open the door!

21. She __________ always repeat the same thing, it's so boring!

Be going to

Avec **be going to** + V, on renvoie à l'avenir sans qu'il soit besoin d'ajouter un marqueur temporel. Cette structure se rapproche du futur proche *aller* + V, que l'on utilise en français pour parler du futur :

- **It is going to rain.**

  Il va pleuvoir.

Élémentaire, mon cher Watson

L'énonciateur peut partir d'indices qu'il constate dans le contexte (que ce soit dans les phrases précédentes ou dans la situation) pour affirmer de manière certaine que quelque chose va se produire :

- **Look, her eyes are closing; she is going to sleep.**

  Regarde, ses yeux se ferment ; elle va dormir.

- **It is freezing; you are going to catch a cold.**

  Il gèle, tu vas attraper froid.

J'en ai bien l'intention

La prévision quasi certaine que l'on fait en utilisant la forme **be going to** + V peut également découler d'une décision déjà prise par le sujet grammatical. La différence avec **will** est subtile, mais elle existe. Comparons ces phrases :

- **I am going to do the washing up, will you help me?**

  Je vais faire la vaisselle, tu viens m'aider ?

- **All right, if you cook the dinner, I will do the washing up.**

  D'accord, si tu fais le repas, je ferai la vaisselle.

Avec **going to** +V, on indique que la décision a déjà été prise de faire la vaisselle, quelle que soit l'aide qui nous sera apportée. Avec **will**, en revanche, cette décision de faire la vaisselle n'intervient que parce que *tu* as accepté de cuisiner, elle n'a pas été prise avant.

EXERCICE

Will ou **be going to** ? Faites des prévisions sur l'avenir en utilisant **will** ou **be going to** suivant le contexte :

22. I am exhausted. I think I (**go**) back home.

____

23. Do you need some help? No, thanks, Sam (**help**) me.

____

24. Tea or coffee? I (**have**) some tea, please.

____

25. What are your plans for the week-end? We (**visit**) my grandmother.

____

26. If you don't listen to your mother, you (**get**) into trouble.

____

27. Look, the sky is really dark, it (**rain**).

____

28. It is always the same. Wherever I go, he (**be**) there.

____

29. If she gets the job, she (**have**) to move to York.

____

30. Why are you here? We (**have**) diner in this restaurant.

____

31. OK, I (**go**) with you, but I must call my husband first.

____

Les autres moyens d'exprimer le futur

Will et **be going to** sont les moyens les plus fréquents de parler de l'avenir en anglais, mais il existe d'autres formes qui permettent également de faire référence au futur.

Le présent en be + V-ing

Quand on mentionne un projet pour lequel on a déjà pris des dispositions, on en parlera comme s'il était déjà en cours, en utilisant **be + V-ing**. Cette forme sera alors obligatoirement accompagnée d'un marqueur de temps futur :

- **We're moving to Paris next month.**

  Nous déménageons à Paris le mois prochain.

Tout est prêt, il y a fort à parier que les cartons sont déjà faits. Dans la tête de l'énonciateur, ils sont déjà partis.

Le présent simple

Pour apporter des informations brutes sur l'avenir qui ne dépendent absolument pas de la volonté de l'énonciateur, on peut utiliser le présent simple. Ce sera par exemple souvent le cas quand on donnera des horaires ou des programmes :

- **The show starts at 2:30.**

  Le spectacle commence à 14 h 30.

Be to + V

Il s'agit ici d'annoncer des dispositions qui ont été convenues, comme dans un contrat ou un règlement, par exemple, ou de rappeler un ordre qui ne viendrait pas de l'énonciateur :

- **You are to leave your bags at the entrance of the shop.**

  Vous laisserez vos sacs à l'entrée du magasin.

Cette structure pourra être nuancée.

- **Be about to** indique que l'action est imminente.

  The show is about to start.

  Le spectacle va commencer d'une minute à l'autre.

- **Be bound to** indique que l'événement est très probable, quasiment inévitable.

  They are bound to know about it.

  Ils vont fatalement être au courant.

- On utilisera **be likely to** pour marquer une probabilité, pour laisser une nuance d'incertitude quant à l'action qui va se produire.

  He is likely to lose the election.

  Il va probablement perdre les élections.

  It is not very likely.

  C'est peu probable.

EXERCICE

Traduisez ces phrases en anglais :

32. Si tu veux, mais ce sera difficile.

33. Qu'est-ce qu'on fait, maintenant ?

34. Il risque fortement de partir immédiatement !

35. Dans un mois je serai couché sur la plage !

36. Je suis fatiguée, je vais dormir un peu.

37. Tu es malade ? Tu veux que je t'apporte de l'aspirine ?

38. Il ne va pas tarder à arriver.

____

39. Le train partira à 18 h 47.

____

40. Nous partons à Bombay en avion demain.

____

41. Je suis certain qu'il n'aimera pas ça.

____

Corrigés

1. I think he will come with his wife.

2. I wonder if they will win the match.

3. I guess you will not eat meat.

4. I am sure they will regret all this.

5. What time will your train arrive?

6. Next year you will earn more money.

7. I know everything will be perfect for the wedding.

8. I think they will travel a lot.

9. He thinks you won't have any trouble.

10. What will you do with all that money?

11. I will not return to this hotel next year. Décision du sujet.

12. Jeremy will always arrive late. Caractère immutable.

13. She says she will go with William. Décision du sujet.

14. I will not go anywhere, I will stay here! Décision du sujet.

15. Linda won't go away if she doesn't see you. Contexte.

16. **Will** you open the door, please?

17. **Shall** we go somewhere else?

18. Let's have some tea, **shall** we?

19. **Will** you tell me where you were?

20. You **shall** not open the door!

21. She **will** always repeat the same thing, it's so boring!

22. I am exhausted. I think I **will go** back home.

23. Do you need some help? No, thanks, Sam **is going to help** me.

24. Tea or coffee? I **will have** some tea, please.

25. What are your plans for the week-end? We **are going to visit** my grandmother.

26. If you don't listen to your mother, you **will get** into trouble.

27. Look, the sky is really dark, it **is going to rain**.

28. It is always the same. Wherever I go, he **will be** there.

29. If she gets the job, she **will have** to move to York.

30. Why are you here? We **are going to have** diner in this restaurant.

31. OK, I **will go** with you, but I must call my husband first.

32. As you like, but it is going to be difficult.

33. What shall we do now?

34. He is likely to leave immediately.

35. In one month from now I will be lying on the beach.

36. I am tired, I am going to sleep for a while.

37. You are ill? Shall I get you some aspirin?

38. He is about to arrive.

39. The train leaves at 6:47 p.m.

40. We are flying to Bombay tomorrow.

41. I am sure he will not like it.

Chapitre 17

Parler de ce qui pourrait se faire

Dans ce chapitre :

- Parler de ce qui pourrait tout à fait se faire
- Parler de ce qui ne se réalisera probablement pas
- Parler de ce qui aurait pu se faire mais ne s'est pas fait
- Tous les moyens pour faire des hypothèses

Peut-être bien que oui, mais peut-être bien que non. L'imagination est sans limite, et l'être humain ne se prive pas de lui laisser libre cours pour créer des mondes irréels dont certains pourront peut-être se réaliser.

Avec des *si*, on mettrait Paris en bouteille, dit-on… Avec des *si*, on peut tout faire, on peut planifier l'avenir, on peut changer le présent, on peut même changer le passé ! Si je gagne… Si j'étais là-bas… Si j'avais su… Autant de moyens d'imaginer un monde différent de celui dans lequel nous vivons, un monde meilleur ou, pourquoi pas, un monde bien pire qui nous aidera à mieux aimer le nôtre.

En anglais, un auxiliaire permet d'annoncer tout de suite qu'on ne parle pas de ce qui est mais de ce qui pourra être, pourrait être ou aurait pu être. Il s'agit de l'auxiliaire **will** et de sa forme passée, **would**.

Nous verrons dans ce chapitre comment l'utiliser et surtout quand l'utiliser pour laisser libre cours à notre imagination.

Imaginez un peu…

Deux mots magiques permettent de parler d'irréel, de ce qui n'existe pas. Deux conjonctions, **if**, *si*, et **unless**, *sauf si*, *à moins que*.

Unless est donc l'équivalent de **if** + **not**. Ce sont ces deux mots qui introduiront généralement les subordonnées qui décriront les circonstances nécessaires pour imaginer une réalité différente. Et ce sont les formes verbales que l'on utilisera avec ces conditions qui nous permettront de savoir si oui ou non ce possible est réalisable.

Ça peut se faire

Quand la condition est réalisable, qu'elle dépend d'un choix que l'on peut encore faire, on utilisera dans la principale le modal **will** qui permet de faire des prédictions, comme nous l'avons vu dans le chapitre précédent. La subordonnée introduite par **if** ou **unless** est, elle, au présent.

- **If you give me $200, I will buy a ticket to Los Angeles.**

  Si tu me donnes 200 dollars, j'achèterai un billet pour aller à Los Angeles.

- **I will stay there unless you want me to come back home.**

  Je resterai là-bas à moins que tu ne veuilles que je rentre.

Dans ces phrases, on envisage l'avenir (avec **will** + BV) en fonction d'une condition que l'on met au présent et que l'on introduit par **if** ou par **unless**.

Suivant que l'on est certain de ce qu'il se passera au cas où la condition se réaliserait ou que l'on se contente d'entrouvrir la porte sur une possibilité, on utilisera **will** ou un autre auxiliaire modal :

- **If you work well at school, I will buy you a bike.**

  Si tu travailles bien à l'école, je t'achèterai un vélo. (C'est sûr, c'est promis.)

- **If you work well at school, I might/I may buy you a new bike.**

  Si tu travailles bien à l'école, je t'achèterai peut-être un vélo. (J'accepte alors d'en envisager la possibilité, ce que je ne ferai pas si tu ne travailles pas bien !)

Possible mais peu probable

Pour ne pas totalement fermer la porte à une éventuelle modification du présent, on utilisera le passé dans la subordonnée introduite par **if** ou par **unless**. On indique alors que la réalisation de l'événement est envisageable, même si elle est peu probable :

- **If I had a lot of money, I would live in a big castle.**

  Si j'avais beaucoup d'argent, j'habiterais dans un grand château.

- **I would give you some money, unless you were richer than I was.**

  Je te donnerais de l'argent, à moins que tu ne sois plus riche que moi.

La condition, pour que la situation se réalise, est que la réalité soit différente de ce qu'elle est. C'est le prétérit employé dans la subordonnée qui indique qu'il faudrait que la réalité soit différente. Pour l'instant, je n'ai pas beaucoup d'argent, tu n'es pas plus riche que moi. Mais en admettant que cela se réalise, je te dis ce qu'il se passerait.

La forme passée de **will**, **would**, que l'on utilisera dans la principale, montre bien qu'on ne fait pas là une promesse ni une prédiction, mais qu'on envisage seulement ce qu'il pourrait se passer.

Dans les subordonnées en **if**, si on utilise **be** (comme verbe ou bien comme auxiliaire), il sera à la forme **were**, à toutes les personnes :

- **If I were you I would not wear those shoes.**

  Si j'étais toi je ne porterais pas ces chaussures.

- **If she were dead, she would not move so much!**

  Si elle était morte, elle ne bougerait pas tant que ça !

C'est du passé tout cela !

Would permet la plupart du temps de se situer résolument dans l'irréel, c'est-à-dire dans ce qui n'est pas ou n'a pas été. Mais il peut également être utilisé dans un contexte passé pour parler d'une action habituelle, caractéristique du sujet grammatical. Il ne s'agit alors pas d'imaginer, mais simplement d'indiquer que l'action se répétait régulièrement dans le passé. On le traduira alors en français par un imparfait :

She would read me a story before going to bed.

Elle me lisait une histoire avant d'aller au lit.

Aïe, c'est trop tard !

D'accord, ce qui est fait est fait, on ne peut plus changer le passé, mais cela n'empêche pas d'imaginer ce qui aurait pu être différent. Pour que personne ne se fasse d'illusion et sache bien qu'il n'est plus possible que la condition se remplisse, on utilisera le past perfect (voir chapitre 15) après **if** ou **unless**. Le verbe de la principale, qui décrit ce que le passé aurait pu être (mais n'a pas été !), sera mis au participe passé et sera précédé de la forme **would have**. Les choses sont claires, il est bien trop tard !

- **If she had learnt her lesson, she would have passed the test.**

  Si elle avait appris sa leçon, elle aurait eu une bonne note.

- **They would have lost the match, unless they had found another way to cheat!**

  Ils auraient perdu le match, à moins qu'ils n'aient trouvé une autre façon de tricher !

ATTENTION !

Pour envisager ce que serait le présent si on avait fait un choix différent dans le passé (et qu'il est bien trop tard pour faire ce choix !), le verbe de la principale sera simplement mis à la forme **would** + V :

- **If she had ticked the right box, she would be rich today.**

  Si elle avait coché la bonne case, aujourd'hui elle serait riche.

Ce n'est alors pas le passé qu'on envisage différemment, mais bien le présent.

EXERCICE

Faisons des rêves ! Mettez les verbes des principales à la forme qui convient :

1. I (**tell**) you the answer if you asked for it politely.

____

2. If he had been there, you (**be**) informed immediately.

____

3. If she had passed her exam, she (**be**) a nurse today.

____

4. If she arrives early, we (**go**) to the cinema together.

____

5. You not (**enter**) unless you show me your identity card.

6. If I didn't have any friends, I (**join**) a club.

7. She (**refuse**) to go with Jane unless Jane apologized first.

8. You (**be**) sick unless you stop eating all that ice.

9. If he were polite, he (**thank**) me.

10. If you had attended the meeting, you (**meet**) Mr. Johnson.

Et dans l'autre sens ? Il s'agit maintenant de mettre la subordonnée à la forme qui convient, suivant que l'on parle de ce qui est, serait ou aurait été.

11. He will miss the bus if you not (**help**) him with his luggage.

12. If I (**can**) I would give you a beautiful ring.

13. If she (**be**) nicer, I would take her on holidays with us.

14. If Ethan (**lose**) his phone, he would have sent a postcard.

15. If he (**arrive**) earlier he would have had lunch with us.

16. Fred would be rich today if he not (**sell**) the painting ten years ago.

17. Jeremy will be late unless you (**drive**) him to the station.

18. We would have done it if we (**know**) it was so important for you!

19. Would you accept if Josh (**ask**) you to marry him?

___

20. I would never forgive him unless he (**offer**) me a beautiful present.

___

Autres moyens de marquer l'hypothèse

If et **unless** sont les moyens les plus courants d'introduire des hypothèses et de faire des suppositions, mais ce ne sont pas les seuls.

Provided (that)

Provided, qui signifie *à condition que*, peut être utilisé pour introduite une subordonnée de condition. La phrase se construira alors exactement comme avec **if**. Il est possible (mais pas obligatoire) de faire suivre **provided** de **that :**

- **I will help you tidy your room provided you help me with mine first.**

  Je t'aiderai à ranger ta chambre à condition que tu m'aides d'abord avec la mienne.
- **He would have come provided Jane had not been invited.**

  Il serait venu à condition que Jane n'ait pas été invitée.

As long as

As long as sera utilisé pour exprimer une condition à respecter. On le traduira par *tant que* ou *aussi longtemps que :*

- **She can stay as long as she is quiet.**

  Elle peut rester aussi longtemps qu'elle est sage.

Inversion auxiliaire/sujet

Il est possible d'exprimer une condition simplement en inversant le sujet et l'auxiliaire quand on parle de ce qui n'est pas réel. Cette construction est cependant assez rare, car il s'agit d'un niveau de langue plutôt soutenu :

Had I read that note earlier, I would not have bothered to come.

Si j'avais lu ce message plus tôt, je ne me serais pas ennuyée à venir.

EXERCICE

Dites-le en anglais ! Traduisez en anglais ces phrases qui expriment toutes des conditions :

21. Tu peux y aller tant que tu as une bonne raison.

____

22. Il ne viendra pas à moins que tu ne lui paies son billet.

____

23. Tu y arriveras à condition de t'entraîner régulièrement.

____

24. Je dirai à John de venir si je le vois.

____

25. Si vous n'habitiez pas si loin, je vous inviterais.

____

26. S'il n'avait pas vu la maison, il ne m'aurait pas crue.

____

27. Si je n'étais pas déjà mariée, je t'épouserais !

____

28. Tu n'auras pas de sandwich tant que tu ne te seras pas lavé les mains !

____

29. Si j'allais à Washington, je visiterais la Maison Blanche.

____

30. Je paierai le taxi à condition qu'il me reste de l'argent.

____

Corrigés

1. I **would tell** you the answer if you asked for it politely.

2. If he had been there, you **would have been** informed immediately.

3. If she had passed her exam, she **would** a be nurse today.

4. If she arrives early, we **will go** to the cinema together.

5. You **will** not unless you show me your identity card.

6. If I didn't have any friends, I **would join** a club.

7. She **refused** to go with Jane unless Jane apologized first.

8. You **will be** sick unless you stop eating all that ice.

9. If he were polite, he **would thank** me.

10. If you had attended the meeting, you **would have met** Mr. Johnson.

11. He will miss the bus if you do not **help** him with his luggage.

12. If I **could** I would give you a beautiful ring.

13. If she **were** nicer, I would take her on holidays with us.

14. If Ethan **had lost** his phone, he would have sent a postcard.

15. If he had **arrived** earlier he would have had lunch with us.

16. Fred would be rich today if he had not **sold** the painting ten years ago.

17. Jeremy will be late unless you **drive** him to the station.

18. We would have done it if we **had known** it was so important for you!

19. Would you accept if Josh **asked** you to marry him?

20. I would never forgive him unless he **offered** me a beautiful present.

21. You may go as long as you have a good reason.

22. He won't come unless you pay for his ticket.

23. You will manage provided you practise regularly.

24. I will tell John to come if I see him.

25. If you didn't live so far away, I would invite you.

26. If he had not seen the house he wouldn't have believed me

27. If I weren't already married, I would marry you.

28. You won't have a sandwich as long as you haven't washed your hands!

29. If I went to Washington, I would visit the White House.

30. I will pay for the taxi provided I have some money left.

Chapitre 18

Ajouter des nuances avec les modaux

Dans ce chapitre :

- Varier son degré de certitude avec les modaux
- Utiliser les modaux pour influencer quelqu'un
- Que faire au passé et au futur ?

Dans la vie, tout est rarement tout blanc ou tout noir. Affirmer, c'est prendre le risque de se tromper, il faut l'admettre. Il est donc plus sage de laisser le doute planer, et de dire dès le départ que notre degré de certitude est plus ou moins élevé. Ainsi, si le ciel est gris, nous savons qu'il risque de pleuvoir, mais qui se risquerait à en mettre sa main à couper ? La langue anglaise est bien pratique à cet égard, qui permet de prendre une distance prudente avec les événements en utilisant des petits mots bien utiles : les auxiliaires modaux. Ils nous permettent de dire jusqu'à quel point on s'engage sur la réalisation d'un événement.

Les modaux, en plus de nous permettre d'être prudents, peuvent revêtir un autre rôle… Ils nous aident (normal, pour des auxiliaires !) à donner notre avis sur une action, voire à influencer nos interlocuteurs. Si je vous dis que vous devez lire ce chapitre, ce n'est pas la même chose que si je vous dis que vous devriez le faire… Eh bien, en anglais, il me suffira de changer de modal pour arriver à la même nuance. Décidément, ils sont bien pratiques, ces modaux !

Un seul petit défaut : ils ont parfois du mal à parler d'autre chose que du présent et nous obligent alors à utiliser d'autres expressions pour arriver au même résultat quand on parle de l'avenir ou du passé. Mais qu'importe, ils rendent de tels services qu'on ne peut pas vraiment leur en vouloir.

Ce chapitre vous aidera à utiliser au mieux ces petits outils linguistiques indispensables en anglais.

Peut-être bien que oui, peut-être bien que non !

Les *auxiliaires modaux* permettent de jouer sur le degré de certitude de l'énonciateur (celui qui parle) vis-à-vis d'une action ou d'un événement. **Must**, **can**, **may** et leurs formes passées, **could** et **might**, permettent à l'énonciateur de dire jusqu'à quel point il est sûr de quelque chose. **Will** est un auxiliaire modal qui permet à l'énonciateur (celui qui parle) de donner un avis sur une action ou un état.

Must / should

En utilisant le modal **must**, on s'engage très fortement. Certes, il y a toujours un petit doute, mais on est pratiquement certain d'une chose :

- **His car is parked in front of the house; he must be at home.**

  Sa voiture est garée devant la maison, il doit être chez lui.

Should marque également une probabilité très forte, mais l'énonciateur est légèrement moins affirmatif.

May

Avec **may**, on envisage une possibilité, mais en précisant bien qu'on n'est pas très sûr de la chose :

- **I may have an umbrella in the car.**

  Il est possible que j'aie un parapluie dans la voiture / J'ai peut-être un parapluie dans la voiture.

Might / could

Might et **could** sont les formes passées **may** et **can**. L'utilisation du passé permet de prendre ses distances par rapport à un événement, en s'engageant au minimum. C'est peut-être vrai, mais peut-être aussi que ça ne l'est pas !

- **He might/could be 16 or 17.**

  Il pourrait avoir 16 ou 17 ans / Il se pourrait qu'il ait 16 ou 17 ans.

Can't

Can't permet d'exprimer une certitude, la certitude que quelque chose n'existe pas, parce que ce n'est pas possible, ni même envisageable :

- **He can't be rich, he doesn't work.**

  Il ne peut pas être riche, il ne travaille pas / C'est impossible qu'il soit riche.

ATTENTION !

Quand il s'agit d'exprimer un degré de certitude quant à la non-existence de quelque chose, on ne se contentera pas d'utiliser **not** derrière les auxiliaires. **Might** et **could** envisagent déjà cette possibilité, inutile dont de changer quoi que ce soit.

Et la négation d'une quasi-certitude exprimée avec **must** ne sera pas niée avec **mustn't**, mais bien avec **can't :**

- **Look at them they are holding hands, they must be married.**

  No, they can't be married, they are much too young!

  Regardez-les, ils se tiennent la main, ils doivent être mariés.

  Non, ils ne peuvent pas être mariés, ils sont bien trop jeunes ! C'est impossible qu'ils soient mariés.

Dites-le avec des modaux. Reformulez ces phrases en utilisant un modal :

1. I don't think Jane is a teacher.

Jane ______________________________

2. Perhaps her brother is jealous.

Her brother ______________________________

3. I am sure it is very hard for them.

It ______________________________

4. I think Suzy lives in Brighton, but I'm really not sure.

Suzy ______________________________

5. I am convinced they are fed up with you.

They ______________________________

Avec quelle forme ?

En règle générale

Les auxiliaires modaux sont invariables. On ne peut donc ni les faire précéder du **to** de l'infinitif, ni les conjuguer, ni leur faire porter le **-s** de la troisième personne du singulier. Ils sont suivis directement de la base verbale du verbe :

- **She must be ill.**

  Elle doit être malade.

- **You might meet our friend there.**

  Il est possible que vous rencontriez notre ami là-bas.

Mais aussi...

On peut combiner les modaux avec la plupart des formes verbales.

Avec la forme be + V-ing

L'énonciateur donne son avis sur le déroulement d'une action, plutôt que son résultat :

- **She must be sleeping.**

  Elle doit être en train de dormir.

Avec le present perfect

Il s'agit alors de donner son avis sur le niveau de probabilité d'une action déjà passée, en général pour tenter d'expliquer le présent :

- **He must have bought a new car; he never takes the bus anymore.**

  Il doit avoir acheté une voiture ; il ne prend plus jamais le bus.

En français, on a tendance à utiliser des tournures impersonnelles pour commenter la probabilité d'un événement. Ces tournures impersonnelles sont rares en anglais, on préfère la plupart du temps l'utilisation d'un modal :

- **She may have left to the supermarket.**

  Il est possible qu'elle soit partie au supermarché.

- **He cannot have come this way.**

  Il n'est pas concevable qu'il soit venu par ici.

Dites-le en anglais. Traduisez ces phrases en utilisant des modaux :

6. Il n'est sûrement pas en train de dormir.

____

7. Elle a dû lui téléphoner, il sait déjà tout !

____

8. Peut-être que je viendrai aussi.

____

9. Il n'est pas exclu que Mary ait déjà lu ce livre.

____

10. Il est possible qu'il ne sache pas où nous habitons.

____

11. Ils ne peuvent pas être à l'école, on est dimanche !

____

12. J'irai éventuellement lui apporter un café au bureau.

____

13. Elle doit être très en colère.

____

14. À cette heure-ci ils doivent dormir.

____

15. Il se pourrait que j'achète ce sac à main.

____

Puisque je te le dis !

Les modaux peuvent également être utilisés pour indiquer que l'on fait plus ou moins pression sur le sujet pour qu'il accomplisse l'action. En fonction du modal utilisé, on pourra ainsi, avec un simple petit mot, donner son avis, une permission, un conseil ou un ordre, voire interdire !

La capacité : can

En utilisant **can** ou **can't**, l'énonciateur donne son avis sur la capacité du sujet grammatical à faire quelque chose :

- **I can open the door, I have the key!**

  Je peux ouvrir la porte, j'ai la clé !

- **He can't drive.**

  Il ne sait pas conduire.

Can est généralement traduit par *pouvoir* en français quand il s'agit d'une compétence physique, mais plutôt par *savoir* quand il s'agit d'une compétence intellectuelle :

- **He can swim.**

  Il sait nager.

La permission : can ou may

Ces deux auxiliaires indiquent que l'énonciateur permet au sujet grammatical de faire quelque chose. **May** sera utilisé dans un contexte plus formel que **can :**

- **You may come in.**

  Vous pouvez entrer.

- **Yes, you can smoke in the yard.**

  Oui, vous pouvez fumer dans la cour.

Ils seront utilisés à la forme interrogative pour demander la permission de faire quelque chose :

- **Can I open the window?**

  Puis-je ouvrir la fenêtre ?

- **May I ask you your name?**

  Puis-je vous demander votre nom ?

À la forme négative, ils indiqueront qu'on refuse une autorisation :

- **You can't enter this room.**

  Vous ne pouvez pas entrer dans cette pièce.

- **You may not watch TV tonight.**

  Vous n'avez pas l'autorisation de regarder la TV ce soir.

Utiliser la forme passée de **can**, **could**, permet de prendre de la distance avec une permission donnée ou demandée, de l'adoucir, d'en atténuer le côté impératif et donc d'être plus poli :

- **Could you lend me your phone to call my wife?**

  Pourrais-tu me prêter ton téléphone pour que j'appelle ma femme ?

- **You could take my car.**

  Vous pourriez prendre ma voiture.

L'obligation : must

Avec **must** l'énonciateur impose sa volonté au sujet grammatical :

- **You must pay $10 to get in.**

  Il faut donner 10 dollars pour entrer.

Il est possible, à la place de **must**, d'utiliser **have to** + BV. On affirme ainsi également une obligation, mais qui est seulement constatée, pas prise en charge par l'énonciateur.

- **You must listen to your teacher.** (C'est un ordre que je te donne, que je t'impose, parce que j'en ai décidé ainsi.)

  Tu dois écouter ton professeur.

- **You have to listen to your teacher**. (C'est une obligation imposée par le règlement de l'école, de la société, pas par moi.)

  Il faut que tu écoutes ton professeur.

Le conseil : should

Should permet à l'énonciateur de donner un conseil sur ce que devrait faire ou ne pas faire le sujet :

- **She should not talk to him anymore.**

  Elle ne devrait plus lui parler.

- **They should not say this kind of things.**

  Ils ne devraient pas dire ce genre de choses.

L'interdiction : mustn't

Mustn't marque une interdiction très forte imposée par l'énonciateur :

- **You mustn't read this letter.**

  Tu ne dois pas lire cette lettre.

L'absence d'obligation : needn't

Interdire n'est pas le contraire d'imposer, difficile donc de dire que **mustn't** est la négation de **must**. Pour exprimer le fait qu'une action n'est pas obligatoire on utilisera le semi modal **need** à la forme négative :

- **You needn't buy a new suit, this one is perfect.**

  Pas besoin d'acheter un nouveau costume, celui-ci est parfait.

Need : verbe ou auxiliaire

Need peut fonctionner comme verbe (il prend alors un **-s** à la troisième personne du singulier au présent, nécessite l'intervention de **do** aux formes négatives et interrogatives et est suivi de **to** + V).

You don't need to have an ID card as long as you don't leave the country.

Tu n'as pas besoin d'avoir une pièce d'identité tant que tu ne quittes pas le pays.

On utilise **need** (ou **needn't**) comme verbe plutôt que comme auxiliaire quand on veut montrer que la nécessité (ou l'absence de nécessité) est due à un élément extérieur et est seulement rapportée par l'énonciateur.

EXERCICE

Qu'en pensez-vous ? Choisissez le modal qui convient parmi ceux qui sont proposés :

16. You ________ forget to send me an email as soon as possible, it's very important.

might – should – mustn't – can

17. It's very cold, she ________ really put on a pullover.

may - should – needn't – can

18. It's not very far from here, you ________ take your car.

cannot – may not – needn't – must

19. Your mum said you ________ come back home too late.

cannot – must – mustn't – need

20. ________ you please drive me to the town centre?

can – could – should – must

21. It's getting very dark, Dad ________ switch on the headlights.

can – should – may – mustn't

22. It is your birthday so you ________ stay up a little later tonight.

must – should – may – cannot

23. You ________ call a taxi, I will drive you to the station.

must – needn't – can – should

24. Look, there is no fog today, we ________ see the top of the mountain.

must – can – should – may

25. ________ I have another biscuit?

may – should – needn't – must

Quand les modaux ne nous conviennent pas...

Certaines expressions ont des sens très proches de ceux des modaux. Elles sont parfois bien pratiques.

D'abord, elles permettent à l'énonciateur de ne pas s'impliquer et les jugements énoncés sont présentés comme neutres, comme de simples constatations :

- **Smoking in not allowed.**

  Il est interdit de fumer.

L'interdiction est ici simplement constatée par le propriétaire du magasin, qui s'appuie alors sur la loi commune. Il aurait tout à fait pu dire : **You mustn't smoke**, mais aurait alors affirmé que cette interdiction était de son fait.

Ensuite, les modaux sont invariables, et ne peuvent donc être conjugués. Certes, **can** et **may** ont une forme passée (**could** et **might**), mais que faire pour les autres modaux ou quand on veut parler d'avenir ou utiliser le present perfect, par exemple ? On aura alors recours à des expressions de sens très voisin que l'on peut conjuguer comme on le souhaite :

L'éventualité : be likely to

Plus question alors de jouer sur le degré de possibilité, on indique simplement que la chose est susceptible de se produire :

- **The building is very old, it is likely to fall any moment.**

  Le bâtiment est très ancien, il risque de s'effondrer à n'importe quel moment.

L'autorisation : be allowed to

- **Dogs were not allowed in the shop.**

  Les chiens n'étaient pas admis dans le magasin.

L'obligation : have to

- **They will have to work hard to be n° 1!**

  Ils vont devoir travailler dur pour être premiers !

La capacité : be able to

- **Because of the snow, we were not able to arrive on time.**
  À cause de la neige, nous n'avons pas pu être là à l'heure.

L'absence d'obligation : do not have to

- **You don't have to be tall to be strong.**
  Pas besoin d'être grand pour être important.

L'interdiction : not be allowed / be forbidden

- **You are not allowed to come in.**
  Tu n'as pas le droit d'entrer.
- **Playing ball under the windows is forbidden.**
  Il est interdit de jouer au ballon sous les fenêtres.

EXERCICE

Sans les modaux ! Traduisez ces phrases sans utiliser de modaux :

26. Pas la peine de te lever à 5 heures du matin !

27. Il faudra que tu travailles davantage.

28. Seras-tu obligé de partir pendant deux mois ?

29. Il est interdit de prendre des photos.

30. Il faut absolument que tu retires ton chapeau pour entrer.

31. Tu n'as pas besoin de lire la fin de ce livre.

32. Il faudra que vous changiez de vêtement avant de partir.

33. A-t-il réussi à traverser tout seul ?

34. Est-ce que je suis vraiment obligé de faire ça ?

____

35. Ils ont été autorisés à entrer.

____

Corrigés

1. Jane **can't** be a teacher.

2. Her brother **might** be jealous

3. It **must** be very hard for them.

4. Suzy **might** live in Brighton.

5. They **must** be fed up with you.

6. He can't be sleeping.

7. She must have called him, he already knows everything.

8. I might come too.

9. Mary may have read this book already.

10. He might not know where we live.

11. They can't be at school, today is Sunday!

12. I may bring him a cup of coffee in his office.

13. She must be furious.

14. They must be sleeping at that time.

15. I may buy this handbag tomorrow.

16. You **mustn't** forget to send me an email as soon as possible, it's very important.

17. It's very cold, she **should** really put on a pullover.

18. It's not very far from here, you **needn't** take your car.

19. Your mum said you **mustn't** come back home too late.

20. **Could** you please drive me to the town centre?

21. It's getting very dark, Dad **should** switch on the headlights.

22. It is your birthday so you **may** stay up a little later tonight.

23. You **needn't** call a taxi, I will drive you to the station.

24. Look, there is no fog today, we **can** see the top of the mountain.

25. **May** I have another biscuit?

26. You needn't get up at 5 am!

27. You will have to work more.

28. Will you have to leave for two months?

29. Taking pictures is forbidden here.

30. You really have to take off your hat to get in.

31. You don't need to read the end of the book.

32. You will have to change clothes before you leave.

33. Was he able to cross on his own?

34. Do I really have to do that?

35. They were allowed to get in.

Chapitre 19

Ajouter des nuances avec les adverbes

Dans ce chapitre :

- Reconnaître et fabriquer un adverbe
- Explorer les différents types d'adverbes
- Savoir placer un adverbe dans une phrase

Nous le savons tous, tout est dans la nuance. À peine avons-nous lancé une affirmation que nous avons envie de la remanier, de la parfaire, d'ajouter notre grain de sel pour préciser notre pensée, les liens que nous faisons entre nos idées et nos phrases.

Les adverbes sont ces petits mots invariables que nous ajoutons souvent à nos phrases pour en modifier ou en préciser le sens. Souvent… Ah tiens, en voilà un, d'adverbe ! Ils nous permettent de faire connaître notre pensée à notre interlocuteur. Comparez l'information que je vous donne si je vous dis que *Marie entra dans le bureau et se mit au travail.* Et si je vous dis que *Marie entra silencieusement dans le bureau et, comme toujours, se mit immédiatement au travail.* Les trois adverbes de cette dernière phrase : *silencieusement, toujours* et *immédiatement*, me permettent d'en dire long que ce que je pense de la personnalité de Marie !

Grâce à ces mots, nous pouvons préciser ou articuler notre pensée, et donc l'enrichir pour expliquer ou convaincre. Qu'ils nous permettent de préciser le lieu, le temps, la fréquence, le degré, la manière ou de contraster, de lier, d'interroger ou d'affirmer, nous les utilisons sans cesse, aussi bien en anglais qu'en français.

Les adverbes, mode d'emploi

Pour tout modifier

Nous l'avons déjà dit, les adverbes servent à nuancer, à faire passer le point de vue de l'énonciateur, à atténuer ou modifier un peu le sens d'un mot ou d'une idée. Avec un adverbe, on peut modifier beaucoup de choses : un adjectif, un autre adverbe, un verbe, un groupe nominal et même une phrase entière !

- **I am sincerely sorry to be late.**

  Je suis sincèrement désolée d'arriver en retard. (**Sincerely** modifie alors l'adjectif **sorry**.)

- **He quickly swallowed his sandwich.**

  Il avala rapidement son sandwich. (**Quickly** modifie le verbe **swallow**.)
- **They never invite anybody at home.**

  Ils n'invitent jamais personne chez eux. (**Never** modifie toute la phrase.)

On t'a reconnu !

De la même façon qu'en français, on reconnaît souvent les adverbes à leur terminaison en *-ment*, en anglais, de très nombreux adverbes sont formés à partir d'adjectifs auxquels on ajoute la terminaison **-ly**. C'est souvent le cas pour les adverbes de manière :

- **fortunate → fortunately**

  heureux → heureusement
- **frequent → frequently**

  fréquent → fréquemment

Bien entendu, certaines modifications s'imposent parfois, pour les adjectifs qui se terminent déjà par **-y**, qui se terminent en **-ble** ou en **-ic :**

- **happy → happily**

  joyeux → joyeusement
- **optimistic → optimistically**

  optimiste → avec optimisme
- **possible → possibly**

  possible → possiblement

Il est même possible de former un adverbe en partant d'un participe passé ou d'un participe présent, ce qui pose parfois problème en français, où on est obligé de recourir à une périphrase :

- **supposed → supposedly**

  supposé → soi-disant

  supposedly she is very shy.

  Il paraît qu'elle est très timide.
- **interesting → interestingly**

  intéressant → ce qui est intéressant

  interestingly, there is no equivalent in French.

  Il n'y a pas d'équivalent en français, ce qui est intéressant.

ATTENTION !

De la même façon qu'il n'est pas toujours possible de former un adverbe en partant de n'importe quel adjectif (***bigly** n'existe par exemple pas…), il ne faut pas se laisser abuser par certains mots qui se terminent par **-ly** et ne sont pour autant pas des adverbes :

- **friendly** *amical*
- **lonely** *solitaire*

Il est facile de deviner le sens des adverbes en repérant l'adjectif à partir duquel ils ont été formés, mais pas toujours si évident de les traduire.

Comment diriez-vous ceci en français ?

1. Hopefully they will come.

____

2. Surprisingly she refused to come.

____

3. I usually start at 7.

____

4. He smiled tensely.

____

5. He looked at her admiringly.

____

Tous les adverbes cependant ne se terminent pas en **-ly**, certains ont leur propre étymologie et ne sont pas dérivés d'autres mots. Pour ceux-là, pas de stratégie possible pour en deviner le sens, on les connaît ou on ne les connaît pas, tout simplement.

- *aussi* : **also**
- *déjà* : **already**
- *ici* : **there**
- *en plus* : **besides**

Les différents types d'adverbes

Les adverbes de manière

Ces adverbes, souvent terminés par **-ly**, sont les plus nombreux.

Puisque, en anglais, on ne peut jamais séparer un verbe de son complément d'objet, ils se placent généralement après le complément, mais on peut aussi parfois les trouver entre l'auxiliaire et le verbe. Ils servent à donner des précisions sur la façon dont l'action s'est déroulée :

- **I don't get distracted easily.**

  On ne me déconcentre pas facilement.
- **She really loves her dog.**

  Elle adore vraiment son chien.

Les adverbes de temps

Ils se placent en début ou en fin d'énoncé pour donner des informations sur le moment où se déroule l'action :

- **They'll start working tomorrow.**

  Ils commenceront à travailler demain.

Les adverbes de temps les plus courants

afterwards	*ensuite*	**still**	*encore*
already	*déjà*	**then**	*alors, ensuite*
now	*maintenant*	**yesterday**	*hier*
today	*aujourd'hui*	**tomorrow**	*demain*
soon	*bientôt*	**tonight**	*ce soir*

ATTENTION !

Difficile pour un francophone d'utiliser les adverbes **still** et **yet**, qui peuvent tous deux se traduire par *encore*. En fait, ce n'est pas si difficile qu'il y paraît.

- **Still** sera tourné vers le passé, il a le sens de *toujours* ou *encore* :

  She is still sleeping.

  Elle dort encore.

- Alors que **yet** sera tourné vers l'avenir :

  She is not sleeping yet.

  Elle ne dort pas encore.

Les adverbes de lieu

On les trouve généralement en fin de proposition. Ils précisent, comme leur nom l'indique, le lieu où se déroule l'action :

- **I'm sure I left them here.**

  Je suis sûr de les avoir laissés ici.

Les adverbes de lieu les plus courants

above	*au-dessus*	**here**	*ici*
ahead	*devant*	**indoors, inside**	*à l'intérieur*
anywhere (else)	*n'importe où*	**nowhere**	*nulle part*
aside	*de côté*	**outdoors, outside**	*dehors*
away	*loin*	**somewhere**	*quelque part*
behind	*derrière*	**there**	*là*
everywhere	*partout*		

Les adverbes de fréquence

Ils indiquent à quelle fréquence se produit l'action.

On les place avant le verbe quand on utilise un temps simple, ou juste après le premier auxiliaire quand on utilise une forme composée :

- **She never listens to me!**

  Elle ne m'écoute jamais !
- **They have never been to Paris.**

  Ils ne sont jamais allés à Paris.

Certains adverbes de temps indiquent une fréquence précise, et se placent alors, comme les adverbes de temps, généralement en fin de proposition :

- **She does the housework daily.**

  Elle fait son ménage tous les jours.
- **He buys the TV program weekly.**

  Toutes les semaines il achète le programme TV.

Les adverbes de fréquence les plus courants

never	*jamais*	**frequently**	*fréquemment*
rarely	*rarement*	**often**	*souvent*
sometimes	*parfois*	**usually**	*d'habitude*
occasionally	*de temps en temps*	**always**	*toujours*

Les adverbes de degré

Ils permettent de préciser le degré et se placent généralement juste devant le mot qu'ils modifient :

- **She is so pretty.**

  Elle est tellement jolie.

- **It's too loud, I can't hear you.**

  C'est trop fort, je ne t'entends pas.

Un adverbe de degré a une utilisation un peu particulière. Il s'agit de l'adverbe **enough** (*assez*). Il se placera devant un nom, mais toujours après l'adjectif qu'il modifie :

- **I don't have enough money.**

  Je n'ai pas assez d'argent.

- **Is this big enough?**

  Est-ce que c'est assez grand ?

Les principaux adverbes de degré

all	*tout*	**nearly**	*presque*
almost	*presque*	**quite**	*assez*
barely, hardly	*à peine*	**really**	*vraiment*
enough	*assez*	**utterly, extremely**	*extrêmement*
just	*juste*	**very**	*très*
merely, only	*seulement*	**too**	*trop*

On le met où ? Dans chacune des phrases ci-dessous, insérez les adverbes entre parenthèses. Il vous faudra parfois opérer quelques modifications de la phrase.

6. He is complaining. (**always**)

____

7. We saw an interesting movie. (**yesterday – very**)

____

8. He is at home. (**unfortunately – never**)

____

9. I don't have time. (**enough**)

____

10. Now she is old, she can marry him. (**enough**)

____

11. He is intelligent. He can learn English. (**obviously – enough – quickly**)

____

12. She was walking down the street. (**yesterday – still – happily**)

____

13. We have seen Jerry. (but) We have met his wife. (**surprisingly – often – never**)

____

14. I'm sure they will be happy. (**really – here**)

____

15. We didn't have time. Days are not long. (**enough – never – enough**)

____

D'autres adverbes

D'autres notions peuvent être véhiculées par des adverbes.

L'argumentation

On peut utiliser des adverbes pour organiser ses idées dans une discussion ou une argumentation, pour exprimer la conséquence :

- **I didn't say that! And furthermore I don't even agree with that!**

  Je n'ai pas dit ça ! Et en plus je ne suis pas d'accord avec ça.
- **I like shoes; consequently my closet is full of shoes.**

  J'aime les chaussures, par conséquent mon placard en est plein.
- **I think therefore I am.**

  Je pense donc je suis.

Des adverbes pour argumenter

- Pour ajouter
  - **additionally, besides, moreover** *en plus*
  - **also** *aussi*
- Pour exprimer la concession ou la restriction
  - **actually** *en fait*
  - **assuredly** *certainement*
  - **nevertheless** *cependant*
  - **still** *et pourtant*
  - **though, yet** *pourtant*
- Pour marquer l'opposition
  - **contrary to** *contrairement à*
  - **finally** *pour terminer, finalement*

Les sentiments, opinions

Certains adverbes permettent d'indiquer ce que l'on pense de quelque chose :

- **Fortunately she wasn't at home.**

  Heureusement, elle n'était pas chez elle.

- **It's rather expensive!**

  C'est plutôt cher !

La similitude

Les adverbes permettent également de marquer la ressemblance, la similitude :

- **It's fascinating, for young and old alike.**

  C'est fascinant, pour les jeunes comme pour les vieux.

- **Come back as fast as you can.**

  Reviens aussi vite que tu peux.

- **I'm leaving and I suggest you do likewise.**

  Je pars et je te suggère d'en faire autant.

EXERCICE

Dites-le avec des adverbes. Traduisez les phrases suivantes :

16. Elle ne connaît pas du tout l'Irlande.

____

17. Heureusement, ils en avaient fait autant.

____

18. Malheureusement, ils ne parlent pas anglais et ils ne vont probablement pas à l'école.

____

19. Il sait à peine marcher et pourtant il comprend tout ce qu'on dit.

____

20. J'ai encore faim ; je n'ai pas encore mangé mon dessert.

____

21. Il n'a pas mangé assez de soupe.

____

22. D'habitude, elle est là à l'heure.

____

23. Tu l'as vue dernièrement ?

____

24. Il l'a fait alors que, évidemment, personne ne lui avait dit de le faire.

____

25. Il la regardait tristement dès qu'elle arrivait.

____

Corrigés

1. Espérons qu'ils viendront.
2. C'est étrange, elle a refusé de venir.
3. D'habitude je commence à 7 heures.
4. Il eut un sourire crispé.
5. Il la regardait avec admiration.
6. He is **always** complaining.
7. We saw a **very** interesting movie **yesterday**.
8. **Unfortunately** he is **never** at home.
9. I don't have **enough** time.
10. Now she is old **enough**, she can marry him.
11. **Obviously** he is intelligent **enough**; he can learn English **quickly**.
12. **Yesterday** she was **still** walking **happily** down the street.
13. **Surprisingly** we have **often** seen Jerry but we have **never** met his wife.
14. I'm sure they will **really** be happy **here**.
15. We didn't have **enough** time; days are **never** long **enough**.
16. She does not know Ireland at all.
17. Fortunately they had done the same thing.
18. Unfortunately they don't speak English and they probably don't go to school.
19. He can hardly walk and yet he understands everything we say.
20. I am still hungry; I have not eaten my desert yet.
21. He hasn't eaten enough soup.
22. She is usually here on time.
23. Have you seen her lately?

24. He did it even though obviously nobody had told him to.

25. He looked at her sadly whenever she arrived.

Quatrième partie

Combinons les mots dans des phrases

Dans cette partie...

Après avoir vu les noms et ce qui s'y rapporte dans la deuxième partie, puis les verbes dans la troisième partie, il nous faut maintenant apprendre à combiner tout cela dans des phrases. Vous aurez besoin, en particulier, de poser des questions et d'y répondre.

Nous ferons quelques petits détours par la voix passive – que les anglophones utilisent bien plus que nous – puis par les relatives qui vous seront utiles pour préciser ce dont vous parlez.

Chapitre 20

Poser des questions… et y répondre

Dans ce chapitre :

- Poser des questions « oui-non »
- Utiliser les pronoms interrogatifs
- Utiliser les adverbes interrogatifs
- Faire des réponses courtes
- S'y retrouver dans les **questions-tags**

La curiosité est-elle un de vos traits de caractère ? Nous parions que oui… puisque vous vous intéressez à une langue étrangère ! Donc, vous avez souvent envie de poser des questions – pour apprendre toujours plus de choses. Et vous avez bien raison ! Reste à apprendre comment poser des questions en anglais.

Nous verrons les questions auxquelles on répond par *oui* ou *non* – ce que nous appelons les *questions fermées* et que les Anglais appellent, d'une manière plus limpide, les **yes/no questions**.

Mais ces questions ne vous suffiront sûrement pas quand vous voyagerez ou rencontrerez des anglophones : vous aurez besoin de demander comment aller à tel endroit, quelle est l'heure de votre départ, quelle est l'adresse de votre hôtel, qui est la personne à côté de vous, etc. Nous verrons comment poser toutes les questions qui précisent le type d'information que vous souhaitez obtenir. Votre question porte-t-elle sur un lieu, un moment, l'identité d'une personne ? C'est le mot interrogatif qui le précise. Nous appelons ces questions des *questions ouvertes*. Et les Anglais, toujours plus prosaïques que nous, les appellent les **wh-questions** (car la plupart des mots interrogatifs commencent par ces deux lettres).

Quand vous aurez fini ce chapitre, vous saurez comment poser toutes ces questions, mais aussi comment y répondre !

Poser des questions

Une règle générale facile à retenir : tandis que tous les énoncés affirmatifs et négatifs respectent l'ordre sujet + (auxiliaire) verbe, les énoncés interrogatifs se caractérisent par l'inversion auxiliaire/sujet.

ATTENTION !

Il est courant, quand on parle français, de marquer l'interrogation uniquement par l'intonation : quand on dit : *John vient*, on est affirmatif, mais si on dit : *John vient ?*, on pose une question. Il est très rare en anglais de marquer ainsi l'interrogation. On le fait uniquement pour demander une confirmation ou pour s'étonner d'une nouvelle surprenante. Si on vous dit : **You are coming with us?** (*Vous venez avec nous ?*), on vous indique que l'on est vraiment surpris ! Reste à vous demander si la surprise est bonne ou mauvaise !

C'est oui ou c'est non ?

Rappelons que les questions dites « fermées » attendent comme réponse *oui* ou *non*. Elles n'ont pas besoin de mot interrogatif.

Quand il y a un auxiliaire

Simple ! Comme nous l'avons dit plus haut, on se contente de placer l'auxiliaire devant le sujet :

- **John is coming.**

  John vient.
- **Is John coming?**

  Est-ce que John vient ? / John vient-il ?

Si on a plusieurs auxiliaires, c'est uniquement le premier que l'on place devant le sujet :

- **He has been working here for a long time.**

  Il travaille ici depuis longtemps.
- **Has he been working her for a long time?**

  Travaille-t-il ici depuis longtemps ?

Des auxiliaires en quantité !

Rappelons que l'anglais utilise des auxiliaires pour toutes les formes verbales – sauf pour les deux seuls temps grammaticaux, le présent et le prétérit.

On appelle auxiliaire tous ces mots qui influent sur le verbe :

On a **be** pour toutes les formes **be + V-ing** – et aussi pour le passif ;

On a **have** pour le present perfect et le past perfect ;

On a **do** pour les formes interrogatives et négatives.

Et puis, on a tous les auxiliaires modaux, **can**, **could**, **may**, **must**, **shall**, **will**, **would**, **should** (voir chapitre 19). Ces auxiliaires peuvent se combiner entre eux. Si on a un modal, c'est toujours lui qui se place en premier :

You should have told me!

Tu aurais dû me le dire !

Quand il n'y a pas d'auxiliaire

Problème ! L'anglais a peu de vrais interdits dans le domaine de la grammaire, mais il en est un qu'il ne faut jamais enfreindre, c'est mettre le verbe devant le sujet (sauf si le verbe est **be**).

Donc, pour le présent et le prétérit, les deux seuls temps sans auxiliaires en anglais, on a recours à l'auxiliaire **do**. Et c'est lui qui travaille : il marque le temps et la personne, tandis que le verbe se repose ; il retrouve sa forme de base verbale, celle que l'on trouve dans le dictionnaire.

- **Does she want a glass of wine?**

  Est-ce qu'elle veut un verre de vin ? (C'est **do** qui prend le **-s** de la troisième personne.)
- **Did she open the door?**

  A-t-elle ouvert la porte ? (C'est **do** qui prend en charge la marque du passé.)

ATTENTION !

Il faut faire très attention aux verbes irréguliers car ils sont une forme différente au présent et au prétérit. N'oubliez pas de leur faire retrouver leur forme de base verbale.

Parfois, une seule lettre change :

- **They gave her a dollar.**

  Ils lui ont donné un dollar.
- **Did they give her a dollar?**

  Est-ce qu'ils lui ont donné un dollar ?

Parfois, la forme varie davantage :

- **They bought a present yesterday.**

  Ils ont acheté un cadeau hier.
- **Did they buy a present yesterday?**

  Ont-ils acheté un cadeau hier ?

Une exception : le verbe be

Le verbe **be** se place toujours devant le sujet grammatical dans les questions :

- **Are you in Paris right now?**

  Êtes-vous à Paris en ce moment ?

EXERCICE

Vous rencontrez une amie d'enfance et vous parlez de vos vieux copains. Votre amie a plus de mémoire que vous… alors vous lui posez plein de questions. Transformez ces phrases en questions :

1. Mariam and Rodney are visiting Paris.

____

2. Sharon has done the housework.

____

3. Nancy has been working all night long.

____

4. Carly will be travelling tomorrow.

____

5. Bing likes playing football.

____

6. George and Sandra go to university.

____

7. Nancy reads a lot.

____

8. David found the truth.

____

9. Ron Roy writes nice books.

____

10. John and Susan have retired.

____

11. Mary thought it was a good idea.

____

12. They drove to Spain.

____

Qui ? Quoi ? Quand ? Comment ?

Qu'est-ce qu'une question ouverte ? Eh bien, c'est le contraire d'une question fermée ! On n'attend plus comme réponse *oui* ou *non*, mais l'information que nous attendons est donnée par le mot interrogatif que nous choisissons.

Rappelons que les Anglais les appellent les **wh-questions**. Un petit moyen mnémotechnique pour vous rappeler nos équivalents des **wh-words**... Lisez à haute voix ces abréviations : C Q Q C O Q P... vous obtenez les premières lettres de nos mots interrogatifs les plus courants :

- C = *Combien ?*
- Q = *Quoi ?*
- Q = *Quand ?*
- C = *Comment ?*
- O = *Où ?*
- Q = *Qui ?*
- P = *Pourquoi ?*

Et l'auxiliaire dans tout cela ?

Il est toujours obligatoire ; c'est la caractéristique de la forme interrogative. Il est toujours placé devant le sujet, donc le raisonnement que nous avons tenu pour les questions fermées reste valable. L'auxiliaire prend en charge la marque du temps et de la personne.

L'ordre des mots est le suivant : mot en **wh-** + auxiliaire + sujet + verbe + ?

- **What does he want?**

  Que veut-il ? (C'est l'auxiliaire **does** qui prend le **s** de la troisième personne.)

- **When did she come?**

  Quand est-elle venue ? (C'est l'auxiliaire **did** qui indique que l'on fait référence au passé.)

ATTENTION !

Rappelons que certains verbes nécessitent une préposition (voir chapitre 10). Dans ce cas, la préposition est le plus souvent rejetée en fin de phrase :

- **What is she looking at?**

  Que regarde-t-elle ?

- **Who is he listening to?**

  Qui écoute-t-il ?

Le verbe **be** étant à la fois verbe lexical et auxiliaire, on ne lui ajoute pas l'auxiliaire **do** et on inverse simplement le verbe et le sujet :

- **Where was he?**

  Où était-il ?

Qui ? Quoi ? À qui ?

Rappelons qu'un pronom remplace un nom. Quand vous posez une question commençant par qui, vous voulez dire « quelle personne ».

Qui ? – who?

Ce pronom interrogatif questionne sur l'identité d'une ou plusieurs personnes. Il peut être sujet ou complément.

- **Who** complément

  Who did you talk to?

  À qui avez-vous parlé ? (Notez bien la place de la préposition, en fin de phrase.)

- **Who** sujet

  Quand **who** est sujet, il est placé devant le verbe – donc, logiquement, il ne nécessite pas l'utilisation de l'auxiliaire **do/did** :

  Who told you she was sick?

  Qui t'a dit qu'elle était malade ? Dans cette question, **who** est le sujet du verbe **told**.

Quoi ?, quel ? – What?

- **What**, pronom complément

  What, pronom, interroge sur la nature d'un ou plusieurs objet(s), d'une activité, d'une caractéristique :

  What did you say?

  Qu'as-tu dit ?

- **What**, pronom sujet

  Comme **who**, **what** peut aussi être sujet (c'est moins courant, puisque les objets agissent moins que les personnes…) :

  What shocked you in this discussion?

  Qu'est-ce qui t'a choqué dans cette discussion ? On n'a pas besoin de **do/did** puisqu'on a un ordre normal, sujet/verbe :

- **What**, adjectif indéfini

  What peut accompagner un nom. Il a alors une fonction d'adjectif :

  What colour do you like best?

  Quelle couleur préférez-vous ?

Lequel ?, laquelle ? – Which?

Which a les mêmes emplois que **what**. Mais, tandis que **what** interroge sur un choix indéfini, **which** propose un choix entre deux ou trois objets ou concepts :

- **Which colour do you like better? Red or blue?**

  Quelle couleur préférez-vous ? Le rouge ou le bleu ?

Lequel choisir : what ou which ?

On peut dire que, si on peut remplacer *quel* par *lequel / laquelle / lesquels*, on choisit plutôt **which**.

- S'il y a quantité de réponses possibles, on choisit **what :**

  What sport do you play?

  Quel sport pratiquez-vous ?

- Si le choix est limité par ce qui est dit dans la question, on choisit **which** :

  Which sport do you prefer, football or tennis?

  Quel sport préférez-vous : le football ou le tennis ?

- Si le choix est limité par la situation, on choisit **which :**

  Which way should I turn?

  Quelle direction dois-je prendre ?

La question implique que le choix est limité : on ne peut tourner qu'à droite ou à gauche.

À qui ? – Whose?

Whose est le génitif de **who**. Il interroge sur l'identité du possesseur : à qui appartient… Il est un peu délicat à manier car il entraîne une construction tout à fait différente de celle du français.

Whose précède immédiatement le nom qu'il détermine :

- **Whose car is this?**

  À qui est cette voiture ?
- **Whose idea was it to invite Hugo?**

  C'était l'idée de qui d'inviter Hugo ?

Mettons les choses en place ! Choisissez la bonne réponse dans la liste ci-dessous pour répondre à ces questions :

In Harrogate theater.

Tracy Millan.

Of course, they are!

They are called the Ivyrise.

My sister's.

Because he has some work to do.

My new red dress, probably.

Around 10:30, I think.

13. Who are you going to the concert with?

14. Which band is playing?

15. Where does the show take place?

16. Why doesn't Brian go with you?

17. What are you going to wear?

18. What time will you be back?

19. Do you really believe this band is the best in England?

20. Whose favorite are they?

Quand ? Où ? Pourquoi ? Comment ?

Les adverbes interrogatifs permettent de préciser le type d'information que l'on veut obtenir.

Les adverbes anglais	*Les adverbes français*	*Ils interrogent sur...*
When?	*Quand ?*	le moment
Where?	*Où ?*	le lieu
Why?	*Pourquoi ?*	la cause
How?	*Comment ?*	la manière

- **When will you answer me?**

  Quand vas-tu me répondre ?
- **Where did you meet this man?**

  Où avez-vous rencontré cet homme ?

Pourquoi ? Pour quoi faire?

Notons que l'adverbe français *pourquoi* a deux sens différents en français – et deux traductions correspondant à chacune de ces deux valeurs.

Why lorsqu'il signifie *pour quelle raison* : la réponse attendue est **because :**

Why did they do that?

Pourquoi ont-ils fait cela ? (Pour quelle raison ont-ils agi de la sorte ?)

What for quand il signifie *dans quel but* : la réponse attendue est **in order to** + V :

What did they do that for?

Pourquoi ont-ils fait cela ? (Dans quelle intention ont-ils agi de la sorte ?)

Les composés de *how*

How, utilisé seul, sert à interroger sur la manière ou le moyen. Il correspond au français *comment :*

- **How do you feel?**

  Comment te sens-tu ?

Mais il peut se combiner avec de nombreux adverbes ou adjectifs pour prendre des sens plus précis. Par exemple, **how much** sert à demander un prix ou un coût :

- **How much are these shoes?**

  Combien valent ces chaussures ?

How much?	*Combien de ?* + nom singulier	**How much money do you have?** *Combien d'argent avez-vous ?*
How many?	*Combien de ?* + nom pluriel	**How many friends do you have?** *Combien d'amis avez-vous ?*
How long?	*Combien de temps ?*	**How long will you stay?** *Combien de temps allez-vous rester ?*
How often?	*Tous les combien ?*	**How often do you meet them?** *Tous les combien les rencontres-tu ?*
How old?	*Quel âge ?*	**How old are you?** *Quel âge avez-vous ?*
How far?	*À quelle distance ?*	**How far is the station?** *À quelle distance est la gare ?*
How tall?	*Quelle taille?*	**How tall is she?** *Quelle taille fait-elle ?*

EXERCICE

Utilisez les éléments donnés pour construire des questions avec des composés de **how**. Ensuite, traduisez les phrases que vous avez obtenues.

Exemple : money – you – need

How much money do you need?

De combien d'argent avez-vous besoin ?

21. time – you – spend – watching TV

____

____

22. people – died – in the explosion

____

____

23. you – go to the cinema

____

____

24. were – they – when they emigrated to Canada

____

____

25. is it – from here – to the city centre

Avant de voyager, vous cherchez tous les renseignements concernant votre hôtel. Vous voulez obtenir les informations que nous avons soulignées. Posez les bonnes questions.

26. The hotel is located in the city centre.

27. It is about two miles from the station.

28. The room is $100 per night.

29. You can pay by credit card or traveller's cheque.

30. Yes, all rooms have free high speed internet access.

31. Breakfast is served at 7 o'clock.

32. A receptionist will welcome you at any time.

33. Yes, we got a call from your colleague.

... et y répondre

Mais oui ! Mais non !

Pour répondre *oui* ou *non* à une question, il est rare en anglais de répondre seulement par **yes** ou **no** ; on préfère compléter **yes** et **no** pour obtenir ce que l'on appelle une réponse courte. On ne reprend pas tout l'énoncé mais seulement le sujet, sous forme de pronom, et l'auxiliaire (ou le verbe **be**) :

– Is Patrick in London right now?

– Yes, he is.

– Est-ce que Patrick est à Londres en ce moment ?

– Oui.

Si la question était au prétérit, on dirait : **Yes, he was.**

– Do you know Mary Paston?

– Yes, I do.

– Vous connaissez Mary Paston ?

– Oui.

Si la question était au prétérit, on dirait : **Yes, I did**.

TRUC

À la forme négative, l'auxiliaire apparaît normalement sous sa forme contractée. Mais, à la forme affirmative, on garde la forme complète. On dit : **Yes he is**, **No he isn't :**

– Were Harvey and Mary working yesterday?

– No, they weren't.

– Est-ce que Harvey et Mary travaillaient hier ?

– Non.

Le jeu du ni oui ni non

Vous connaissez ce jeu dans lequel les mots *oui* et *non* sont interdits ? Comme en français, on peut répondre par quantité de mots ou expressions. En voici quelques-unes.

Pour dire *oui* ou *plutôt oui*. Nous avons classé les mots du plus certain au moins certain :

- **Absolutely** *Absolument*
- **No doubt** *Sans aucun doute*
- **Certainly** *Certainement*
- **Perhaps** *Peut-être*
- **Maybe** *Peut-être*
- **Probably** *Probablement*
- **I think so** *Je pense*
- **Why not?** *Pourquoi pas ?*

Pour dire *non*.

- **Absolutely not** *Absolument pas*
- **Certainly not** *Certainement pas*
- **Not at all** *Pas du tout*
- **Never** *Jamais*
- **Maybe not** *Pas vraiment*
- **I don't think so** *Je ne pense pas*

Il est, n'est-il pas ?

Cette fausse question qu'a popularisée Astérix est une traduction littérale de ce que les Anglais appellent les **questions-tags**.

Qu'est-ce que c'est que ces tags ?

Ce sont de fausses questions qu'on met en fin de phrase pour prendre à témoin son interlocuteur – un peu comme on le fait en français avec des expressions comme *n'est-ce pas ?*, *hein ?*, *bien sûr, non ?* Mais les **questions-tags** sont bien plus employés que nos expressions ; il n'est pas toujours indispensable de les traduire. La difficulté est que les expressions françaises sont figées alors que les **tags** dépendent de la forme verbale.

TRUC

Si la phrase est positive, le **tag** est négatif :

- **It's a nice day, isn't it?**

  C'est une belle journée, n'est-ce pas ?

Si la phrase est négative, le **tag** est positif :

- **It isn't raining, is it?**

  Il ne pleut pas, hein ?

Le choix de l'auxiliaire

Si l'énoncé comporte un auxiliaire, c'est cet auxiliaire qui est repris dans le **tag :**

- **They had just arrived, hadn't they?**

  Ils venaient d'arriver, n'est-ce pas ?

Et s'il n'y a pas d'auxiliaire ? On fait travailler **do**, comme d'habitude !

- **She knew that, didn't she?**

  Elle le savait bien, non ?

EXERCICE

Votre collègue est vraiment morose aujourd'hui. Il répond *non* à toutes vos questions ! Écrivez ses réponses :

34. Does your friend Alan work in this company?

____

35. Do you know our new boss?

____

36. Is Jenny working today?

____

37. Will you show me your new office?

____

38. Can you drive a bus?

____

Corrigés

1. Are Mariam and Rodney visiting Paris?

2. Has Sharon done the housework?

3. Has Nancy been working all night long?

4. Will Carly be travelling tomorrow?

5. Does Bing like playing football?

6. Do George and Sandra go to university?

7. Does Nancy read a lot?

8. Did David find the truth?

9. Does Ron Roy write nice books?

10. Have John and Susan retired?

11. Did Mary think it was a good idea?

12. Did they drive to Spain?

13. Tracy Millan.

14. They are called the Ivyrise.

15. In Harrogate theater.

16. Because he has some work to do.

17. My new red dress, probably.

18. Around 10:30, I think.

19. Of course, they are!

20. My sister's.

21. How much time do you spend watching TV?

    Combien de temps passez-vous à regarder la télévision ?

22. How many people died during this period of history?

    Combien de gens sont morts pendant cette période de l'histoire ?

23. How often do you go to the cinema?

    Vous allez au cinéma tous les combien ?

24. How old were they when they emigrated to Canada?

    Quel âge avaient-ils quand ils ont émigré au Canada ?

25. How far is it from here to the city centre?

À quelle distance sommes-nous du centre-ville ?

26. Where is the hotel located?

27. How far is it from the station.

28. How much is the room?

29. How can I pay?

30. Do all rooms have free high speed internet access?

31. At what time is breakfast served?

32. Who will welcome us when we arrive?

33. Did you get a call from my colleague?

34. Does your friend Alan work in this company? No, he doesn't.

35. Do you know our new boss? No, I don't.

36. Is Jenny working today? No, she isn't.

37. Will you show me your new office? No, I won't.

38. Can you drive a bus? No, I can't.

Chapitre 21

Le passif

Dans ce chapitre :

- Reconnaître une phrase passive
- Former une phrase passive
- Choisir entre la voix passive et la voix active
- Traduire le passif en français

Nous sommes tous amenés dans notre vie professionnelle à lire et produire des documents : contrats, communiqués de presse, présentations, rapports, synthèses, brochures, etc. La liste est longue.

Dans beaucoup de ces documents, on rencontre des énoncés passifs. C'est-à-dire des phrases comme celle-ci : *De nouvelles orientations ont été définies par le président.*

Si on transforme cette phrase pour la mettre à la voix active, on obtient : *Le président a défini de nouvelles orientations.*

On rencontre relativement peu de phrases passives à l'oral, mais on en voit souvent à l'écrit. Et il faut savoir que le passif est beaucoup plus utilisé en anglais qu'en français, comme nous le verrons quand nous aborderons la manière de traduire les énoncés passifs de l'anglais au français.

Qu'est-ce qu'un énoncé au passif ?

Dans la grande majorité des énoncés que vous rencontrez, qui sont des énoncés dits actifs, on a ce schéma : un sujet (nom ou pronom) suivi d'un verbe qui indique l'action qu'il effectue, puis des compléments si nécessaire.

Dans les énoncés passifs, le sujet grammatical subit une action. Et l'acteur n'est plus le sujet grammatical – il est renvoyé au rôle secondaire de complément d'agent, ou bien il est tout simplement omis.

Traduisons la phrase donnée en exemple dans l'introduction :

- **New directions have been initiated by the president.**

  De nouvelles orientations ont été définies par le président.

On peut tout à fait supprimer le complément d'agent, *le président*, dans cet exemple.

Les ingrédients

Les deux éléments qui caractérisent la voix passive sont :

- l'auxiliaire **be**, qui prend en charge la marque du temps, de la personne ou de l'aspect ;
- le participe passé, invariable.

Le participe passé est formé en ajoutant la terminaison **-ed** aux verbes réguliers. Pour les verbes irréguliers, reportez-vous à la troisième colonne de la liste des pages 311 à 316.

Comme l'auxiliaire **be** prend la marque des temps et aspects, il peut lui-même être à une forme composée : **has been, is being**, **was being**, **will be**, **could be**, etc.

Tableau 20-1 : Actif et passif.

Temps ou aspect	***Phrase active***	***Phrase passive***
Présent simple	**Jenny writes a letter.** *Jenny écrit une lettre.*	**A letter is written (by Jenny).** *Une lettre est écrite (par Jenny).*
Présent **be + V-ing**	**Jenny is writing a letter.** *Jenny est en train d'écrire une lettre.*	**A letter is being written.** *Une lettre est en train d'être écrite.*
Prétérit simple	**Jenny wrote a letter.** *Jenny a écrit une lettre.*	**A letter was written.** *Une lettre a été écrite.*
Prétérit **be + V-ing**	**Jenny was writing a letter.** *Jenny écrivait une lettre.*	**A letter was being written.** *Une lettre était en train d'être écrite.*
Present perfect	**Jenny has written a letter.** *Jenny a écrit une lettre.*	**A letter has been written.** *Une lettre a été écrite.*
Past perfect	**Jenny had written a letter.** *Jenny avait écrit une lettre.*	**A letter had been written.** *Une lettre avait été écrite.*
Futur avec **will**	**Jenny will write a letter.** *Jenny écrira une lettre.*	**A letter will be written.** *Une lettre sera écrite.*
Condition avec **would**	**Jenny would write a letter.** *Jenny écrirait une lettre.*	**A letter would be written.** *Une lettre serait écrite.*
Avec un modal	**Jenny could write a letter.** *Jenny pourrait écrire une lettre.*	**A letter could be written.** *Une lettre pourrait être écrite.*

Examinez les phrases suivantes et cochez la bonne case : la phrase est-elle à la voix passive ou à la voix active ?

	Actif	Passif
1. They have found a dog in the park.	☐	☐
2. The gangster has been caught.	☐	☐
3. I am reading a very good book.	☐	☐
4. A new hotel is being built.	☐	☐
5. Lots of trees have been cut down.	☐	☐
6. My grandfather had planted them long ago.	☐	☐

Quand choisir le passif ?

On peut dire qu'on utilise le passif quand :

- l'acteur est inconnu ;
- l'acteur n'a pas d'importance ;
- on veut rester vague quant à l'identité de l'acteur ;
- on parle d'une vérité générale ;
- on veut porter son intérêt sur la chose ou la personne qui subit l'action.

Comparons un énoncé actif avec un énoncé passif

À la voix active : *Monsieur X a tué le fugitif.*

L'acteur est *Monsieur X* et *le fugitif* est le complément

J'emploierai la voix active si j'écris un article sur *Monsieur X*, que je vais présenter puis décrire.

À la voix passive : *Le fugitif a été tué par Monsieur X.*

Le sujet grammatical est *le fugitif*, tandis que l'acteur est devenu complément d'agent. Il joue un rôle secondaire.

J'emploierai la voix passive si je veux écrire un article sur ce fugitif : je vais raconter ce qu'il faisait, pourquoi il était en fuite, etc.

Les titres de journaux

L'emploi du passif est très courant dans les titres de journaux, dans lesquels il est préférable de « faire court » pour attirer l'attention du lecteur. Généralement, l'auxiliaire est sous-entendu et les articles sont omis.

25-year old woman found dead in Severn Park.

Une femme de 25 ans trouvée morte dans le parc Severn.

Debris seen falling off shuttle during launch.

On a vu des débris tomber de la navette pendant le lancement.

Man arrested for stealing cell phones.

Un homme arrêté pour avoir volé des téléphones portables.

Transformez ces phrases pour les mettre à la voix passive. Vous verrez que, dans tous ces exemples, le sujet grammatical n'a pas d'intérêt. Donc ne mettez pas de complément d'agent.

7. Somebody has invited us for lunch tomorrow.

....

8. We'll discuss this matter tomorrow.

....

9. They make progress all the time in the world of science.

....

10. Somebody has closed the door.

....

11. Somebody built that building a long time ago.

....

12. Has anybody answered this question?

....

13. Nobody has opened this letter.

....

14. Nobody heard a sound.

....

Quels verbes mettre au passif ?

Comme en français, les verbes transitifs directs (verbes suivis d'un complément d'objet direct) peuvent être mis au passif.

Dans l'exemple ci-dessous, le verbe *manger* est transitif direct :

- **David ate the last biscuit. → The last biscuit was eaten by David.**

  David a mangé le dernier biscuità Le dernier biscuit a été mangé par David.

À la différence du français, les verbes transitifs indirects (verbes suivis d'un complément d'objet précédé d'une préposition) peuvent également être mis au passif :

- **This bed has been slept in.**

  Quelqu'un a dormi dans ce lit.

Certains verbes transitifs directs anglais peuvent être indirects en français, et *vice versa :*

- **They broke into the house. → The house was broken into.**

  Ils ont cambriolé la maison. → La maison a été cambriolée.

Les verbes à deux compléments

Beaucoup de verbes anglais ont deux compléments d'objet directs : une personne et un objet. Ces verbes peuvent être mis au passif de deux manières différentes selon le mot sur lequel on veut faire porter l'attention.

Prenons comme exemple une phrase simple :

Wayne gave Jessica a red rose.

Wayne a donné une rose rouge à Jessica.

- **A red rose was given to Jessica [by Wayne].**

  Une rose rouge a été donnée à Jessica [par Wayne]

- **Jessica was given a red rose [by Wayne].**

  Jessica a reçu [de Wayne] une rose rouge en cadeau.

On choisit l'une ou l'autre formulation selon que l'on s'intéresse à la rose ou à Jessica.

La double construction passive est très courante en anglais avec ces verbes à deux compléments.

- **ask** *demander*
- **buy** *acheter*
- **bring** *apporter*
- **give** *donner*
- **grant** *accorder*
- **lend** *prêter*
- **offer** *offrir*
- **present** *présenter*
- **promise** *promettre*
- **sell** *vendre*
- **send** *envoyer*

- **show** *montrer*
- **teach** *enseigner*
- **tell** *dire*

Que faire avec les prépositions et particules ?

Rappelons qu'en français, on ne peut pas mettre au passif les verbes qui ont besoin d'une préposition pour introduire leur complément. En anglais, on peut mettre ces verbes au passif. Dans ce cas, le participe passé reste suivi de la préposition (voir chapitre 11).

Prenons un exemple avec l'expression **take care of** (*s'occuper de*) :

- **This will be taken care of by our guide.**

  Nos guides s'occuperont de cela.
- **No one likes to be talked about in a negative way.**

  Personne n'aime que l'on dise du mal de lui.

Traduire le passif anglais

Le passif étant beaucoup plus courant en anglais qu'en français, il n'est pas toujours élégant, ni même possible, de traduire un passif anglais par un passif français. On préfère diverses solutions.

Le pronom « on »

Le français dispose d'un pronom impersonnel *on*. On l'utilise souvent là où l'anglais a recours au passif. En particulier quand il n'y a pas de complément d'agent, parce qu'il est inconnu ou sans intérêt.

- **I was told that you had a new car.**

  On m'a dit que vous aviez une nouvelle voiture.

On ne s'intéresse pas à l'identité de la personne qui a rapporté les paroles.

- **Women are said to live longer than men.**

  On dit que les femmes vivent plus longtemps que les hommes.

Les tournures impersonnelles

On utilise souvent des tournures impersonnelles pour traduire des phrases passives contenant des modaux : *Il faut (que)…*, *Il est possible que…*, *Il est peu probable que…*.

- **These plants must be watered twice a week.**

  Il faut arroser ces plantes deux fois par semaine.

Des verbes pronominaux

Certains verbes pronominaux français se traduisent par des passifs en anglais :

- **This isn't done!**

  Ça ne se fait pas !

- **I don't know how his name is pronounced.**

  Je ne sais pas comment se prononce son nom.

La forme active

Le français préfère parfois changer de point de vue et garder une forme active là où l'anglais privilégie la voie passive :

- **She was born in 1975.**

  Elle est née en 1975.

EXERCICE

Voici les règles d'une société de chasse, **Hunt Club**, du Minnesota. Mettez les verbes entre parenthèses au passif pour compléter les blancs. Puis traduisez les phrases en français.

Hunt Club Member Rules & REGULATIONS

15. No alcoholic beverages ____________________ during the hunt. (**will** + **allow**)

____

16. Beverages ____________________ in the lodge for consumption after the hunt. (**may** + **store**)

____

17. No drugs ____________________ at any time. (**will** + **tolerate**)

____

18. All weapons ____________________ when climbing into the vehicles. (**must** + **unload**)

____

19. You ____________________ to the vehicles for your safety. (**will** + **escort**)

____

20. Guide tips (*pourboires*) ____________________ in daily fees. (**not** + **include**)

____

21. You ______________ to leave if rules ______________ (**may** + **ask** / **violate**)

____

Corrigés

1. Actif

2. Passif

3. Actif

4. Passif

4. Passif

6. Actif

7. We have been invited for lunch tomorrow.

8. This matter tomorrow will be discussed tomorrow.

9. Progress is made all the time in the world of science.

10. The door has been closed.

11. That building was built a long time ago.

12. Has this question been answered?

13. Nobody has opened This letter has not been opened.

14. No sound has been heard. / A sound has not been heard.

15. No alcoholic beverages **will be allowed** during the hunt.

Aucune boisson alcoolisée ne sera autorisée pendant la chasse.

16. Beverages **may be stored** in the lodge for consumption after the hunt.

On pourra entreposer les boissons dans la loge pour les consommer après la chasse.

17. No drugs **will be tolerated** at any time.

Aucune drogue ne sera tolérée à aucun moment.

18. All weapons **must be unloaded** when climbing into the vehicle.

Toutes les armes devront être déchargées quand vous monterez dans les véhicules.

19. You **will be escorted** to the vehicles for your safety.

On vous accompagnera vers les véhicules pour votre sécurité.

20. Guide tips **are not included** in daily fees.

Les pourboires pour le guide ne sont pas compris dans le prix journalier.

21. You **may be asked** to leave if rules are violated.

On vous demandera de partir si vous ne respectez pas les règles.

Chapitre 22

Donner des précisions avec des relatives

Dans ce chapitre :

- Qu'est-ce qu'une proposition relative ?
- Comment construire des propositions relatives ?
- Choisir le pronom relatif

Mais pourquoi étudier les propositions relatives dans un livre *Pour les Nuls ?* On a tout de suite l'impression qu'on s'en va dans des domaines compliqués réservés à des amoureux de la grammaire – dont nous ne faisons pas partie ! Pas du tout. En fait, vous utilisez très souvent des relatives pour préciser ce dont vous parlez.

Prenons un exemple. Avec un ami, vous vous promenez dans la rue et vous voulez lui parler d'un homme devant vous. Il y a plusieurs solutions pour qu'il sache de qui vous parlez. La plus simple, c'est d'utiliser des adjectifs : *Le grand homme brun là-bas*. Mais cela ne suffit pas s'il y a beaucoup de monde. Vous pouvez avoir envie d'identifier la personne avec des phrases comme : *L'homme qui a une valise noire* ou : *L'homme qui vient de sortir du taxi*, ou même – c'est un peu plus rare ! – *L'homme que le policier vient d'arrêter*. Tous ces exemples comportent une proposition relative.

Dans ce chapitre, nous allons voir comment construire une proposition relative pour que vous puissiez être précis lorsque vous voulez identifier une personne ou un objet.

Mais qu'est-ce qu'une relative ?

Comme vous avez pu le voir dans l'introduction de ce chapitre, une relative est introduite par un mot (*qui* ou *que* dans les exemples de l'introduction) que l'on appelle *pronom relatif*. Ce pronom reprend le mot que la relative sert à identifier (*l'homme*, dans l'exemple). On appelle ce mot l'*antécédent* (puisqu'il vient avant).

Si nous reprenons les exemples de l'introduction, nous voyons que nous avons deux fois *qui*, dans : *L'homme qui a une valise noire* et : *L'homme qui vient de sortir du taxi*, et une fois *que*, dans : *L'homme que le policier vient d'arrêter*. Pourquoi cette différence ?

Dans les deux premiers exemples, le relatif est le sujet du verbe de la subordonnée (*qui a, qui vient de sortir*) et dans le dernier exemple, *que* est complément d'objet (*que le policier vient d'arrêter*).

Le choix du pronom relatif

On trouve trois types de pronoms relatifs en anglais :

- les pronoms relatifs **who**, **which**, **whose** qui varient en fonction de leur antécédent et de leur fonction dans la relative ;
- le pronom relatif **that** qui est invariable ;
- le relatif **Ø**, c'est-à-dire l'absence de pronom relatif.

Pour définir un être humain

Si le relatif est sujet, choisissez **who :**

- **Thomas Edison is the man who invented electric bulbs.**

  Thomas Edison est l'homme qui a inventé les ampoules électriques.

  Le relatif **who** est le sujet de **invented**.

Si le relatif est complément, choisissez plutôt **that** ou – mieux – ne mettez rien du tout (c'est ce qu'on appelle le relatif **Ø**) :

- **The man we met yesterday is coming for tea.**

  L'homme que nous avons rencontré hier vient prendre le thé.

  On peut aussi dire : **The man that we met** mais c'est moins naturel.

Pour définir un objet ou un animal

Si le relatif est sujet, choisissez **which** ou **that :**

- **The car which is parked over there is a Chrysler.**

  La voiture qui est garée là-bas est une Chrysler.

On peut aussi dire **the car that is parked**.

Si la relative est complément, vous pouvez aussi employer **which** ou **that**, mais préférez plutôt le relatif **Ø** :

- **The book I have just is great.**

  Le livre que je viens de lire est formidable.

On peut aussi dire : **The book which / that I have just read.**

EXERCICE

On peut, comme ci-dessous, dire les choses en deux temps… Mais c'est tellement mieux si on relie les deux phrases en une seule. Complétez l'amorce et utilisez un relatif (et pensez au relatif **Ø** chaque fois que c'est possible).

1. You gave me a magazine. This magazine is very interesting.

The magazine ______________________________

2. You met a man in Hyde Park. This man is an English teacher.

The man ______________________________

3. You want to see a person. That person is not here today.

The person ______________________________

4. A girl lives in the house next door. This girl is very pretty.

The girl ______________________________

5. There is a shop at the corner of the street. This shop sells stamps.

The shop ______________________________

6. I bought a pair of shooes. These shoes are running shoes.

The shoes ______________________________

Comment faire s'il y a une préposition ?

En français, si la relative comporte une préposition, on la met devant le relatif, comme dans la phrase : *La personne à qui j'ai adressé un message.* En anglais, on fait simple : on renvoie généralement la préposition à la fin de l'énoncé, derrière le verbe : **The person I sent a message to.**

The man you were speaking to is my best friend.

L'homme à qui tu parlais est mon meilleur ami.

The painting you were looking at is by William Blake.

La peinture que tu regardais était de William Blake.

D'autres relatifs

Whose

Vous voulez indiquer une possession ? Nous avons en français un relatif qui indique la possession, c'est *dont*. En anglais, on dispose du relatif **whose**. Le sens est équivalent mais, attention, sa construction est différente. Il est toujours suivi directement d'un nom.

Whose exprime un lien de parenté ou de possession au sens large – entre le nom qu'il introduit et l'antécédent :

- **This is the man whose cell phone was stole.**

  C'est l'homme dont le téléphone portable a été volé.

ATTENTION !

Whose se traduit par *dont*, mais le mot français *dont* a bien d'autres traductions :

- **The book with a red cover.**

  Le livre dont la couverture est rouge.

  Whose ne s'utilise que pour les personnes ou institutions : on peut dire : **the man whose, the city whose**, etc. mais pas *__the book whose :__*

- **The man you are talking about.**

  L'homme dont vous parlez.

  Whose indique uniquement une relation de possession. Dans l'exemple ci-dessus, *dont* est équivalent à *à propos de qui*. Il n'indique pas la possession.

Where

Pas difficile ! C'est comme en français : on dit *le lieu où*... Quand l'antécédent renvoie à un lieu, on utilise **where :**

- **The city where I live is very nice.**

  La ville où je vis est très jolie.

When

Ici, c'est moins évident : en français, on dit *l'année où*, ou *le jour où*. En revanche, en anglais, on fait référence à une date ou à un moment avec **when :**

- **It was in 2008, the year when Obama was elected president of the USA.**

  C'était en 2008, l'année où Obama fut élu président des États-Unis.

Why

Why renvoie à un antécédent exprimant la cause, en particulier le mot **reason** dans l'expression très courante **the reason why**.

- **It is the reason why he left.**

  C'est la raison pour laquelle il est parti.

What

Le pronom relatif **what** traduit *ce qui* ou *ce que* en français. C'est un relatif sans antécédent et il équivaut à **the thing(s) that :**

- **This what I like best.**

  C'est ce que je préfère.

- **He did not like what he saw.**

  Il n'a pas aimé ce qu'il a vu.

EXERCICE

Traduisez cette évocation du plus grand auteur de théâtre anglais :

7. Cet écrivain, dont les pièces de théâtre sont très populaires, vécut au XVIe siècle.

8. Shakespeare, dont l'œuvre est connue dans le monde entier, est né à Stratford.

9. Le jour où il est né ? Personne ne sait exactement.

10. Cet homme, dont la femme s'appelait Anne Hathaway, eut trois enfants.

____

____

11. Ce que les gens aiment dans ses pièces, c'est qu'elles sont drôles, tristes et satiriques.

____

____

Corrigés

1. The magazine you gave me is very interesting.

2. The man you met in Hyde Park is an English teacher.

3. The person you want to see is not here today.

4. The girl who lives next door is very pretty.

5. The shop which is at the corner of the street sells stamps. The shop which sells stamps is at the corner of the street.

6. The shoes I bought yesterday are running shoes.

7. This writer, whose theater plays remain very popular today, lived in the XVIth century.

8. Shakespeare, whose work is famous all over the world, was born in Stratford.

9. The day when he was born? Nobody knows exactly.

10. This man, whose wife was called Anne Hathaway, had three children.

11. What people like about his plays is that they are funny, sad and satirical.

Cinquième partie

La partie des Dix

Dans cette partie…

La partie des Dix est une constante dans les livres Pour les Nuls. Elle contient des conseils pour se déjouer les chausse-trappes de la langue anglaise. Nous vous apprendrons à vous méfier des faux-amis (même s'ils sont bien moins nombreux que les vrais amis !). Cette partie récapitule les erreurs que les Français commettent tout le temps. C'est une sorte de check-list dont nous sommes certains qu'elle va vous être bien utile.

Chapitre 23

Les dix erreurs de grammaire à traquer

Dans ce chapitre :

- Je veux que quelqu'un fasse quelque chose
- Choisir entre **as** et **like**
- **Dead**, **die**, **death**
- Construire un modal
- **V-ed** ou **V-ing** ?
- Où placer le complément ?
- **They**, **their** ou **they're** ?
- L'apostrophe
- Les verbes à particule
- les pluriels irréguliers

Les Anglais repèrent facilement les étrangers à leur accent, bien entendu, mais aussi à certaines erreurs qui reviennent régulièrement Nous, Français, avons tendance à vouloir découper la langue anglaise de la même façon que nous le faisons en français, et cela donne parfois des résultats étonnants !

Dans ce chapitre, nous allons passer en revue quelques erreurs parmi les plus courantes que vous devrez apprendre à éviter pour faire plus vrai que vrai. Savoir qu'en anglais *Je veux que tu viennes* ne se dit pas : ***I want that you come**, ou que **look for**, **look like** et **look after** n'ont pas le même sens, ou bien que *Je l'ai vu* ne se dit pas ***I him saw**, cela peut-être bien utile !

Certaines erreurs très souvent commises par les Français sont parfois plus surprenantes. On le sait bien, *être intéressant* et « *être intéressé* », ce n'est pas la même chose ! Alors, pourquoi confondons-nous sans arrêt **interested** et **interesting** ?

D'autres erreurs sont nettement plus compréhensibles. Comment ne pas confondre **they're**, **their** ou **there**, alors qu'ils se prononcent exactement de la même façon ? Comment ne pas se prendre au piège des pluriels irréguliers ?

Nous allons essayer de déjouer ces pièges tendus dans le simple but de faire trébucher ceux qui se lancent à l'assaut de la langue anglaise.

Je fais ce que je veux !

Le verbe **want** (*vouloir*), ne se construit pas comme en français avec la conjonction *que* et le subjonctif présent. D'ailleurs, pour commencer, le subjonctif n'existe pas en anglais. Le verbe qui le suit sera à la forme nue précédée de **to**. Et si vous souhaitez que ce verbe ait un sujet (donc que quelqu'un d'autre que vous accomplisse l'action que vous souhaitez), très logiquement, ce sujet précède le verbe ! En résumé, *vouloir que quelqu'un fasse quelque chose* se dira : **want somebody to do something**.

- **I want to play Rappelz this afternoon.**

  Je veux jouer à Rappelz cet après-midi.

- **Mary wants you to tell her where to go.**

  Marie veut que tu lui dises où aller.

D'autres verbes exprimant une volonté, une opinion ou une cause se construiront de la même façon.

- **She advised me to come back later.**

  Elle m'a conseillé de revenir plus tard.

- **advise** *conseiller*
- **agree** *accepter*
- **ask** *demander*
- **cause** *entraîner*
- **choose** *choisir*
- **decide** *décider*
- **expect** *s'attendre à*
- **force** *forcer*
- **hope** *espérer*
- **oblige** *obliger*
- **promise** *promettre*
- **refuse** *refuser*

EXERCICE

Si vous le voulez. Traduisez les phrases suivantes :

1. Je veux que tu aides ta petite sœur.

____

2. Elle lui a demandé de venir vers 5 heures.

____

3. Ils m'ont conseillé d'arriver avant 19 h 30.

____

4. Son ami l'a forcée à venir à la soirée.

____

5. Henry a promis à sa femme d'aller en vacances près du Loch Ness.

____

6. Il a refusé à ses employés de partir plus tôt aujourd'hui.

____

C'est comme ci ou comme ça !

As et **like** se traduisent tous les deux en français par *comme*, mais ils ne sont pas interchangeables.

Like

Like exprime une ressemblance. On s'en servira donc pour établir des comparaisons. Il est suivi d'un nom, d'un groupe nominal ou d'un pronom :

- **He is like his father!**

  Il est comme son père !

On s'en servira également pour donner un exemple :

- **His father dresses like a teen.**

  Son père s'habille comme un ado.

As

As permet d'établir un parallélisme entre deux situations. Il est généralement suivi d'une proposition :

- **She came in a taxi, as John had told her.**

  Elle est venue en taxi, comme John le lui avait dit.

On peut aussi trouver **as** devant un nom pour décrire des métiers, des rôles ou des fonctions de personnes. Il aura alors le sens de *en tant que* :

- **He spoke like the headmaster.**

  Il s'exprimait comme le proviseur. (On compare sa façon de parler à celle de quelqu'un d'autre.)

- **He spoke as a headmaster.**

  Il parlait comme proviseur. (Il s'exprime en tant que proviseur, selon sa fonction.)

De plus en plus souvent, en anglais oral, et en particulier dans la bouche des Américains, on trouvera **like** à la place de **as** pour établir le parallélisme entre deux situations. Mais cela ne plaît pas forcément aux oreilles de certains Britanniques…

- **Like I said, he did not do the job.**

  Comme je l'avais dit, il n'a pas fait le travail.

Comme vous le voulez ! Complétez ces phrases avec **as** ou **like** :

7. When she was younger she got a job ________ a waitress in a café in Central London.

8. You are just ________ your sister, you never tidy up your bedroom!

9. ________ a lawyer I can tell you that you will not win that case.

10. ________ you know I will not be with you for the meeting to come.

11. Granny gave me her a ring ________ a birthday present!

12. You are just behaving ________ a child, stop being silly!

À mort !

Les Français ont beaucoup de mal à parler de la mort en anglais. Cela vient du fait qu'en français, la structure est la même quand on s'intéresse à l'état (*on est mort*, donc on n'est plus vivant) et quand on utilise le verbe au passé composé, comme dans : *Il est mort hier.* Si on ajoute à cela qu'en anglais, les mots sont fort semblables, pas étonnant que nous ayons un peu de mal à nous y retrouver !

Le nom, *la mort*, se dit **death** :

- **His death was announced in the papers.**

  Sa mort a été annoncée dans les journaux.

L'adjectif, qui décrit un état, le contraire de *vivant*, donc, se dit **dead** :

- **It was too late, he was already dead.**

  Il était trop tard, il était déjà mort.

Le verbe, quant à lui, se dit **die**. Pas de problème au présent, même s'il paraît un peu difficile de parler de mourir au présent – ben oui, on est soit vivant, soit mort, et l'action elle-même est difficile à décrire sur le moment, mais les choses se compliquent au passé…

- **He died last year.**

  Il est mort l'an dernier.

Il s'agit bien ici de l'action de mourir qui a eu lieu dans le passé. La phrase **He was dead last year** (*Il était mort l'an dernier*) sous-entendrait que depuis lors il n'est pas exclu que cet état (*être mort*) soit différent, et que donc il ait ressuscité depuis… Difficile à envisager sauf dans un contexte très particulier !

Si je veux, je peux

Une erreur très courante commise par les francophones quand ils parlent anglais est de faire suivre les auxiliaires modaux par **to**. Par exemple, pour dire à quelqu'un qu'il lui faut ouvrir une porte, ils diront : ***You must to open this door.**

Ceci est très normal, puisqu'en français, les verbes *pouvoir* ou *devoir* sont suivis de l'infinitif, et qu'on a appris à l'école qu'en anglais, l'infinitif d'un verbe est précédé de **to**. Sauf que, dans une phrase, **to** exprime une visée, ce qui n'est pas du tout le cas quand on utilise un auxiliaire modal pour donner son avis sur le degré de probabilité d'une action ou sur la façon dont le sujet agit. Un auxiliaire modal est toujours suivi d'une base verbale nue :

- **It might rain.**

  Il risque de pleuvoir.

- **Mary mustn't go there.**

  Mary ne doit pas aller là-bas.

Attention, cependant, les modaux ont des équivalents qu'on utilisera pour parler du passé ou du futur, ou pour éviter de s'impliquer personnellement dans l'énoncé. Et ces équivalents, eux, se construisent avec **to** :

- **We are not allowed to take any liquid into the cabin.**

  Nous ne sommes pas autorisés à emporter du liquide en cabine.

EXERCICE

To, ou pas **to** ? **That is the question!** Complétez ces phrases avec **to** quand cela est nécessaire. Dans le cas contraire, indiquez **Ø**.

13. You will have ________ come back tomorrow.

14. It may ________ rain, the sky is very dark.

15. She must ________ listen more carefully to improve her English.

16. Please, can I ________ open the window? It's very hot in here.

17. He is not at home; he must ________ have left already.

18. He is able ________ speak five different languages.

Étonnant, non ?

Un vrai mystère… Pourquoi les Français confondent-ils *étonnant* et *étonné* ? C'est pourtant souvent le cas quand ils parlent anglais, alors que, dans leur propre langue, ils ne le feront jamais. En anglais comme en français, les participes d'un verbe permettent de créer des adjectifs. À partir du verbe *intéresser*, on pourra former l'adjectif *intéressant*, à valeur active, et l'adjectif *intéressé*, à valeur passive. Et on fera parfaitement la différence entre *une personne intéressée* et *une personne intéressante…*

La même différenciation existe en anglais. Dans ce cas, le participe passé se forme en ajoutant la terminaison **-ed** au verbe. Sauf, bien entendu, pour les verbes irréguliers, dont le participe passé a une forme spécifique que l'on trouve dans la troisième colonne des tableaux de verbes irréguliers. Et le participe présent se forme en ajoutant la terminaison

-ing. Et on fera la même différence entre **a very interesting person** et **an interested person**…

- **Her story was so amazing that everybody was amazed.**

  Son histoire était tellement surprenante que tout le monde était étonné.

Shoked ou **shoking** ? Complétez ces phrases avec la terminaison qui convient : **-ed** ou **-ing** ?

19. I loved that book. I found it very interest ___________

20. You should watch this film. I think you would be interest ___________

21. I almost fell asleep during the lesson. I was bor ___________

22. I did not get to the end of that book. I found it bor ___________

23. I was shock ___________ by the death of the main character.

24. She was so impolite. Her answer was shock ___________

Tu le lui diras ?

En français, la place du complément est variable. En général, il se place devant le verbe. On dira par exemple : *Thibaud a donné une pomme à Mathilde*. Mais les choses se compliquent dès que l'on remplace les compléments par des pronoms, car alors ces compléments passent devant le verbe : *Thibaud lui a donné une pomme*, voire : *Thibaud la lui a donnée* (et je passe sous silence la complication des accords du participe passé !!). Mettons-nous deux secondes à la place des anglophones qui apprennent notre langue…

En anglais, les choses sont beaucoup plus simples. D'abord, il n'y a pas à se poser de question quant à la forme du verbe, et ensuite il n'y a que deux choses à retenir :

- on ne sépare jamais le complément d'objet du verbe ;
- les compléments restent derrière le verbe quelles que soient les circonstances.

On dira donc :

- **Thibaud gave an apple to Mathilde.**

  Thibaud a donné une pomme à Mathilde.

- **Thibaud gave her an apple.**

  Thibaud lui a donné une pomme.

- **Thibaud gave it to her.**

  Thibaud la lui a donnée.

C'est finalement beaucoup plus simple, en apparence, sauf qu'il faut faire attention, avec notre bonne habitude de francophone, à ne pas faire passer le pronom complément devant le verbe :

- **Did you tell him what you bought for him?** et non ***Did you him tell what you him bought?**

  Tu lui as dit ce que tu lui avais acheté ?

Tout n'est en fait pas si simple qu'il y paraît. En anglais, les verbes qui acceptent à la fois un complément d'objet direct et un complément d'objet indirect (comme **give**, **ask**, **tell**, etc.) peuvent se construire de deux façons : soit V + COI + COD , soit V + COD + préposition + COI :

- **He gave his wife a ring.**
- **He gave a ring to his wife.**

  Il a offert une bague à sa femme.

Où mettre le complément ? Remettez les mots de ces phrases dans l'ordre :

25. her / he / the / told / truth / .

____

26. gave / present / mother / a / to / she / her / .

____

27. my / you /mistake / can / forgive / ?

____

28. email / sent / him / she / an / .

____

29. he / his / it / to / friends / explained / .

____

30. bought / flowers / some / them / he / .

____

Toujours eux !

Attention à ne pas confondre trois mots qui, même s'ils sont très proches d'un point de vue orthographique et se prononcent exactement de la même façon, ne sont pas pour autant interchangeables… Nous parlons ici des frères ennemis : **there**, **their** et **they're**. Bon, d'accord, pour le dernier, il s'agit en fait de la contraction de deux mots, pas d'un seul, mais là n'est pas le problème. Quoique !

Their

Their est un adjectif possessif. Il se trouve donc toujours devant un nom et indique que le nom dont il est question appartient à plusieurs possesseurs. Comme tous les adjectifs possessifs en anglais, il ne s'accorde ni en genre ni en nombre avec le nom qu'il qualifie :

- **I really like their house.**

  J'aime beaucoup leur maison.
- **Their children are unbearable.**

  Leurs enfants sont insupportables.

There

There, quant à lui, peut être soit un adverbe qui signifie *là*, *là-bas*, soit un pronom impersonnel qui sera utilisé dans des expressions de type **there is** ou **there are**, qui sont équivalentes à l'expression française *il y a*. Vous noterez au passage que la forme du verbe dépend de la quantité d'éléments dont on parle…

- **We went there last year.**

  On est allés là-bas l'an dernier.

- **There is a great campsite just next to the lake.**

  Il y a un super terrain de camping juste à côté du lac.

- **There are a lot of children in the house next door.**

  Il y a beaucoup d'enfants dans la maison d'à côté.

They're

Le troisième larron, **they're**, est en fait la contraction de **they are** :

- **They're so clever!**

  Ils sont tellement intelligents !

EXERCICE

Décidons-nous. Complétez les phrases suivantes avec **they're**, **their** ou **there** suivant les cas :

31. Once upon a time __________ was a beautiful princess who lived in a castle.

32. She was not very happy __________ , so she decided to move.

33. I really love __________ new house, but won't they feel lonely __________ ?

34. __________ are too many cars on the road.

35. Don't get in, __________ talking about secret matters.

36. __________ dog was not allowed __________, because __________ were very young children around.

Question d'apostrophe

Comme en français, l'apostrophe est utilisée en anglais pour transcrire une contraction, pour indiquer que l'on a omis une ou plusieurs lettres :

- **They are very happy together → They're very happy together.**

  Ils sont très heureux ensemble.

Là où les choses se compliquent, c'est que l'apostrophe est aussi utilisée dans la construction du génitif en anglais. Et là, les anglophones eux-mêmes y perdent parfois leur latin ! (Enfin… leur anglais.)

La règle générale, c'est que le possesseur arrive en premier, suivi d'une apostrophe et de l'élément possédé. C'est ce qu'on appelle le génitif, ou plus simplement le cas possessif :

- **Jane's car**

  la voiture de Jane

- **the children's bedroom**

  la chambre des enfants

Mais attention ! Quand le possesseur est un pluriel qui se termine par **-s**, il semble difficile d'ajouter encore une sifflante, au risque de cracher son dentier ! Dans ce cas-là, le **s** de la possession disparaît, mais l'apostrophe, elle, reste…

- **my parents' house**

  la maison de mes parents

ATTENTION !

On utilisera également la forme **'s** dans d'autres cas pour lesquels la notion de possession semble bien lointaine :

- Les durées :

  Let's make a minute's silence.

  Faisons une minute de silence.

  It's a six hours' trip.

  C'est un voyage de six heures.

- Les distances :

  My mother takes a fifteen kilometres' walk every Tuesday.

  Ma mère fait une marche de quinze kilomètres tous les mardis.

Changer de sens comme de particule

Beaucoup de verbes anglais sont en fait composés de deux mots : un élément lexical et une particule. Cela rend la chose parfois un peu complexe pour quelqu'un qui apprend l'anglais, car le fait de changer la particule qui suit un verbe peut en modifier le sens :

- **He looked happy.**

  Il avait l'air heureux.

- **He was proudly looking at his daughter.**

  Il regardait sa fille avec fierté.

- **I need somebody to look after my children when I am working.**

  J'ai besoin de quelqu'un pour s'occuper de mes enfants quand je travaille.

- **Are you looking for your glasses again?**

  Tu cherches encore tes lunettes ?

- **I am looking forward to seeing you again.**

  Je suis impatiente de vous revoir.

- **He was looking down the list of the guests.**

  Il parcourait des yeux la liste des invités.
- **Look out! You might fall.**

  Attention ! Tu risques de tomber.
- **She looks like her mother.**

  Elle ressemble à sa mère.

On peut parfois deviner le sens pris par le verbe en s'interrogeant sur le sens de la particule, mais ce n'est pas toujours aussi simple… Dans de nombreux cas, pas d'autre choix que d'apprendre par cœur le sens du nouveau verbe ainsi formé.

Des pluriels bien singuliers

La formation du pluriel en anglais n'est généralement pas bien difficile, puisque, comme en français, on ajoute un **-s** au nom pour signifier qu'on fait référence à plusieurs éléments (au pluriel, quoi). On parlera de **a cat**, mais de **two cats**. Pour les francophones, rien là que de très normal.

Mais, bien entendu, les choses ne sauraient être toujours aussi simples ! De la même façon qu'en français, on dira *un cheval* mais *des chevaux*, *un bijou* mais *des bijoux*, *un œil* mais *des yeux*, certains noms anglais adopteront des formes particulières quand il s'agira de les mettre au pluriel.

Les mots se terminant en **-s** ou **-z** prendront généralement une terminaison **-es** :

- **a bus → two buses**

  un bus à deux bus

Les mots se terminant en **-y** prendront généralement la terminaison **-ies** :

- **a party → two parties**

  une fête à deux fêtes

Les mots composés à partir de **man** s'écriront (et se diront !) en utilisant le pluriel irrégulier **men** :

- **a salesman → two salesmen**

  un vendeur à deux vendeurs

Les mots qui se terminent par le son [f] feront leur pluriel en **-ves** :

- **a loaf of bread→ two loaves of bread**

  une miche de pain à deux miches de pain

Autres pluriels irréguliers :

- **one foot → two feet** *(un pied, deux pieds)*
- **one goose → two geese** *(une oie, deux oies)*
- **one tooth → two teeth** *(une dent, deux dents)*

- **one mouse → two mice** *(une souris, deux souris)*
- **one child → two children** *(un enfant, deux enfants)*

D'autres mots, histoire de marquer leur différence, ne changeront pas :

- **one sheep → two sheep** *(un mouton, deux moutons)*
- **one aircraft → two aircraft** *(un avion, deux avions)*

Il ne faut pas oublier qu'en anglais, on n'accorde pas les adjectifs aux noms, ni en genre ni en nombre. Les adjectifs sont invariables :

- **a nice girl**

  une gentille fille
- **a nice boy.**

  un gentil garçon
- **nice boys**

  de gentils garçons

Ils ne sont pas réguliers. Indiquez le pluriel des mots ci-dessous.

37. knife

→ ______________________________

38. thief

→ ______________________________

39. dwarf

→ ______________________________

40. woman

→ ______________________________

41. life

→ ______________________________

42. leaf

→ ______________________________

43. child

→ ______________________________

44. foot

→ ______________________________

45. mouse

→ ______________________________

46. half

→ ______________________________

47. tooth

→ ______________________________

48. wife

→ ______________________________

49. shelf

→ ______________________________

50. wolf

→ ______________________________

51. potato

→ ______________________________

52. family

→ ______________________________

53. lady

→ ______________________________

54. baby

→ ______________________________

55. ox

→ ______________________________

56. kiss

→ ______________________________

Corrigés

1. I want you to help your little sister.

2. She asked him to come around 5.

3. They advised me to arrive before 7:30 p.m.

4. His friend forced her to come to the party.

5. Henry promised his wife to go on holidays near Loch Ness.

6. He refused his employees to leave earlier today.

7. When she was younger she got a job **as** a waitress in a café in Central London.

8. You are just **like** your sister, you never tidy up your bedroom!

9. **As** a lawyer I can tell you that you will not win that case.

10. **As** you know I will not be with you for the meeting to come.

11. Granny gave me her a ring **as** a birthday present!

12. You are just behaving **like** a child, stop being silly!

13. You will have **to** come back tomorrow.

14. It may **Ø** rain, the sky is very dark.

15. She must **Ø** listen more carefully to improve her English.

16. Please, can I **Ø** open the window? It's very hot in here.

17. He is not at home, he must **Ø** have left already.

18. He is able **to** speak five different languages.

19. I loved that book. I found it very interest**ing.**

20. You should watch this film. I think you would be interest**ed.**

21. I almost fell asleep during the lesson. I was bor**ed.**

22. I did not get to the end of that book. I found it bor**ing.**

23. I was shock**ed** by the death of the main character.

24. She was so impolite. Her answer was shock**ing.**

25. He told her the truth.

26. She gave a present to her mother.

27. Can you forgive my mistake?

28. She sent him an email.

29. He explained it to his friends.

30. He bought them some flowers.

31. Once upon a time **there** was a beautiful princess who lived in a castle.

32. She was not very happy **there**, so she decided to move.

33. I really love **their** new house, but won't they feel lonely **there**?

34. **There** are too many cars on the road.

35. Don't get in; **they're** talking about secret matters.

36. **Their** dog was not allowed **there**, because **there** were very young children around.

37. knives.

38. thieves

39. dwarves

40. women

41. lives

42. leaves

43. children

44. feet

45. mice

46. halves

47. teeth

48. wives

49. shelves

50. wolves

51. potatoes

52. families

53. ladies

54. babies

55. oxen

56. kisses

Chapitre 24

Les dix faux amis dont il faut se méfier

Dans ce chapitre :

- Actual
- Change
- Figure
- Injure
- Journey
- Library
- Problem / issue
- Rude
- Sale
- Sensible / sensitive

Les Français s'inquiètent de l'intrusion des mots anglais dans la langue française. Il est vrai qu'on ne peut plus écouter la télévision sans entendre parler de **manager**, de **meeting**, de **mail**, de **shopping** et autres anglicismes… D'ailleurs, on nous l'a bien dit, il faut rester « **aware** » ! Ces mots sont si bien entrés dans la langue qu'on n'y fait même plus attention. Et d'aucuns s'élèvent pour protester contre cette invasion qui met en péril notre belle langue.

Pourtant, si on tend l'oreille de l'autre côté de la Manche, force est de constater que nos voisins anglais sont également envahis de mots français qui parsèment les discours et les articles de presse. Et cette intrusion ne date pas d'hier ! L'anglais comporte aujourd'hui près d'un million de mots dont une bonne partie vient directement du latin, *via* le français.

Il n'est pas rare d'avoir deux mots d'origines différentes pour dire à peu près la même chose. Ainsi, la bestiole laineuse à quatre pattes que vous croisez dans les champs s'appellera **sheep** tant qu'elle est vivante, mais deviendra **mutton** une fois arrivée dans votre assiette

Des mots anglais qui ressemblent au français, belle aubaine donc pour les francophones qui peuvent ainsi facilement deviner le sens des mots nouveaux C'est d'ailleurs souvent le cas, mais comme chacun le sait, il faut se méfier des pièges, des faux amis, ces mots qui ressemblent tellement au français mais n'ont pourtant pas le même sens ! Ils ne sont pas si nombreux que cela, mais il faut les connaître pour éviter malentendus et contresens. C'est le but de ce chapitre qui vous alerte sur les dix faux amis les plus sournois de la langue anglaise.

Actual

Actual, comme son nom ne l'indique pas, signifie *réel*, *véritable*. À ne pas confondre avec **present**, ou **current**, autres mots transparents, que l'on utiliserait pour parler de quelque chose d'*actuel*.

- **At the current stage of the enquiry, we cannot arrest him.**

  En l'état actuel de l'enquête, on ne peut pas l'arrêter.

- **He writes under an alias, but his actual name is John Martins.**

  Il écrit sous un pseudonyme, mais son vrai nom est John Martins.

Attention également à l'adverbe dérivé de **actual**. **Actually** signifie *en fait*, et non *actuellement…*

- **Actually, I don't really understand.**

  En fait, je ne comprends pas bien.

Figure

Rien à voir avec le visage. Pour parler du *visage*, on utilisera le mot **face**, un vrai ami, celui-là, qui a son équivalent en français.

- **She punched him in the face.**

  Elle lui envoya son poing à la figure.

Le mot **figure**, lui, est généralement utilisé pour parler de chiffres. **Disappointing figure** signifie que les résultats sont décevants ; on ne parle pas du tout de l'apparence de quelqu'un qui aurait été défavorisé par la nature !

Figure peut tout de même s'employer pour parler d'une personne, mais on fera alors plutôt référence à la personnalité de quelqu'un, et non à son visage :

- **He is a major political figure in the UK.**

  C'est une personnalité politique majeure en Grande-Bretagne.

Change

Petite anecdote Une famille française se présente à l'entrée d'un musée à Londres. Deux adultes, trois enfants, cela fera 35 livres sterling et 45 pence. L'homme s'approche du comptoir et offre son plus beau sourire à la caissière : **Sorry I have no money!** Visage déconfit de ladite caissière qui ne comprend pas, d'autant que le monsieur lui tend en même temps un beau billet de 50 livres ! Serait-il fou ? En train de se moquer d'elle ? Ce billet serait-il un faux ?

Pas du tout, simplement, le monsieur a confondu **money**, l'*argent*, et **change**, la *monnaie* ! Ce qu'il aurait dû dire, c'est : **Sorry, I have no change**. **Money**, *monnaie*, encore deux mots si proches qu'on les confond, qui ont forcément la même origine, mais pas tout à fait le même sens.

- **She gave me 60p in change.**

  Elle m'a donné 40 pence en petite monnaie.

Attention, dans un autre contexte, **change** peut aussi se comporter en véritable ami, et signifier *changer*, ou *changement* selon qu'il est verbe ou nom…

- **The change will do you good.**

  Le changement vous fera du bien.

Injured

Si vous lisez la phrase **Nobody was injured in the accident**, n'en déduisez pas tout de suite que l'accident a eu lieu entre personnes bien élevées et de bonne composition qui ont su garder leur sang-froid dans des circonstances quelque peu éprouvantes

Injure, selon qu'il est un nom ou un verbe, signifie *une blessure* ou *blesser*. Il peut s'agir d'une blessure aussi bien physique que morale :

- **"My reputation has been injured", she said.**

  « Ma réputation a été entachée », dit-elle.

Dire des injures, *couvrir quelqu'un d'injures* se dira **heap abuse on somebody** ou **pour out abuse**.

Journey

Encore un mot qui ressemble trop à son cousin français pour être tout à fait honnête On utilisera le mot **journey** en anglais pour parler d'un *trajet*, d'un *déplacement* d'un point à un autre. La *journée*, quant à elle, se traduira tout simplement par **day** !

- **It was a nice day.**

  Ce fut une belle journée.

Attention, cependant, à ne pas penser que les choses sont simples et que chaque fois que vous parlerez de voyage pour pourrez utiliser le mot **journey**. Les Anglais ont plusieurs mots pour parler de leur *voyage*, selon qu'il est court ou long, d'agrément ou d'affaires, régulier ou exceptionnel, pour aller travailler ou s'il s'agit d'un voyage de noces… **Travel** est le terme le plus courant, qui renvoie à un voyage banal. **Trip** sera utilisé pour parler d'un voyage plus touristique ou d'affaires, en avion ou en train. **Tour** fera référence à un voyage organisé, et **honeymoon** au voyage de noces.

Library

Évidemment, tout Français normalement constitué ne se posera pas de question en lisant : **Meet me at the library**… Et pourtant, il le devrait ! Car s'il attend devant la librairie la plus proche, il risque de rater son rendez-vous. **Library** signifie en effet *bibliothèque* et non, comme on s'y attendrait, *librairie*.

Alors, direz-vous, comment faire pour parler d'une librairie, du bon vieux magasin où on peut acheter tous les livres que l'on souhaite ? Eh bien, justement, on utilisera alors le terme **bookshop**. Rien que de très logique, finalement !

Quant à la *papeterie*, on la traduira par **stationer's**, ou **stationery shop**. Mais il est vrai qu'aujourd'hui, ces termes renvoient plus facilement aux rayons spécialisés d'un grand magasin qu'à une échoppe

Problem / issue

Les Français adorent parler de leurs problèmes. On parle de gros problèmes ou de petits problèmes. Un bouton sur le nez ? Un problème ! Le chômage ? Un problème ! Pas de hiérarchisation dans le terme. Les Anglais, eux, choisiront le mot à utiliser en fonction de l'importance, de la gravité de l'événement. **An issue** dérange, ennuie, mais ne bouleversera pas votre vie et trouvera probablement facilement une solution. Il s'agit souvent d'un problème plutôt moral. Alors que **a problem** est beaucoup plus grave, et aura un impact directement sur vous ou tout au moins sur les gens qui vous entourent.

- **Unemployment is a real problem in French society.**

  Le chômage est un véritable problème dans la société française.

- **Unemployment is one of the political issues the government will have to deal with.**

  Le chômage est un problème politique dont le gouvernement devra s'occuper.

Dans un des cas, on envisage une solution au problème du chômage, dans l'autre pas

Mais, au fait, **issue** rien à voir avec l'issue de secours, donc ? Eh bien non, *issue de secours* se dira **emergency exit** On ne s'en sort pas, et ça, c'est un problème !

Rude

A priori, la confusion peut sembler anecdotique, mais quand même Dans certaines séries américaines mal traduites, on peut voir des enfants s'écrier, quand le langage de l'un des personnages dépasse un cadre socialement acceptable : *Oh, ça c'est rude !* Cette phrase, admettons-le, sonne très étrangement aux oreilles françaises. *Ça c'est dur !*, voire, à une époque « *dur dur* », on comprend bien, mais là ? Il s'agit tout simplement de la traduction de **Oh, it's rude!**, dans laquelle le traducteur n'a pas cherché bien loin et a traduit **rude** par *rude*. En fait, **rude** signifie *impoli*, *mal élevé* :

- **I don't mean to be rude, but I have to refuse your offer.**

  Je ne veux pas vous sembler malpoli, mais je dois refuser votre offre.

Rude, en français, avec le sens de dur, difficile, ou pénible, pourra se traduire par **hard**, ou **tough** :

- **You have been tough with him.**

  Tu as été rude avec lui.

Sale

Quoi de plus étonnant, quand on se promène dans les rues en Angleterre ou aux États-Unis, que de voir de grands panneaux proclamant **Sale!** sur les vitrines des magasins Serait-ce un mouvement de protestation de groupuscules voués à la dénonciation des échoppes qui ne nettoieraient pas leurs vitres assez souvent ?

Bien sûr que non, **a sale** est *une vente*.

- **house for sale**

  maison à vendre

Ce mot sera également utilisé pour annoncer *les soldes*, ce qui explique qu'on le voie écrit si gros sur les vitrines

- **These shoes are on sale.**

  Ces chaussures sont soldées.

C'est la raison pour laquelle un vendeur s'appellera **a salesman** (ou **saleswoman** !), rien à voir avec son hygiène corporelle ! Ce qui est *sale* d'ailleurs se dira **dirty** :

- **Go and wash your hands, they are dirty.**

  Va te laver les mains, elles sont sales.

Sensible / sensitive

Ces deux mots sont tellement proches qu'on a du mal à les différencier. Et ceci d'autant plus que, pour un francophone, ils semblent désigner la même chose, l'état de ce qui est sensible Bien entendu, cela serait trop simple !

Sensible se dit de ce qui est sensé, de ce qui a du sens, qui est raisonnable ou judicieux :

- **That's the most sensible answer I can give you.**

  C'est la réponse la plus sensée que je puisse te faire.

C'est donc **sensitive** qui sera utilisé pour parler de quelqu'un qui est capable de ressentir des émotions, de faire preuve d'empathie. Ou tout simplement de quelque chose (ou quelqu'un !) qui réagit à la moindre sollicitation !

- **Women say they love sensitive men.**

  Les femmes disent qu'elles aiment les hommes sensibles.

Et les hommes, que préfèrent-ils ? **A sensible girl**, ou **a sensitive girl** ? Et si le secret était d'essayer d'être les deux en même temps ?

Chapitre 25

Les dix verbes à surveiller de près

Dans ce chapitre :

- Do / make
- Come back / go back / return
- Bring / take
- Let / leave
- Remember / remind
- Say / tell / talk
- Win / earn
- Agree
- Lose / loose
- See / look / gaze…

Certains verbes anglais peuvent poser des problèmes à un francophone normalement constitué… En effet, en français, on dit la même chose quand on gagne de l'argent, que ce soit à la force du poignet ou en jouant au Loto ! Pourquoi les Anglais ont-ils deux mots, eux, alors que, franchement, l'important est bien d'avoir l'argent en poche, non ?

En fait, chaque langue a son propre découpage de la réalité Comment s'étonner, par exemple, que les Esquimaux aient des quantités de mots pour désigner la neige en fonction de son état (plus ou moins fondue, plus ou moins compacte, etc.) quand, en France, on n'en emploie qu'un ou deux ? Chacun, selon sa culture et son environnement, crée les mots dont il a besoin. On peut donc comprendre nos amis anglais, pour qui la source des revenus est suffisamment importante pour qu'on utilise **win money** ou **earn money** selon le cas.

On les comprendra un peu plus difficilement quand on verra le nombre de mots qu'ils ont pu inventer pour parler de la façon de regarder ou pour évoquer les effets de la lumière ! Mais, finalement, plus on a de mots et plus on peut préciser, affiner sa pensée, ce qui est bien pratique, non ?

Do / make : tant qu'à faire…

Il s'agit bien de la même chose dans les deux cas : on fait Mais ces deux verbes ne sont pas interchangeables.

Do est le plus courant. Il peut être soit un verbe lexical, l'équivalent de notre *faire* français, soit auxiliaire, et il est alors bien pratique pour poser des questions, au présent simple ou au passé :

- **What are you doing?**
  Qu'est-ce que tu fais ?
- **Where do you live?**
  Où habites-tu ?

Make a plutôt le sens de fabriquer, de créer :

- **I have just made a cake.**
  Je viens de faire un gâteau.

Quelques expressions construites avec do ou make

MAKE	
a noise	*faire du bruit*
a bed	*faire un lit*
money	*gagner de l'argent*
war	*faire la guerre*
a phone call	*passer un coup de fil*
a mistake	*faire une erreur*
a decision	*prendre une décision*
a change	*faire un changement*
an effort	*faire un effort*
an exception	*faire une exception*
an excuse	*donner une excuse*
love	*faire l'amour*
a profit	*faire des bénéfices*

DO	
one's hair,	*faire une mise en plis*
one's room	*faire sa chambre*
the housework	*faire le ménage*
the shopping	*faire les courses*
the ironing	*faire le repassage*
sports	*faire du sport*
one's duty	*faire son devoir*
business	*faire des affaires*
good	*faire du bien*
harm	*faire du mal*

D'autres expressions pour traduire le verbe « *faire* ».

give a wink	*faire un clin d'œil*
go skiing	*faire du ski*
go on strike	*faire la grève*
tell the difference	*faire la différence*
have a dream	*faire un rêve*

EXERCICE

Alors, **do** ou **make** ? Complétez ces phrases avec l'un ou l'autre de ces deux verbes.

1. ____________ a dress

2. ____________ your job

3. ____________ an effort

4. ____________ the washing up

5. ____________ a fool of yourself

6. ____________ cup of tea/coffee

7. ____________ friends

8. ____________ good

9. ____________ your work

10. ____________ harm

11. ____________ a journey

12. ____________ a choice

13. ____________ a comment

14. ____________ well

15. ____________ a mistake

16. ____________ a decision

17. ____________ your best

18. ____________ your hair

19. ____________ a promise

20. ____________ a remark

Come back / go back / return : des allers et retours

A priori, il n'y a là rien de bien compliqué.. Tout est question de perspective : soit le mouvement part de l'endroit où se situe l'énonciateur et s'éloigne, soit au contraire le mouvement se fait en direction de l'énonciateur :

- **Where are you going?**

  Où vas tu ?

- **Let's go and see Judy; she must be bored all on her own.**

  Allons voir Judy ; elle doit s'ennuyer toute seule.

- **Jeremy, come here at once!**

  Jeremy, viens ici tout de suite !

On utilisera la même règle, bien sûr, pour **go back** et **come back**. Notez qu'on pourra employer **return** à la place de l'un ou de l'autre, on ne s'occupe alors plus de la situation de l'énonciateur :

- **You must have come back / returned very late last night, you look tired.**

  Tu as dû rentrer tard hier, tu as l'air fatigué.
- **He went back / returned home after his shopping.**

  Il est retourné chez lui après avoir fait les courses.

ATTENTION !

On utilisera **come**, plutôt que **go**, quand il s'agit de se faire accompagner, même s'il est question de s'éloigner de la position initiale de l'énonciateur :

- **I'm going to do some shopping this afternoon to. Will you come with me?**

  Je vais faire des courses cet après-midi, tu viens avec moi ?

Bring / take : ne venez pas les mains vides !

Encore des verbes qui peuvent se traduire de la même façon en français mais ne renvoient pas à la même chose. La différence entre **bring** et **take** est similaire à celle qui existe entre **come** et **go**. Dans le premier cas on s'approche de l'énonciateur, dans le deuxième on s'en éloigne.

Notez cependant que, contrairement au français, on ne fait pas la différence selon qu'on apporte / emporte des objets ou qu'on amène / emmène des personnes

- **Can you take the children to school, Jane?**

  Tu peux emmener les enfants à l'école, Jane ?
- **Don't forget to take your umbrella!**

  N'oublie pas d'apporter ton parapluie !

ATTENTION !

On utilisera **fetch** (plutôt en anglais britannique) ou **get** (en américain) quand on voudra préciser qu'on s'est déplacé pour aller chercher quelqu'un ou quelque chose, puis qu'on l'a ramené (ou rapporté !) au point de départ :

- **Could you get the newspaper?**

  Tu peux aller chercher le journal ?
- **She fetched the children and then prepared the diner.**

  Elle alla chercher les enfants puis prépara le dîner.

EXERCICE

Bring ou **take** ? Encore des phrases à compléter.

21. What about ____________ our visitor to the Eiffel Tower this afternoon?

22. They always ____________ a present when they visit us.

23. ____________ this shirt back to the shop, please, it does not fit me at all.

24. She is not here, she is ____________ the dog for a walk.

25. Could you ____________ me my glass which is on the table over there, please?

26. Can you ____________ the children to my mother on Wednesday?

27. When you come home, don't forget to _________ a pullover with you, we'll eat outside.

28. Do you think Sarah will ____________ her new boyfriend to my party?

29. Jessy ____________ some flowers to her mother for her birthday.

30. I have promised to ____________ the children to the cinema this evening.

Let / leave : mais laisse donc !

Une difficulté qui, cette fois, ne tient pas à la langue anglaise elle-même, mais plutôt au français. En effet, **leave** et **let** seront traduits par le même verbe, *laisser*. Mais, en français, *laisser* peut avoir deux significations différentes ! Soit il s'agit de l'équivalent de quitter, d'abandonner, soit il s'agit d'un synonyme de permettre ou d'autoriser.

En anglais, on utilisera un verbe spécifique pour chacun de ces deux cas. **Let** pour *autoriser*, et **leave** pour *quitter* :

- **Let me press the button.**

  Laisse-moi appuyer sur le bouton.

- **Don't leave me alone here!**

  Ne me laisse pas ici toute seule !

Let et **leave** ne signifient pas forcément *laisser*. On utilisera aussi parfois **let** pour faire des suggestions :

- **Let's go to the cinema tonight.**

  Et si on allait au cinéma ce soir ?

Quant à **leave**, il pourra parfois signifier *partir*, ou *quitter* :

- **The train leaves at 4:30 p.m.**

  Le train part à 16 h 30.

- **Sa femme l'a quitté l'an dernier.**

  His wife left him last year.

EXERCICE

Leave, ou **let** ? Un peu de traduction, pour changer :

31. J'ai laissé la voiture chez ma mère.

____

32. Je ne peux pas laisser Suzy partir toute seule !

____

33. Ne lui laisse pas ton adresse.

____

34. Elle a laissé son sac dans l'avion.

____

35. Laisse les enfants jouer un peu dehors.

____

Remember / remind : souvenirs, souvenirs

Remember, **remind** : deux verbes en anglais pour se souvenir du passé. Bien entendu, ces verbes ne sont pas interchangeables et chacun a ses spécificités.

Remember

Remember s'utilisera pour faire référence à un souvenir que l'on a tout seul, sans avoir besoin de l'aide de quelqu'un ou de quelque chose. Attention, ce verbe est transitif : alors qu'en français, on se souvient *de* quelque chose, en anglais, on dira : **remember something** (pas besoin d'ajouter une préposition) :

- **I remember my son was adorable when he was a child.**

  Je me souviens que mon fils était adorable quand il était petit.

- **Remember to call Mrs. Smith before 10!**

  Souviens-toi d'appeler Mme Smith avant 10 heures !

ATTENTION !

Il est possible d'utiliser le verbe **recall** à la place de **remember**. Mais, d'une part, ce verbe est moins fréquemment employé que **remember** et, d'autre part, il sous-entend que le souvenir est le résultat d'une opération volontaire :

- **Try to recall what happened: who entered first?**

  Essaie de te souvenir de ce qui est arrivé : qui est entré le premier ?

Remind

Remind est utilisé pour signifier que quelqu'un ou quelque chose déclenche un souvenir chez quelqu'un d'autre. On le construira de façon différente suivant ce qui est rappelé.

Rappeler quelque chose / quelqu'un à une personne : **remind somebody of something / someone**.

- **When she was angry, Hanna reminded him of his mother.**

  Quand elle était en colère, Hanna lui rappelait sa mère.

- **That music reminds me of the summer we spent in Madrid.**

  Cette musique me rappelle l'été que nous avons passé à Madrid.

ATTENTION !

Rappeler à quelqu'un de faire quelque chose : **remind somebody to do something**

- **She reminded her son to buy some bread on the way back from school.**

  Elle rappela à son fils d'acheter du pain en rentrant de l'école.

EXERCICE

Remind ou **remember** ? Choisissez le bon verbe.

36. He couldn't ____________________ anything about the lesson.

37. He ____________________ today was their wedding anniversary.

38. Have you ____________________ your grand-mother to take her medicine with her?

39. ____________________ me to call my husband on arrival.

40. With his big smile, he ____________________ her of his father.

41. He always ____________________ his wife to turn off the lights before leaving a room.

42. ____________________ to feed the dog before going to work.

43. Do you ____________________ when we first met?

44. I was lucky, Jane ____________________ me of my brother's birthday.

45. I can't ____________________ where I left my glasses.

46. I have forgotten to ________________ my son about his appointment with the dentist.

Say / tell / talk : que dire?

On peut utiliser plusieurs verbes pour rapporter les paroles de quelqu'un. En anglais, les deux plus courants sont **say** et **tell**, que l'on emploie dans des circonstances différentes.

On utilisera de préférence **tell** quand on précise pour qui les paroles sont prononcées. Cette (ou ces) personne(s) seront mentionnées directement après le verbe, soit *in extenso*, soit sous la forme d'un pronom :

- **He told his parents he was in London.**

  Il a dit à ses parents qu'il était à Londres.

- **Did Jenny tell you where to go?**

  Est-ce que Jenny t'a dit où aller ?

En règle générale, on utilisera **say** quand on rapportera des paroles, au style direct ou indirect, mais qu'on ne précise pas à qui ces paroles ont été dites.

Au style indirect, le relatif **that** est optionnel, on peut tout à fait l'omettre pour alléger la phrase, en particulier à l'oral :

- **He said (that) he was hungry.**

  Il a dit qu'il avait faim.

ATTENTION !

Il est possible de préciser à qui on s'adresse après **say**. Dans ce cas, il faut rajouter la préposition **to**. Mais, dans la plupart des cas, on préférera utiliser le verbe **tell** :

- **He said to Anna he didn't like meat. / He told Anna he didn't like meat.**

  Il a dit à Anna qu'il n'aimait pas la viande.

- **"I won't go", he said.**

  « Je n'irai pas », dit-il.

On note au passage qu'au style direct, les Français ont tendance à inverser le sujet et le verbe, ce que les Anglais ne font pas.

Dans certaines expressions, l'utilisation de **say** ou de **tell** est figée, et ne dépend plus de la mention ou du coénonciateur :

- **tell the truth** *dire la vérité*
- **tell a story** *raconter une histoire*
- **tell fortunes** *dire la bonne aventure*
- **tell the time** *dire l'heure*
- **say a prayer** *dire une prière*
- **say goodbye** *dire au revoir*

Bien entendu, il existe d'autres verbes que l'on peut utiliser pour rapporter les paroles de quelqu'un, avec lesquelles on précisera la façon dont elles ont été prononcées.

- **cheer** *acclamer*
- **stammer** *bégayer*
- **whisper** *chuchoter / murmurer*
- **shout** *hurler*
- **speak** *parler*
- **talk about** *parler de*
- **claim** *affirmer*
- **ask** *demander*
- **answer / reply** *répondre*
- **suggest** suggérer

Alors, **say** ou **tell** ? Traduisez ces phrases en anglais :

47. Je lui ai dit la vérité.

____

48. « Dis bonjour à John de ma part », me dit Jenny.

____

49. Kelly m'a dit d'aller faire les courses.

____

50. Il est tard, je dois vous dire au revoir.

____

51. Il m'a dit qu'ils seraient bientôt là.

____

52. Samantha lui a dit qu'elle était fatiguée.

____

53. Ils nous ont dit ton secret.

____

54. Les gens diront que je suis folle, mais je m'en moque.

____

55. Anthony m'a dit que tu avais une nouvelle voiture.

____

56. « Je voudrais un café », dit-elle à la serveuse.

____

Win / earn / gain : money, money

Parler d'argent est très courant dans les pays anglo-saxons, où on n'a pas la même pudeur qu'en France à propos de ce sujet. Il n'est ainsi pas rare qu'on vous demande, aux États-Unis en particulier, combien vous gagnez, sans que cela paraisse particulièrement indiscret et malvenu. Pas étonnant, donc, qu'il y ait plusieurs mots en anglais pour parler d'une source de revenus.

- **How much money do you make monthly? / How much money do you earn each month?**

  Combien gagnez-vous par mois ?

Earn

Earn est utilisé pour parler de l'argent qu'on gagne en travaillant ou en faisant un effort. C'est donc le fait de gagner un *salaire* (**salary**) ou une *rémunération* (**wages**) :

- **I earn €2.000 a month.**

  Je gagne 2 000 euros par mois.

Earn a un peu le sens de mériter. On s'en servira donc également pour dire que l'on a gagné une récompense, du respect, l'admiration de quelqu'un :

- **He has earned a prize and also our respect.**

  Il a gagné une récompense et tout notre respect.

Win

Win suggère une victoire sur quelque chose. On l'utilisera donc pour parler de l'argent gagné au jeu :

- **I won £10.000 at the lottery.**

  J'ai gagné 10 000 livres à la loterie

C'est donc le verbe qu'on emploiera pour parler de tout ce qui peut se gagner en affrontant un adversaire : une guerre, un jeu, un prix, une course, etc. :

- **Liverpool team won the match very easily.**

  L'équipe de Liverpool a gagné le match très facilement.

Gain

Le verbe **gain** s'utilisera pour parler de quelque chose que l'on obtient en plus grande quantité (le poids, le temps, l'expérience, etc.) mais ne pourra pas être employé pour parler d'argent :

- **I gained 10 pounds during the holidays, I must go on a diet at once!**

  J'ai pris 5 kilos pendant les vacances, il faut que je me mette au régime tout de suite.

Il est toujours possible d'utiliser **get** pour dire que l'on a obtenu de l'argent, simplement, on ne précise pas, dans ce cas, la façon dont cet argent est arrivé, même si, bien entendu, le contexte permet généralement facilement de le deviner :

- **I got £10 for that old bike.**

  J'ai eu 10 livres pour ce vieux vélo.

Agree : c'est d'accord !

La difficulté du verbe **agree** ne vient pas de son sens. **To agree** signifie *donner son accord*, on ne peut pas le confondre avec un autre. Ce qui perturbe beaucoup les francophones est sa construction. En français, on est d'accord ou on n'est pas d'accord. Il s'agit donc d'un état.

En anglais, **agree** est un verbe, qui se construit donc directement, sans utiliser **be** :

- **I agree with you.**

  Je suis d'accord avec toi.

Et quand on n'est pas d'accord, deux possibilités s'offrent alors à nous : soit on met tout simplement le verbe à la forme négative, soit on utilise un autre verbe dérivé, **to disagree**, qui marquera un désaccord beaucoup plus marqué :

- **Mary doesn't agree with Julian. / Mary disagrees with Julian.**

  Mary n'est pas d'accord avec Julian.

Heureusement, la difficulté s'arrête là. Les prépositions à utiliser pour introduire des compléments à ce verbe sont équivalentes à celles dont on se sert en français :

- **Kate agrees with me on the price.**

  Kate est d'accord avec moi sur le prix.

- **Will you agree to marry me?**

  Seras-tu d'accord pour m'épouser ?

Lose / loose : à une lettre près

Deux mots se ressemblent beaucoup en anglais, tellement qu'on a tendance à les confondre : **lose** et **loose**. Ils sont pourtant très différents ! D'abord, l'un est un verbe, lose, qui signifie *perdre*, alors que l'autre est un adjectif qui signifie *lâche*. Rien à voir ! Ensuite, ils ne s'écrivent pas de la même façon, puisque l'un contient un seul **o** quand l'autre en a deux. Enfin, ils ne se prononcent pas tout à fait de la même façon non plus, puisque **lose** se prononce [lu:z] alors que **loose** se prononce [lu:s] !

Présenté ainsi, on ne comprend pas pourquoi on les confond si souvent En fait, si on considère que la voyelle du milieu se prononce de la même façon qu'il y ait un ou deux **o**, que la consonne finale s'entend très mal quand on parle et qu'en plus, le passé de **lose** est **lost**, avec un seul **o**, donc, on comprend mieux le souci !

Une seule consolation : les anglophones ont autant de mal à orthographier correctement ces deux mots que nous. C'est déjà ça !

- **Be careful you have a loose button on your jacket.**

  Attention, il y a un bouton qui se détache sur ton gilet.

- **There is no time to lose.**

  Il n'y a pas de temps à perdre.

See / look / gaze : regarde un peu

Quand on regarde dans un dictionnaire la traduction du verbe *regarder*, à première vue, c'est le cas de le dire, tout semble simple. *Regarder*, verbe transitif, **look**.

À deuxième vue, les choses semblent déjà un peu moins claires. D'abord, le verbe **look** peut se construire avec différentes prépositions, qui précisent la direction du regard :

- **He looked at Jane.**

  Il regarda Jane.

- **He looked through the window.**

  Il regarda par la fenêtre.

- **He looked into the room.**

  Il regarda dans la pièce.

- **He looked up.**

  Il leva les yeux.

- **He looked down.**

  Il baissa les yeux.

- **He looked around the room.**

  Il parcourut la pièce du regard.

Ils se regardent dans le blanc des yeux

Il ne faut pas confondre, pour traduire *se regarder*, **look at each other** et **look at oneself**. Avec **look at each other**, deux personnes s'échangent des regards, l'une regardant l'autre et inversement :

- **Romeo and Juliet looked at each other and smiled.**

  Romeo et Juliet se regardèrent et se sourirent.

Avec le pronom **oneself** (qui deviendra **myself**, **yourself**, **himself**, **herself**, **ourselves**, **themselves** suivant le sujet), le regard n'est pas échangé, mais la personne se regarde elle-même, dans un miroir, très probablement :

- **She looked at herself and thought she was really pretty tonight.**

  Elle se regarda et pensa qu'elle était vraiment très jolie ce soir-là.

Ensuite, il existe différents mots qui précisent le type de regard qui est fait : **glare**, si le regard est méchant, **glance** si le regard est rapide, **stare** si le regard est fixe, **watch** s'il porte sur des éléments animés :

- **She realized he was glaring at her. Why did he hate her so much?**

  Elle s'aperçut qu'il la regardait d'un regard mauvais. Pourquoi la détestait-il autant ?
- **He knew at first glance this would be their new home.**

  Il sut au premier regard que ceci serait leur nouveau foyer.
- **She realized the headmaster was staring at her.**

  Elle s'aperçut que le directeur la fixait du regard.
- **The children are watching** TV.

  Les enfants regardent la TV.

Corrigés

1. make a dress

2. do your job

3. make an effort

4. do the washing up

5. make a fool of yourself

6. make cup of tea/coffee

7. make friends

8. do good

9. do your work

10. do harm

11. **make** a journey

12. **make** a choice

13. **make** a comment

14. **do** well

15. **make** a mistake

16. **make** a decision

17. **do** your best

18. **do** your hair

19. **make** a promise

20. **make** a remark

21. What about **taking** our visitor to the Eiffel Tower this afternoon?

22. They always **bring** a present when they visit us.

23. **Take** this shirt back to the shop, please; it does not fit me at all.

24. She is not here; she is **taking** the dog for a walk.

25. Could you **bring** me my glass which is on the table over there, please?

26. Can you **take** the children to my mother on Wednesday?

27. When you come home, don't forget to **bring** a pullover with you, we'll eat outside.

28. Do you think Sarah will **bring** her new boyfriend to my party?

29. Jessy **took** some flowers to her mother for her birthday.

30. I have promised to **take** the children to the cinema this evening.

31. I **let** the car at my mother's.

32. I can't let Suzy **leave** on her own.

33. Don't **leave** him your address.

34. She **left** her bad in the plane.

35. **Let** the children play outside for a while.

36. He couldn't **remember** anything about the lesson.

37. He **remembered** today was their wedding anniversary.

38. Have you **reminded** your grand-mother to take her medicine with her?

39. **Remind** me to call my husband on arrival.

40. With his big smile, he **reminded** her of his father.

41. He always **reminds** his wife to turn off the lights before leaving a room.

42. **Remember** to feed the dog before going to work.

43. Do you **remember** when we first met?

44. I was lucky, Jane **reminded** me of my brother's birthday.

45. I can't **remember** where I left my glasses.

46. I have forgotten to **remind** my son about his appointment with the dentist.

47. I **told** him the truth

48. "**Say** hello to John for me," Jenny **said**.

49. Kelly **told** me to go and do some shopping.

50. It is late I have to **say** goodbye.

51. He **told** me they would soon be here.

52. Samantha **told** him she was tired.

53. They **told** us about your secret.

54. People will **say** that I am crazy, but I don't mind.

55. Anthony **told** me you had a new car.

56. "I would like a coffee," she **said** to the waitress / she **told** the waitress.

Sixième partie

Annexe

Dans cette partie…

Vous avez certainement de vieux souvenirs des verbes irréguliers anglais. Ils ne sont pas si nombreux que cela – mais, comme ce sont les verbes les plus courants de la langue quotidienne, pas d'autre possibilité que de les réviser pour les savoir par cœur.

Annexe

Les verbes irréguliers

Les verbes irréguliers ne sont pas tellement nombreux en anglais (environ 120 au total), mais beaucoup d'entre eux sont des verbes tellement courants qu'on les utilise tout le temps. Ce sont des verbes comme **have** (*avoir*), **go** (*aller*), **come** (*venir*), etc.

Si on compare avec le français, qui a des conjugaisons irrégulières tellement compliquées, on peut dire qu'on a de la chance : pour se servir des verbes irréguliers anglais, on a seulement besoin de connaître trois formes en tout et pour tout. Ce sont la base verbale (la forme qu'on trouve dans les dictionnaires), la forme du prétérit et la forme du participe passé.

Les verbes **soulignés** ont aussi une forme régulière.

A

arise	arose	arisen	*s'élever*
awake	awoke	awoken	*se réveiller*

B

be	was	been	*être*
bear	bore	borne	*supporter*
beat	beat	beaten	*battre*
become	became	become	*devenir*
begin	began	begun	*commencer*
bend	bent	bent	*se courber*
bet	bet	bet	*parier*
bind	bound	bound	*lier*
bite	bit	bitten	*mordre*
bleed	bled	bled	*saigner*
blow	blew	blown	*souffler*
break	broke	broken	*casser*
breed	bred	bred	*donner naissance, élever*

bring	brought	brought	*apporter*
broadcast	broadcast	broadcast	*transmettre*
build	built	built	*construire*
burn	burnt	burnt	*brûler*
burst	burst	burst	*éclater*
buy	bought	bought	*acheter*

C

cast	cast	cast	*jeter, projeter*
catch	caught	caught	*attraper*
choose	chose	chosen	*choisir*
come	came	come	*venir*
cost	cost	cost	*coûter*
cut	cut	cut	*couper*

D

deal	dealt	dealt	*distribuer*
dig	dug	dug	*creuser*
do	did	done	*faire*
draw	drew	drawn	*dessiner*
dream	dreamt	dreamt	*rêver*
drink	drank	drunk	*boire*
drive	drove	driven	*conduire*

E

eat	ate	eaten	*manger*

F

fall	fell	fallen	*tomber*
feed	fed	fed	*nourrir*
feel	felt	felt	*sentir*
fight	fought	fought	*combattre*
find	found	found	*trouver*

flee	fled	fled	*fuir*
fling	flung	flung	*lancer*
fly	flew	flown	*voler (oiseau, avion)*
forbid	forbade	forbidden	*interdire*
forget	forgot	forgotten	*oublier*
forgive	forgave	forgiven	*pardonner*
freeze	froze	frozen	*geler*
G			
get	got	got	*obtenir*
give	gave	given	*donner*
go	went	gone	*aller*
grow	grew	grown	*pousser*
H			
hang	hung	hung	*pendre*
have	had	had	*avoir*
hear	heard	heard	*entendre*
hide	hid	hidden	*cacher*
hit	hit	hit	*frapper*
hold	held	held	*tenir*
hurt	hurt	hurt	*faire mal*
K			
keep	kept	kept	*garder*
kneel	knelt	knelt	*être agenouillé*
know	knew	known	*savoir*
L			
lay	laid	laid	*placer*
lead	led	led	*conduire*
lean	leant	leant	*s'appuyer*
leap	leapt	leapt	*sauter*

learn	learnt	learnt	*apprendre*
leave	left	left	*quitter*
lend	lent	lent	*prêter*
let	let	let	*laisser*
lie	lay	lain	*être couché*
light	lit	lit	*allumer*
lose	lost	lost	*perdre*
M			
make	made	made	*faire*
mean	meant	meant	*vouloir dire*
meet	met	met	*rencontrer*
mow	mowed	mown	*tondre (pelouse)*
P			
pay	paid	paid	*payer*
put	put	put	*mettre*
R			
read	read	read	*lire*
ride	rode	ridden	*aller (à cheval ou à bicyclette)*
ring	rang	rung	*sonner*
rise	rose	risen	*se lever*
run	ran	run	*courir*
S			
saw	sawed	sawn	*scier*
say	said	said	*dire*
see	saw	seen	*voir*
seek	sought	sought	*chercher*
sell	sold	sold	*vendre*
send	sent	sent	*envoyer*
set	set	set	*placer*

sew	sewed	sewn	*coudre*
shake	shook	shaken	*secouer*
shine	shone	shone	*briller*
shoot	shot	shot	*tirer*
show	showed	shown	*montrer*
shrink	shrank	shrunk	*rétrécir*
shut	shut	shut	*fermer*
sing	sang	sung	*chanter*
sink	sank	sunk	*s'enfoncer*
sit	sat	sat	*être assis*
sleep	slept	slept	*dormir*
slide	slid	slid	*glisser*
<u>**smell**</u>	smelt	smelt	*sentir*
speak	spoke	spoken	*parler*
<u>**speed**</u>	sped	sped	*se presser*
<u>**spell**</u>	spelt	spelt	*épeler*
spend	spent	spent	*dépenser*
spit	spat	spat	*cracher*
split	split	split	*diviser*
<u>**spoil**</u>	spoilt	spoilt	*abîmer, gâter (un enfant)*
spread	spread	spread	*étaler*
spring	sprang	sprung	*jaillir*
stand	stood	stood	*être debout*
steal	stole	stolen	*voler (voleur)*
stick	stuck	stuck	*coller*
sting	stung	stung	*piquer*
stink	stank	stunk	*sentir mauvais*
stride	strode	stridden	*marcher*
strike	struck	struck	*frapper*

swear	swore	sworn	*jurer*
sweep	swept	swept	*balayer*
swim	swam	swum	*nager*

T

take	took	taken	*prendre*
teach	taught	taught	*enseigner*
tear	tore	torn	*déchirer*
tell	told	told	*dire*
think	thought	thought	*penser*
throw	threw	thrown	*jeter*

U

understand	understood	understood	*comprendre*
upset	upset	upset	*troubler*

W

wake	woke	woken	*se réveiller*
wear	wore	worn	*porter*
weep	wept	wept	*pleurer*
win	won	won	*gagner*
write	wrote	written	*écrire*

Disponibles dans la collection « Pour les Nuls »

Vie pratique

Loisirs

Sports

Titre	*Auteur*	*Prix*	*ISBN*
Le Tennis	Patrick McEnroe, Peter Bodo, Guy Tambon	22,90 €	978-2-7540-1757-2
Les Arts martiaux	Jennifer Lawler, Nicolas Dupuy, Éric Le Cam	22,90 €	978-2-7540-1052-8
Titre	*Auteur*	*Prix*	*ISBN*
Courir	Tere Stouffer Drenth, Philippe Maquat	22,90 €	978-2-7540-1044-3
Gym et Musculation	Cyndi Targosz, Jean-Pierre Clémenceau	22,90 €	978-2-7540-1059-7
L'Équitation	Audrey Pavia, Marie Martin	22,90 €	978-2-7540-0732-0
Le Golf	Gary McCord	22,90 €	978-2-7540-0078-9
La Voile	J.-J. Isler, Peter Isler	22,90 €	978-2-7540-0059-8

Musique

Titre	*Auteur*	*Prix*	*ISBN*
Improviser à la guitare	Antoine Polin	14,90 €	978-2-7540-2019-0
Accords de guitare	Antoine Polin	11,90 €	978-2-7540-1009-2
Exercices de piano	David Pearl, Marc Rozenbaum	19,90 €	978-2-7540-1337-6
Exercices de guitare	John Chappell, Mark Phillips, Antoine Polin	19,90 €	978-2-7540-1336-9
L'Harmonica	Winslow Yerxa, Jean-Jacques Milteau	22,90 €	978-2-7540-1210-2
DJ	John Steventon, Nicolas Dambre	22,90 €	978-2-7540-1198-3
La Batterie	Jeff Strong, Laurent Bataille	22,90 €	978-2-7540-0352-0
Le Chant	Pamela S. Phillips, Mariette Jost	22,90 €	978-2-7540-0462-6
Le Solfège	Michael Pilhofer, Jean-Clément Jollet	22,90 €	978-2-7540-0586-9
La Guitare basse	Patrick Pfeiffer	22,90 €	978-2-7540-0288-2
Claviers et Synthétiseurs	Christophe Martin de Montagu	22,90 €	978-2-7540-0118-2
La Guitare, 2e édition	Mark Phillips, Jon Chappel	22,90 €	978-2-7540-0124-3
Le Piano	Blake Neely, Marc Rozenbaum	22,90 €	978-2-7540-0102-1
La Guitare électrique	John Chappell	22,90 €	978-2-8769-1983-9

Loisirs créatifs

Titre	*Auteur*	*Prix*	*ISBN*
Coffret Dessin	Collectif	19,90 €	978-2-7540-2056-5
Créer une BD	Gérald Gorridge	22,90 €	978-2-7540-1883-8
Dessiner des personnages	Kensuke Okabayashi	22,90 €	978-2-7540-1322-2
L'Aquarelle	Colette Pitcher	24,90 €	978-2-7540-0934-8
La Peinture à l'huile	Anita Giddings, Cherry Stone Clifton	24,90 €	978-2-7540-0935-5
Dessiner des mangas	Kensuke Okabayashi, Nobuyuki Anzai	22,90 €	978-2-7540-0494-7
La Couture	Janice Saunders Maresh	22,90 €	978-2-7540-0193-9
Le Dessin	Brenda Hoddinott	22,90 €	978-2-7540-0185-4
Le Tricot	Pam Allen	21,90 €	978-2-8769-1705-7

Nature

Titre	*Auteur*	*Prix*	*ISBN*
Un aquarium	Maddy Hargrove, Mic Hargrove	22,90 €	978-2-7540-0917-1
Le Cheval	Audrey Pavia, Marie Martin	22,90 €	978-2-7540-0367-4
Éduquer son chiot	Sarah Hodgson	22,90 €	978-2-7540-0372-8
Éduquer son chien	Jack Volahrd, Wendy Volahrd	22,90 €	978-2-7540-0152-6

Jeux

Titre	*Auteur*	*Prix*	*ISBN*
Pack Gym cérébrale	Stéphanie Boyron, Nicolas Conti	19,90 €	978-2-7540-2073-2
Le Scrabble	Eugénie Michel	22,90 €	978-2-7540-1698-8
Les Échecs, 2e édition	James Eade, Vincent Moret	22,90 €	978-2-7540-1870-8
Dungeons & Dragons®	Richard Baker, Bill Slavicsek	22,90 €	978-2-7540-1390-1
Le Casino	Kevin Blackwood, François Montmirel	22,90 €	978-2-7540-0447-3
Le Poker Texas Hold'em	Mark Harlan, François Montmirel	22,90 €	978-2-7540-0448-0
La Magie	David Pogue, Bernard Bilis	22,90 €	978-2-7540-0453-4
Le Bridge, 2e édition	Eddie Kantar, Jacques Delorme	22,90 €	978-2-7540-0276-9
Le Poker	Richard D. Harroch, Lou Krieger, François Montmirel	22,90 €	978-2-7540-0123-6

… en Poche

Titre	*Auteur*	*Prix*	*ISBN*
Dessiner des mangas	Kensuke Okabayashi	11,90 €	978-2-7540-1601-8

Le Poker en ligne	Mark Harlan, Chris Derossi, François Montmirel	11,90 €	978-2-7540-1871-5
Le Chant	Mariette Jost, Pamelia S. Philips	14,90 €	978-2-7540-1597-4
Le Poker	François Montmirel	11,90 €	978-2-7540-1548-6
La Couture	Janice Saunders Maresh	11,90 €	978-2-7540-1600-1
Un chien	Gina Spadafori, Catherine Collignon	11,90 €	978-2-7540-1320-8
Un chat	Gina Spadafori, Monique Bourdin	11,90 €	978-2-7540-1321-5
Le Tricot	Pam Allen	11,90 €	978-2-7540-0135-9
Le Dessin	Brenda Hoddinott	11,90 €	978-2-7540-0889-1
La Généalogie	Francis Christian	11,90 €	978-2-7540-0565-4

Langues

Méga kit audio

Titre	*Auteur*	*Prix*	*ISBN*
L'espagnol	Collectif	49,90 €	978-2-7540-2024-4
L'anglais	Collectif	49,90 €	978-2-7540-2023-7

Lexiques

Titre	*Auteur*	*Prix*	*ISBN*
Lexique anglais	Brigitte Lallement, Nathalie Pierret	5,90 €	978-2-7540-2243-9
Lexique espagnol	David Tarradas Agea	5,90 €	978-2-7540-2244-6

Méthodes de langues

Titre	*Auteur*	*Prix*	*ISBN*
L'hébreu	Jil Jacobs, Shifra Jacquet-Svironi	22,90 €	978-2-7540-1752-7
Le latin	Clifford Hull, Steven Perkins, Tracy Barr, Danièle Robert	22,90 €	978-2-7540-0881-5
La Grammaire anglaise	Géraldine Woods, Claude Raimond	22,90 €	978-2-7540-0564-7
Le russe	Vincent Bénet, Oleg Chinkarouk, Serafima Gettys, Andrew Kaufman	22,90 €	978-2-7540-0813-6
Le portugais	Karen Keller, Ricardo Rodrigues	22,90 €	978-2-7540-0831-0
L'arabe	Amine Bouchentouf, Sylvie Chraibi, Aboubakar Chraibi	22,90 €	978-2-7540-0312-4
Le japonais	Eriko Sato, Vincent Grépinet	22,90 €	978-2-7540-0495-4
Le néerlandais	Margreet Kwakernaak, Michael Hofland, Annick Christiaens	22,90 €	978-2-7540-0313-1

Le chinois	Wendy Abraham, Joël Bellassen	22,90 €	978-2-7540-0212-7
L'allemand	Paulina Christensen, Claude Raimond	22,90 €	978-2-7540-0038-3
L'anglais	Gail Brenner, Claude Raimond	22,90 €	978-2-8769-1973-0
L'espagnol	Suzanna Wald, Anne-Carole Grillot	22,90 €	978-2-8769-1974-7
L'italien	Francesca Onufri, Sylvie Le Bras	22,90 €	978-2-7540-0039-0

Guides de conversation

Titre	*Auteur*	*Prix*	*ISBN*
L'espagnol des affaires	David Tarradas Agea	5,90 €	978-2-7540-1708-4
L'alsacien	Bénédicte Keck, Léon Daul	5,90 €	978-2-7540-1848-7
Le corse	Jean Chiorboli	5,90 €	978-2-7540-1843-2
L'espagnol du voyageur	David Tarradas Agea	5,90 €	978-2-7540-1709-1
L'anglais des affaires	Claude Raimond	5,90 €	978-2-7540-1519-6
L'anglais du voyageur	Claude Raimond	5,90 €	978-2-7540-1520-2
Titre	*Auteur*	*Prix*	*ISBN*
Le Parler québécois	Marie-Pierre Gazaille, Marie-Lou Guévin, Yannick Resch	5,90 €	978-2-7540-1476-2
Le chti	Pierre-Marie Gryson	5,90 €	978-2-7540-1475-5
Le basque	Jean-Baptiste Coyos, Jasone Salaberria	5,90 €	978-2-7540-1239-3
Le breton	Hervé Le Bihan, Gwendal Denis, Martial Ménard	5,90 €	978-2-7540-1240-9
Le japonais	Eriko Sato, Vincent Grépinet	5,90 €	978-2-7540-0653-8
L'arabe	Amine Bouchentouf, Sylvie Chraïbi, Aboubakr Chraïbi	5,90 €	978-2-7540-0839-6
Le portugais	Karen Keller, Ricardo Rodrigues	5,90 €	978-2-7540-1016-0
Le russe	Vincent Bénet, Oleg Chinkarouk, Serafima Gettys, Andrew Kaufman	5,90 €	978-2-7540-1010-8
L'allemand	Paulina Christensen, Claude Raimond	5,90 €	978-2-7540-0324-7
L'italien	Francesca Onofri, Sylvie Le Bras	5,90 €	978-2-7540-0325-4
Le chinois	Wendy Abraham, Joël Bellassen	5,90 €	978-2-7540-0485-5
Le néerlandais	Margreet Kwakernaak, Michael Hofland, Annick Christiaens	5,90 €	978-2-7540-0484-8
L'espagnol	Suzanna Wald, Anne-Carole Grillot	5,90 €	978-2-7540-0178-6
L'anglais	Gail Brenner, Claude Raimond	5,90 €	978-2-7540-0177-9

Kits audio

Titre	*Auteur*	*Prix*	*ISBN*
L'allemand	Edward Swick	17,90 €	978-2-7540-1625-4

Le japonais	Eriko Sato, Vincent Grépinet	17,90 €	978-2-7540-1624-7
Le néerlandais	Michaël Hofland	17,90 €	978-2-7540-1623-0
L'italien	Teresa L. Picarazzi	17,90 €	978-2-7540-1328-4
Le chinois	Mengjun Liu, Mike Packevics	17,90 €	978-2-7540-1329-1
L'anglais	Gail Brenner	17,90 €	978-2-7540-0963-8
L'espagnol	Jessica Langemeier	17,90 €	978-2-7540-0964-5

... en Poche

Titre	*Auteur*	*Prix*	*ISBN*
La Grammaire anglaise	Géraldine Woods, Claude Raimond	11,90 €	978-2-7540-2519-5
L'anglais correct	Claude Raimond	11,90 €	978-2-8769-1923-5

Parascolaire

Juniors

Titre	*Auteur*	*Prix*	*ISBN*
La Bible	Eric Denimal	14,90 €	978-2-7540-2252-1
L'Égypte ancienne	Florence Maruéjol	14,90 €	978-2-7540-1979-8
L'Histoire de France	Jean-Joseph Julaud	14,90 €	978-2-7540-1978-1

Collège

Titre	*Auteur*	*Prix*	*ISBN*
Maths 6e	Cédric Bertone	7,95 €	978-2-7540-1176-1
Maths 5e	Yann Gélébart	7,95 €	978-2-7540-1178-5
Maths 4e	Jean-Charles Alvado	7,95 €	978-2-7540-1180-8
Maths 3e	Yann Gélébart	7,95 €	978-2-7540-1182-2
Français 6e	Dominique Rat, Anne Lavielle	7,95 €	978-2-7540-1175-4
Français 5e	Nathalie Soihet	7,95 €	978-2-7540-1177-8
Français 4e	Hélène Papiernick	7,95 €	978-2-7540-1179-2
Français 3e	Hélène Papiernick	7,95 €	978-2-7540-1181-5

Lycée

Titre	*Auteur*	*Prix*	*ISBN*
Bac Français	Gilles Guilleron	12,90 €	978-2-7540-2258-3
Bac Philosophie	Christian Godin	12,90 €	978-2-7540-2259-0

Bac Histoire-Géo	Nicolas Arnaud, Hugues Vessemont	12,90 €	978-2-7540-2257-6
Bac Anglais	Jean-Bernard Piat	12,90 €	978-2-7540-2260-6

Cahiers pour adultes

Titre	*Auteur*	*Prix*	*ISBN*
Cahier de Culture générale	Jean-Joseph Julaud	6,90 €	978-2-7540-1834-0
Cahier de Jeux d'esprit et de logique	Nicolas Conti	6,90 €	978-2-7540-1835-7